西域歷史語言研究集刊

二〇一九年第二輯（總第十二輯）

中國人民大學國學院西域歷史語言研究所

烏雲畢力格　主編

社會科學文獻出版社

Historical and Philological Studies of China's Western Regions

(2019 No.2)Vol. 12

Institute of Historical and Philological Studies of China's Western Regions,
School of Chinese Classics,
Renmin University of China

Oyunbilig Borjigidai Editor-in-Chief

Social Sciences Academic Press(China)

《西域歷史語言研究集刊》編委會

目 録

Contents

天馬雙翼（2）：察合臺文在哈薩克與清朝交往過程中的媒介作用

巴哈提·依加漢

一

在本系列論文的第一篇，①筆者們討論了托忒文在哈薩克與清朝交往過程中的媒介作用。其中提到研究清代天山南路文書語言制度者如博大衛甚至把準噶爾汗國前後的蒙古文（托忒字蒙古文）稱為"通用語文"（lingua franca）。②不過，在承認蒙古語文廣泛傳播於 13 世紀後歐亞大陸上的事實，承認托忒文在清朝進入天山南路初期的重要媒介作用的同時，我們似乎需要對蒙古語及托忒文在中亞影響的地域和時段做更具體的分析。首先需指出，儘管明代以降哈密、吐魯番等地統治集團成員掌握蒙古語的傳統為清朝在天山南路地區傳達其統治意志提供了一定的文書方面的便利條件，但這一條件對於整個天山南路地區來說顯然是不充分的。正如筆者在本系列論文的第一篇中指出的，在其實行於天山南路地區的文書制度中，清朝的確使用了托忒文，但除了托忒文外，其寫往天山南路的文書還有察合臺文（滿文中稱之為"hūise gisun i hergen"，清代漢文文獻中稱其為"回文"）。我們權且把它理解為"狹義的回

---

① 巴哈提·依加漢：《天馬雙翼（1）：托忒文在哈薩克與清朝交往過程中的媒介作用》，烏雲畢力格主編《蒙古學問題與爭論》第 15 期（ Quaestiones Mongolorum Disputatae No.15 ），2019，第 51—69 頁。

② Brophy D., "The Junghar Mongol Legacy and the Language of Loyalty in Qing Xinjiang," *Harvard Journal of Asiatic Studies*, Vol. 73 No. 2, 2013, pp. 231-258. 博大衛原話為："Judging from the Qing archive there is good reason to believe that Oirat Mongolian written in the Todo, or 'clear' script, served as a lingua franca throughout the Junghar domains." 而作為支撐其這一結論的主要依據之一，博大衛舉出了哈薩克往清朝寫過幾份托忒文信的事實。博大衛是從野田仁和小沼孝博所著《哈薩克諸蘇勒坦致清朝文書集》（ *A Collection of Documents from Kazakh Sultans to the Qing Dynasty* ）一書中注意到這些哈薩克托忒文信的。而野田仁和小沼孝博書中收錄的三封信中的兩份轉引自筆者所編以下著作：Еженханұлы Б.（ құрастырған, аударған және түсіндірмелерін жазған ），*Қазақ тарихы туралы қытай деректемелері. Том Ⅲ . Цин патшалық дәуірінің мұрағат құжаттары*. Алматы: "Дайк-Пресс" басрасы, 2006. 除博大衛此處提到的這幾件外，筆者在《天馬雙翼（1）：托忒文在哈薩克與清朝交往過程中的媒介作用》一文中給出了更多哈薩克托忒文的信息。但哈薩克使用托忒文與清朝交往的歷史是限於一定的地域和時間的。見下文有關討論。

文"①），二者是並行的，旨在更有效地溝通往來，清朝曾加強對察合臺文的研習，加強有關文書制度的建設。在天山南路的實地需要自然是促使建立這一制度的最主要刺激因素。從這一點出發，所謂"清代衙門維吾爾語乃是地方性產物"的結論②，當有其一定的合理之處。然而，有一個不容低估其意義的事實是，因為有朝廷的有意經營，察合臺文方可成為清朝與其直接統治的天山南路六城之地甚而中亞其他突厥語族地區溝通的最重要媒介手段。包括察合臺文在內的多體語彙書籍的編撰乃是清廷這一主動性作為的一種表現。提及這類書籍，人們自然會首先想到《西域同文志》《五體清文鑑》等規模較大的辭書；除此之外，清廷在乾隆朝時期實際上還編著了各種規模較小的"字書"亦即詞彙及常用語對照讀本。③毫無疑問，清廷編撰這些辭書和"字書"的現實目的中必有用察合臺文繕寫公文的因素。祇是囿於明代"四夷館"傳統的影響，清廷未設立專門機構來系統主持與察合臺文相關的事務。④但這並不

---

① 隨著時代及其相應政治－歷史話語的演變，在清代滿文文獻中被稱作"hūise i gisun"的這一文獻語言後來被冠以各種名目：或稱"回文"，或稱"帕爾西文"（中國第一歷史檔案館藏的不少相關文獻即被冠以此名），或稱"察合臺文"，或稱"維吾爾文"。據筆者的認識，儘管其大部分呈現出突厥語族東部葛邏祿語的明顯特徵，但清代檔案中存留的這些文獻的語言宜被稱作"察合臺文"。此外，雖然清代稱此文獻語言為"回文"，但彼時的所謂回文也適於各種波斯文文獻。所以，如果非要突出其清代特徵，那麼，稱這些用阿拉伯－波斯字母書寫的突厥語文獻為"狹義的回文"可能更為合適。

② 參見 Brophy D., "The Junghar Mongol Legacy and the Language of Loyalty in Qing Xinjiang," *Harvard Journal of Asiatic Studies*, Vol. 73 No. 2, 2013。

③ 據筆者所知，故宮博物院圖書館現藏有三種包含"回語"（即察合臺語，後人亦有稱之為"維吾爾語"的）的此類孤本"字書"。由於故宮博物院的有關規定，此三種歷史文獻筆者未得寓目，在此祇能轉述該館研究員春花的介紹如下：（1）《滿蒙維三體字書》［這應是其當代所得名。據介紹，其漢名亦作《滿蒙回文三種譯語》及《滿蒙回三語合璧書》。該書滿文名為 *Manju monggo hūise*（春花書中訛作"hoise"）*ilan hacin i gisun*。此外，春花也給出了該書的蒙文名稱］，三冊不分卷，共 157 頁，收 1256 組詞語條目。（2）《滿蒙藏維四體字書》（亦有滿蒙文書名。需指出的是，介紹者似把滿語表示"四體"的"duin hacin"訛寫成了"sunja hacin"），一冊，共 100 頁，約收 400 組詞語。（3）《滿蒙藏嘉戎維語三體字書》（亦有滿蒙文書名），共 378 頁，收 746 組詞。（春花：《清代滿蒙文詞典研究》，遼寧民族出版社，2008，第 176—184 頁）需要指出的是，海涅什（E. Haenisch）早在 1954 年撰 "Ein dreifacher Sprachführer Mandschu–Mongolisch–Turki in kurzer Auswahl von 110 Beispielen" 一文（見 Kaizuka Shigeki ed., *Silver Jubilee Volume of the Zinbun-kagaku Kenkyusyo*, Kyoto: Kyoto University, 1954, pp. 184–91），其中涉及《滿蒙回文三種譯語》當即故宮博物院圖書館現藏"字書"之第一種。博大衛在其論文中利用了海涅什文中提供的 2—3 組詞語對自己所提出的"清代衙門維語曾受到蒙古語影響"的論點做了討論（參見 Brophy D., "The Junghar Mongol Legacy and the Language of Loyalty in Qing Xinjiang," *Harvard Journal of Asiatic Studies*, Vol. 73 No. 2, 2013）。

④ 明朝所謂"回文"大多指的是用阿拉伯－波斯文字母書寫的各種波斯語文書，明四夷館中的"回回館"便是處理這些波斯語文書的機構。四夷館中與突厥語有關的機構乃是"高昌館"。然而，高昌之地的突厥語民眾原是使用回鶻體畏吾兒文字書寫其語言的，所以"高昌館"與察合臺文文獻並無直接的聯繫，現存"高昌館來文"均為回鶻體畏吾兒文即為其證明。但這並不意味著"高昌館"與察合臺文毫無關係。下面的歷史事實可以說明這一點：用阿拉伯－波斯字母所書寫的中亞地區察合臺語文書傳至明朝的歷史可追溯至明正德十三年（1518）之前，因為在這一年，明朝官員曾在檔案中查找西域"投進"的"高昌話回回字番文"。據劉迎勝教授的解釋，"所謂'高昌話回回字番文'肯定是察合臺文，即以'回回字'拼寫的高昌語言"；劉教授還指出："在《回回館雜字·地理門》中，'高昌'這個漢語詞的對應詞就明白地作 Turki，並音譯為'土兒幾'，即'突厥的'。明代內地人是通過與畏兀兒人的交往來認識中亞的突厥語的，所以'高昌話回回字番文'就是以波斯語字

表明清廷在其公文制度建設過程中不曾建立起用察合臺文與中亞突厥語族進行溝通交往的某種機制。筆者曾在本系列論文的第一篇中引用了中國第一歷史檔案館信息平臺所見檔案號為03-0177-1682-031、題名為《奏將回文托忒文之上諭恭呈御覽後裝匣諮送兆惠處》、清軍機大臣傅恒寫於乾隆二十三年二月二十一日（1758 年 3 月 29 日）的一篇滿文奏片中提到的與清朝早期西域公文制度有關的乾隆諭旨，並指出：在與中亞各族建立聯繫初期，清廷對不同的民族或地區所使用的文書語言也是有區別的，對於天山南路，它使用的是托忒文和察合臺文，而對於哈薩克和布魯特，它使用的則是滿文和托忒文。哈薩克人和布魯特人使用托忒文而非回文的情況反映出：對於剛剛正式涉足"西域"事務、需要充實並完善其公文制度建設的清廷來講，還沒有廣泛使用察合臺文與包括哈薩克和布魯特在內的所有中亞突厥語族進行交流的條件。但是，這一情況在後來是有變化的。近年來，筆者在中國第一歷史檔案館查閱到一批察合臺文繕寫的諭旨。[①] 存在察合臺文清朝諭旨的事實本身即已充分說明察合臺文在清朝公文制度建設中並不衹具有地方性的意義。在某種程度上，察合臺文也曾成為清廷公文制度中的一環，成為清廷據以與包括哈薩克在內的"外藩"進行溝通交流的重要工具。

而對於中亞突厥語各族來講，用阿拉伯－波斯文字母書寫的察合臺文經由 15—18 世紀的發展早已成為其共同書面語。事實上，察合臺文在 17—18 世紀不僅是突厥語族之間的交流媒介，它也被中亞突厥語族用來與其他語族或政權進行溝通。以下事實乃是其證據：從布哈拉汗國檔案中反映的情況來看，該汗國統治者在 18 世紀 20 年代曾用察合臺文致信於準噶爾統治者。[②]

基於中亞歷史的這一大背景，作為突厥語族穆斯林的哈薩克人使用察合臺文就不是什麼值得奇怪的事情了。哈薩克斯坦學者伊莉娜·葉若菲耶娃集其多年搜尋所得，於 2014 年出版了題為《1675 至 1821 年間哈薩克統治精英們的書信遺產》的二卷本史料集。[③] 此史料集收錄了 808 件察合臺文及 3 件托忒文書信；其中的大部分信件是所述時期哈薩克統治集團各家

母（比阿拉伯語多四個字母）拼寫的中亞突厥語"（劉迎勝：《古代中原與內陸亞洲地區交往中的翻譯和語言學習問題》，劉迎勝：《華言與蕃音——中古時代後期東西交流的語言橋樑》，上海古籍出版社，2013，第 54—84 頁）。清朝建立後自至 18 世紀中葉，也有用察合臺文寫成的書信被送抵清廷的史實（如博大衛提到的 1696 年避亂至清廷的拉失德汗帶去的寫給康熙的幾封信）。平定準噶爾和大小和卓後，使用察合臺語文與天山南路民眾進行交流成了清朝直接而經常性的行為，且這一行為所涵蓋的範圍也逐漸延伸到了與諸如哈薩克、浩罕之類"外藩"進行的交流之中（見下文）。但是，儘管有清一代察合臺文逐漸成為其正式文書制度的重要組成部分，但清朝並沒有設立過中央一級負責處理察合臺文書事務的專門的固定機構，朝廷的相關事務是交由理藩院蒙古房處理的。

① 有關清代察合臺文諭旨的內容，筆者擬另文討論。

② 有關內容的研究見 Holzwarth, Wolfgang, "Relations between Uzbek Central Asia, the Great Steppe and Iran, 1700–1750," In: *Shifts and Drifts in Nomad-Sedentary Relations*（2005）：179-216. 此外，以下文章也涉及這一內容，Sultanova G., "Reflection of Bukhara-Zhunghar Relations in the Diplomaic Correspondence," In: D.A. Alimova ed., *History of Central Asia in Modern Medieval Studies*, Tashkent: Yangi Nashr, 2013, p. 148.

③ Ерофеева И.В., *Эпистолярное наследие казахской правящей элиты 1675–1821 гг. Сборник исторических докуметов в 2-х томов*. Алматы: «АБДИ Компани», 2015.

族成員寫往沙俄各級政府的。① 從中我們看到，哈薩克汗國統治者至遲在頭可汗統治時期的 1675 年就已開始使用察合臺文。而且，如果我們把哈薩克與清朝建立正式關係的乾隆二十二年（1757）秋作為一個截止日期的話，那麼，哈薩克統治集團成員至該時間為止用察合臺文寫成的各類信件就有 322 份之多。這說明，哈薩克統治上層使用察合臺文書寫公文的傳統是由來已久的。

　　當然，由於其遊牧生活方式的特點，哈薩克社會內部可能並未建立過代代相沿的固定的文書制度。但是，豢養來自中亞南部地區的經師和書記員為其服務則是哈薩克汗國統治集團各家族中普遍存在的現象。與此相關，18 世紀英國旅行家、畫家約翰·卡素（John Castle）所著旅行記② 中留下的一幅畫首先映入我們的腦海。這幅畫是約翰·卡素於 1735 年 6—8 月在哈薩克小玉茲旅行期間畫成的，是其遊記中所展示的一整套民俗及人像插畫中的一幅（見圖 1）。根據約翰·卡素書中的記述，此畫中所呈現的三人分別是哈薩克小玉茲汗阿布林海爾、阿布林海爾汗之子葉拉里③（Erali）以及一"布哈拉毛拉"。從其懷抱經書緊隨阿布林海爾汗父子的形象來看，這裏的"布哈拉毛拉"乃是哈薩克小玉茲汗廷的伊斯蘭教經師及教育貴族子弟的私塾先生無疑。

---

① 不過，編著者把哈薩克人寫往清朝的一些書信也收入書中。例如，其所收 2 件托忒文信和 2 件察合臺文書信即采自本文作者編著的如下史料集：Еженханұлы Б.（құрастырған, аударған және түсіндірмелерін жазған），*Қазақ тарихы туралы қытай деректемелері. Том III. Цин патшалық дәуірінің мұрағат құжаттары.* Алматы: "Дайк-Пресс" баспасы, 2006（以下簡稱 "Еженханұлы 2006"）。在此，還需提及這樣一個事實：有關哈薩克察合臺文書信的研究早在 19 世紀中葉就已出現。俄國學者 Я.В. 哈尼闊夫就刊布了小玉茲哈薩克首領阿布勒海爾與伊朗納迪爾沙之間來往的兩份含有察合臺（Turki）文內容的信件（Я.В. Ханыков, *Поездка из Орска в Хиву и обратно, совершенная в 1740–1741 гг. Гладышевых и Муравиным.* СПб., 1851. Приложение. С. 1）。有關寫往沙俄的察合臺哈薩克書信的重要研究發生於 1940 年的蘇聯。在《哈薩克加盟共和國歷史資料》（第四卷）一書中，М.П. 維雅特金公布了俄國檔案中所藏的、哈薩克人於 1785—1828 年用察合臺文寫給俄國政府的 10 件各類文書 [М.П. 維雅特金把它們分類作 "прошение"（呈文）、"уведомление"（通告）、"донесение"（報告）。見 Вяткин, М.П., *Материалы из истории Казахской ССР.* т. IV. М.–Л., 1940。以下簡稱 "維雅特金 1940"]，並針對哈薩克察合臺文書信語言特點提出了一些自己的看法。見下文中的有關討論。
② 約翰·卡素（John Castle）遊記流傳較廣的是其 1784 年的德文譯本 *Journal von der Ao. 1736 aus Orenbuerg yu dem Abul-Geier Chan der Kirgis-Kazsack Tartarischen Horda aus freiem willen und bloß yu dem bestem des russischen Reiches untergenommenen höchste nöthigen und zwar gefärlichen doch glücklich volbrachten Reise, dargestellet durch John Castle einen Engländer und gewesenen Kunstmaler bei der Orenburgischen Expedition.* «Materialen zu der Russischen Geschichte seit dem Tode Kaisers Peters des Großen». Zweiter Teil, 1730–1741, Riga, 1784。遊記中有關哈薩克的插畫在如下蘇聯及哈薩克斯坦學者的著作中被引用過：（1）Есмағанбетов К., *Көне қазақстанды көргендер (көне дәуірден XVIII г. orta кезіне дейін)*, Алматы: «Кітап» баспасы, 1979;（2）Ерофеева И.В., *Хан Абулхаир: полководец, правитель, политик.* Алматы: Дайк-Пресс, 2007;（3）Ерофеева И.В., *Эпистолярное наследие казахской правящей элиты 1675–1821 гг. Сборник исторических документов в 2-х томов.* 本文插圖轉引自第一種著作即 К. Есмағанбетов 書第 64—65 頁。
③ 此即後來《清高宗實錄》《平定準噶爾方略》等清朝史籍中出現的哈薩克 "額爾雷"（此漢譯名乃是因滿文繕寫時音點錯位致使 "erali" 訛讀為 "erlei" 所致）。

图 1　約翰・卡素旅行記中的人像插畫

　　18 世紀哈薩克統治集團各家族招引中亞南部突厥語定居民中的宗教人士來草原從事伊斯蘭經文教育、充當家族私塾先生及文字書記員的情況在近十多年來發布的滿文檔案文獻中亦有所反映。如以下二則史實即為其例:（1）乾隆四十五年九月二十六日（1780 年 10 月 23 日）伊犁將軍伊勒圖收到哈薩克"王"阿布勒必斯用察合臺文寫來的一封信，信中阿布勒必斯請求伊勒圖為其遣出的某人提供經由伊犁赴喀什噶爾的旅行便利，並說道，"此人乃是我們的毛拉，多年以來教授著吾子卓勒齊和博普以回教之道。他是喀什噶爾人，來自 Ar-Artuš"；①（2）據署伊犁將軍保寧寫於乾隆五十五年八月初六日（1790 年 9 月 14 日）的一份奏摺，當時赴伊犁貿易的哈薩克首領告訴保寧:"我這次帶來的人當中有三名安集延回子……他們是八年前來我處的，當時我們讓這些人留住了下來，讓他們教我們的子弟讀經文。"②

　　來自中亞南部的經師兼書記員以及接受其文化教育的貴族子弟們的存在為哈薩克統治集團各家族利用察合臺文與外界溝通提供了可能。所以，哈薩克人在與清朝接觸伊始原本可以利用察合臺文進行交流。不過，正如我們上面所提到的，清朝在著手處理天山南路及其相鄰中亞地區事務之初，還沒有廣泛使用察合臺文向所有中亞突厥語族發送公文的條件，所以清廷最初是用滿文和托忒文兩種文字書寫公文予哈薩克和布魯特的。隨著時間的推移，情況逐

---

①　中國第一歷史檔案館軍機處滿文錄副檔，檔案號：2852-022（047-2347）。察合臺文原文作 "köb yïlardin berï bizniŋ hizmetmizdä bolub Joči sultan Bofu sultan uɣullarimizɣa Musulmanliqni ürkete（sic. <Kaz. üyrete）turɣan mullamïz yïrdï özï Qašqarliq Ar-Artuš digän yerdin ikän "。

②　該奏摺見中國邊疆史地研究中心、中國第一歷史檔案館編《清代新疆滿文檔案彙編》第 189 冊，廣西師範大學出版社，2012，第 180—184 頁。本處所引滿文原文作 "ere mudan mini gaifi gajiha urse dorgi. ilan anjiyan hūise bi…ce jakūn aniya onggolo meni nukte de isinafi. be cembe bibufi. meni ahūn deo. juse de nomun tacibume tehe"。

漸發生改變。從滿文檔案史料所反映的情況來看，起碼是從乾隆三十年（1765）開始，哈薩克已經用察合臺文向清廷發送書信（見下）。儘管在隨後的 20 年裏哈薩克人並未完全停止使用托忒文，但作為公文書信語言，察合臺文在此後的清哈交往中逐漸成為主要的交流媒介。而這一變化與清朝的邊境政策的調整有極大的關係。

二

自乾隆二十二年至二十三年秋與清廷建立正式關係後，除了不定期地派出使臣赴清廷朝覲請安、向清朝皇帝提出各種請求外，哈薩克統治集團各家族還需經常派出人員與清廷及其地方大員交涉，處理雙方之間發生的諸如貿易、逃人及偷盜之類的具體事務。哈薩克寫往清廷的書信更多是與這些具體事務相關的。這種書信包括兩種情況：一是寫往清廷的，二是寫給清朝駐烏魯木齊、塔爾巴哈臺、伊犁甚至喀什噶爾等地將軍大臣們的。滿文文獻把這兩種書信均稱為 “bithe”。在此，對與寫往清朝哈薩克文書之傳達管道相關的問題需略加說明。儘管在早期，哈薩克人有路經烏里雅蘇臺由北邊的蒙古之路東行出使的，也有向東南直接去烏魯木齊貿易的，但到後來（自伊犁將軍設立前後開始），哈薩克統治集團的使臣代表抑或其商團在清朝控制地域內行走的路綫逐漸被規範化。除了塔爾巴哈臺參贊大臣可以自行處置的事宜之外，清哈之間幾乎所有的重要事務均需經由清伊犁將軍之手來處理。東赴清廷的哈薩克人亦需首先赴伊犁。這幾乎成了清朝要求哈薩克統治集團各家族遣使時遵守的一項成規。這樣，除了決定是否容許來到伊犁或塔爾巴哈臺的哈薩克人繼續前往北京或熱河外，伊犁將軍和塔爾巴哈臺參贊大臣也成為最早接觸並組織翻譯哈薩克書信，並把這些書信作為其奏摺附件上呈皇帝的人員。[①] 需要指出的是，清朝地方一級處理文書的條件與中央政府是有所不同的。由於伊犁地區自準噶爾時期以來就有塔蘭奇回人被遷入，清朝平準後又有 “回屯” 建設，故清朝伊犁將軍府自一開始便具備了處理察合臺文的人員和能力；而清屬塔爾巴哈臺地區則沒有這類回人 [②]，因此，在很長一段時期裏（最起碼到乾隆四十八年為止，見下文）該地是沒有處理察合臺文文書條件的。

實際上，清朝建立伊犁將軍制度的時期也是其為充實原準噶爾之地的疆域而調整民族政策的時期。由於厄魯特遺衆已不復原有的組織和勢力，而在文化上他們又本是滿洲－蒙古的親近族群，因而，也就是在設立伊犁將軍前後，清政府開始實施吸納厄魯特遺衆回歸清朝治

[①] 在其著作中，野田仁甚至認為清朝邊疆大臣的這種把哈薩克來文作為其奏摺附件上呈皇帝的做法是一種固定制度〔Noda Jin, Onuma Takahiro, *A Collection of Documents from the Kazakh Sultans to the Qing Dynasty* (*Joint Usage/Research Center for Islamic Area Studies TIAS Central Eurasian Research Series Special Issue 1*), p. 8. Department of Islamic Area Studies, Center for Evolving Humanities, The University of Tokyo, 2010〕（以下簡稱 “Noda and Onuma 2010”）。但需要指出的是，哈薩克來使堅持要親自呈遞書信於清朝皇帝的情況也有幾例，因此，似乎不應把上述以奏摺附件形式呈遞哈薩克來文的做法視作是清哈文書來往中的定制。

[②] 這裏需說明，清朝亦有視哈薩克為 “回人” 之一種的情形。所以，此處所指乃是 “定居務農的回人”。

下的政策；清朝希望利用數年前還被視作清剿對象的這些厄魯特人回歸清朝境內的做法來部分地達到充邊固疆的目的。其結果之一便是，原或為避難或被擄掠而至哈薩克的許多厄魯特人在 18 世紀 60—80 年代陸陸續續地逃入或被哈薩克人主動交付給清朝。這一變化對於托忒文作為清哈交流媒介的地位也造成了影響。

這種影響首先反映在哈薩克統治集團各家族處理托忒文所需人員的流失上。在本系列論文的第一篇，筆者曾提及阿布賚汗的妻弟巴雅爾於乾隆二十八年六月二十五日（1763 年 8 月 4 日）投往清朝的故事。① 其實，從近十多年來公布的滿文檔案中所反映出的有關信息來看，在 18 世紀 60 年代之後流入清朝境內的厄魯特人中不乏曾經充當哈薩克使臣者。例如，從中國第一歷史檔案館《滿文哈薩克檔》所存檔案號為 03-18-008-001754-005、題名為《乾隆年間哈薩克名冊》（以下簡稱《名冊》）之檔冊和相關奏摺可知，除上述巴雅爾外，起碼還有一些厄魯特人先是代表哈薩克統治集團各家族出使清廷，後來遷居到了清屬伊犁之地（見表 1）。

表 1　原代表哈薩克出使清廷、後遷居清屬伊犁之厄魯特人

序號	姓名	出使清廷時間 [1]	何人遣出	受封賞情況	遷往伊犁時間	史料出處 [2]
1	巴桑（Basang）	QL23，QL25，QL26	阿布勒班必特，阿布賚	五品頂戴（QL25）	QL26（1761）	《名冊》第 0015 膠片；《清高宗實錄》卷 670，第 9 頁下 [3]
2	圖倫孟克（Turungmungke [4]）	QL25，QL27	阿布勒必斯	五品頂戴（QL25）	QL28（1763）	《名冊》第 0021 膠片；《新疆檔》，65：59-62，愛隆阿摺 [5]
3	巴惕西（Batisi）	QL37	杭霍卓（阿布勒必斯子）	六品頂戴（QL37）	QL40（1775）	《名冊》第 0112 膠片；《新疆檔》，110：61-66，舒赫德摺 [6]
4	都喇勒（Dural）	QL47	瓦里（阿布賚汗子）	六品頂戴（QL47）	QL47（1782）	《名冊》第 0148 膠片；《新疆檔》，150：133-139，153：7-10，伊勒圖兩份奏摺 [7]

1 表中的 QL 表示"乾隆"年號。例如，"QL25"乃是"乾隆二十五年"的代稱。

2 此處簡稱之史料：（1）《名冊》，《乾隆年間哈薩克名冊》，中國第一歷史檔案館藏《滿文哈薩克檔》，檔案號．03-18-008-001754-005；（2）《清高宗實錄》，慶桂等編撰《大清高宗純（乾隆）皇帝實錄》，臺北：華文書局，1964；（3）《新疆檔》，中國邊疆史地研究中心、中國第一歷史檔案館編《清代新疆滿文檔案彙編》，廣西師範大學出版社，2012。

3 《大清高祖純（乾隆）皇帝實錄》中的這條記載涉及巴桑"棄其所有產業，挈眷來投"之事。

4 在《乾隆年間哈薩克名冊》中此名作 Turumungke，而在《清代新疆滿文檔案彙編》第 65 冊第 59—62 頁中的愛隆阿奏摺中作"Turungmungke"。

5 《清代新疆滿文檔案彙編》第 65 冊的該奏摺提及圖倫孟克移居伊犁事。需要指出的是：該書編纂者把具奏者誤寫成了"伊勒圖"（見第 2 頁目錄）。

6 涉及乾隆三十七年出使一事。奏摺中所附阿布勒必斯察合臺文信的滿文譯文中出現杭霍卓使臣名"batisi"。

7 《清代新疆滿文檔案彙編》第 150 冊提及使臣"dural"之名，第 153 冊中提及賞戴頂翎事。

---

① 見《天馬雙翼（1）：托忒文在哈薩克與清朝交往過程中的媒介作用》一文注 18。

在這一時期，也有一些哈薩克人遷往清朝直接管轄的伊犁之地，其中包括懂蒙古語並在哈薩克與清朝的交往中起過重要作用的人員。哈薩克烏默爾①便是這樣的一個人物。準噶爾統治時期出生於伊犁地方、與上述巴雅爾一樣亦是阿布賚汗妻弟的烏默爾②，早在乾隆二十年七月二十五日（1755 年 9 月 1 日）就曾作為阿布賚使臣往赴清軍將領班第等人的軍營。③此後亦曾數次代表阿布賚與清朝交往。乾隆二十七年赴清廷朝覲時，受封三等頂戴。其受封三等頂戴的事實亦體現了他在哈薩克社會及清哈交往中的地位。乾隆二十八年八月至二十九年初，烏默爾兄弟八戶共三十餘口遷居清屬伊犁。④

由於托忒文書寫人才的流失，哈薩克人在其與清朝的公文交流過程中逐漸轉向使用察合臺文。而這也促使清朝不得不改變其對於哈薩克的公文政策，逐漸加大了使用察合臺文的分量。這一點首先表現在清地方一級政府與哈薩克的交往中。伊犁將軍伊勒圖寫於乾隆四十六年三月初七日（1781 年 3 月 31 日）的一份奏摺中的如下話語是這一變化的最好寫照。

baicaci. tarbahatai i ba / hasak de jecen acahabi. hasak sa / tarbahatai i hebei amban de bithe alibure. / tarbahatai i ambasa hasak sade bithe afabure / baita kemuni bi. neneme hasak sa / bithe alibure de. gemu tot hergen / baitalame. tarbahatai i bade hasak sade bithe / afabuci. inu tot hergen i bithe baitalame / ofi. uthai tubai tot hergen bahanara / ūlet sede afabufi ubliyambume arabumbi. talude / hasak sa aika hūise hergen i bithe / alibuci. tubade hūise hergen takara niyalma / akū ofi. ili de benjibufi ubliyambufi / benebum-

---

① 小沼孝博在其著作中把此人及其名為古瓦特、色楞伯特的兄弟指稱為"厄魯特人"（Noda and Onuma 2010, p.156），其實，這是一種誤解。喀什噶爾參贊大臣納世通乾隆二十八年九月初六日（1763 年 10 月 12 日）的一份奏摺（見中國第一歷史檔案館、哈薩克斯坦東方學研究所編《清代中哈關係檔案彙編》第 2 冊，中國檔案出版社，2007，第 335—337 頁）中提到烏默爾兄弟古瓦特、色楞伯特"始抵伊犁，即自行挑選遊牧地，聲言不習慣與厄魯特共居"，此乃他們出身哈薩克而非厄魯特的證據。

② 關於其出生於伊犁並從小生活於準噶爾人之中的經歷及其後來與阿布賚汗的關係，見《清代中哈關係檔案彙編》第 2 冊，第 69—72 頁（伊犁參贊大臣阿桂奏摺）。

③ 清朝定北將軍班第的相關奏摺收入中國第一歷史檔案館、哈薩克斯坦東方學研究所編《清代中哈關係檔案彙編》第 1 冊，中國檔案出版社，2006，第 7—12 頁。其哈薩克文譯文見 Еженханұлы Б. (құрастырған, аударған және түсіндірмелерін жазған), Қазақ хандығы мен Цин патшалығының саяси-дипломатиялық байланыстары туралы қытай мұрағат құжаттары. Том I, 22—23-бб., Алматы: "Дайк-Пресс" басрасы, 2009（以下簡稱 "Еженханұлы 2009"）。

④ 烏默爾兄弟遷居清屬伊犁，乃是引起清廷乃至清高宗注意的一個特殊事件。由於烏默爾在乾隆二十七年利用其出使清廷的機會提出此要求時提到其遷居的計劃也得到阿布賚汗的支持，故清高宗一開始懷疑這是阿布賚欲在伊犁安插眼綫的行為。但清高宗後來打消了疑慮，准許烏默爾兄弟八人攜眷移居，而且還允許烏默爾本人在乾隆二十八年八月在遷居伊犁途中折赴北京朝覲。乾隆二十九年正月，烏默爾與其先期抵達的兄弟們相會並定居於伊犁。相關史料見《清代中哈關係檔案彙編》第 2 冊所收如下滿文檔：第 29 檔（第 66—69 頁）、第 105 檔（第 274—277 頁）、第 114 檔（第 289—303 頁）、第 121 檔（第 315—319 頁）、第 126 檔（第 335—337 頁）、第 144 檔（第 389—391 頁）、第 163 檔（第 451—454 頁）、第 182—183 檔（第 509—513 頁）。

bihe. te tarbahatai i hebei amban hailing ni / bsaci. duleke aniya ukanju yolbotu be / gaije jalin. hasak abulbis de tot / hergen i bithe afabuha de. ceni bade / umai tot hergen takara niyalma akū / ofi. ai baitai jalin afabuha be / sarakū. amala abulbis i jui jolci be / acafi. dere tokome getukeleme alafi. ulame / abulbis de anggai alira jakade. teni / afabuha bithei dorgi turgun be safi. / jolboltu be jafafi benjihe. turgun be / fonjici. hasak sade umai hergen akū. / onggolo ceni bade ūlet se labdu / ofi. tot hergen i bithe alibumbihe. ere / utala aniya ūlet se siran siran i / baime dosinjifi. tot hergen takara niyalma / komso oho turgunde. ere udu aniya ce / gemu hūise hergen i bithe alibumbi. ede / cende bithe afabure de. hūise hergen / baitalario seme baiha mudan bi. ereci / julesi. ceni alibuha hūise hergen i bithe. / abulbis sede bithe afabure de. aika / ili de benebufi. hūise hergen i arafi / benjihe manggi. jai icihiyara. cende afabure / oci. amasi julesi largin banjinambime. / tookabure sartabure be inu akū obume / muterakū. tarbahatai de emu juwe hūise / hergen takara arara niyalma bici. baita de / tusa seme aha de hebteme jasinjihabi. / baicaci. hasak sa ere sidende / tot hergen arara niyalma baharakū de. gemu / hūise hergen arafi unggireo seme baiha / babi. te hailing ni baci. tarbahatai de / umai hūise hergen takara arara niyalma / akū. mudandari ili de benjibufi ubliyambuci. / tookabure sartabure be boljoci ojorakū. ili i / hūise hergen takara arara niyalma be. / tarbahatai de emke juwe unggire babe / hebteme jasijihangge. hono siden i baita de / tusa ojoro be bodome gūniha. giyan i / ini jasinjiha songkoi ili ci hūise / hergen takara arara niyalma be tucibufi / unggici acambi. baicaci. ili i gūwa aiman i / coohai dorgi. umai hūise hergen takara / arara niyalma akū. damu usin tarara / arara niyalma kemuni bi. aika hūise / hergen takara arara niyalma teile unggici. / hūise gisun hafumbume muterakū de inu ubliyambume muterakū. urunakū emu hūise / hergen takara arara niyalma. jai emu / hūise gisun hafumbume mutere niyalma be / sasa unggici teni ubliyambume mutembi. uttu / ofi. aha i baci. ili i hūise sei / dorgi. hūise hergen takara arara mutere. jai hūise gisun hafumbume muterengge be / emte sonjofi. tarbahatai de unggireci tulgiyen. / ese gemu usin tarire banjimbime. boigon / anggala bi. hon goidame teci. ceni / banjire were de tusa akū. cembe / inu gūwa aiman i coohai adali emu / aniya emteri halabuki. jai ese siden i / baita jalin tarbahatai de alban kame / yabure be dahame. inu anafulara ūlet / coohai adali cende dabsun sogi menggun / kunesun bahabuki.

（漢譯）查得，塔爾巴哈臺之地與哈薩克相連，哈薩克人和塔爾巴哈臺參贊大臣均有相互致信之事。從前，哈薩克人的來信均以托忒文寫就；塔爾巴哈臺之地劃付哈薩克人時，所使用者亦為托忒文。彼處①懂托忒文的厄魯特自可為其翻譯、書寫。間或亦有

---

① 此既指哈薩克，亦指塔爾巴哈臺參贊大臣處。

哈薩克人用回文呈來書信者，值此情形，彼處①則因無人識讀回文，所呈回文書信會被攜至伊犁譯出後再送回。現今，塔爾巴哈臺參贊大臣惠齡來文與臣相商，稱："去年為取獲逃人岳勒伯勒圖，曾用托忒文劄付哈薩克阿布勒必斯。但因為其地無識讀托忒文者，該哈薩克竟不知為何劄付於彼。而後，吾與阿布勒必斯子卓勒奇會面時，彼親承口傳，方知劄付內容，並送來岳勒伯勒圖。究問其因，哈薩克人竟全無文字。②過去其地因厄魯特人眾多，故彼等得以呈來托忒文書信。這些年，厄魯特人不斷投奔而來，致使其地識讀托忒文者減少。故此，彼等這幾年全用回文寫信矣。有鑒於此，彼等償有詢問吾處能否用回文覆信之情形。從今往後，阿布勒必斯等人呈來回文書信而需吾處回覆時，如果先把來文攜至伊犁，在伊犁寫出回文信，把寫好的回文信送回這裏後再發往彼等的話，則來回奔波，徒生煩擾；甚而誤事，亦無可知。而如果塔爾巴哈臺有一二識讀並會寫托忒文之人，則於事有所裨益矣。"

查得，這段時間，哈薩克人因不得書寫托忒文之人，故均以回文寫來書信；而且，因其地無識讀托忒文之人，哈薩克阿布勒必斯請求用回文寫劄付回覆彼等。現在，惠齡則來文與臣相商，稱："塔爾巴哈臺無識讀並會寫回文之人，而如果每次都送往伊犁翻譯的話，抑或會誤事。請從伊犁遣來一二識讀且會寫托忒文之人於塔爾巴哈臺。"此乃是為相互間公務帶來益處之想法，理應照其來文中所說從伊犁選出識讀並會寫回文之人遣往。查伊犁外旗軍隊當中竟無識讀並會寫回文之人，然種田回子當中則有此種人。不過，設若祇遣去識讀並會寫回文之人，而所遣之人不會翻譯回語③的話，則又無法譯出來文。在遣去識讀並會寫回文之人外，必須一同派去可翻譯回語者一人，方可譯出來文。故此，臣欲自伊犁回子之中挑選一名識讀並會寫回文之人和一名可翻譯回語者，遣其赴塔爾巴哈臺。此外，因為此等均為種田之人，都有家口，如果長期在外，則於其生活無益。故臣欲將其視同外旗軍人，一年一輪換。此外，這一期間彼等因當差行走於塔爾巴哈臺，亦當視其若戍邊之厄魯特兵，使其領得鹽菜銀口糧。④

三

哈薩克統治者用察合臺文向清朝寫信的最早時間與上述清朝邊疆政策變化開始的時間是基本吻合的。現今我們所看到的最早發往清朝的哈薩克察合臺文書信是哈薩克中玉茲蘇勒坦

---

① 此指塔爾巴哈臺參贊大臣處。
② 此處作者本意似欲說明"哈薩克無托忒文字"，因為作者提到了哈薩克使用回文的情況。
③ 即將回語翻譯為滿語或漢語。
④ 《伊犁將軍伊勒圖奏選派回子赴塔爾巴哈臺處理與哈薩克來文文書摺》，見《清代新疆滿文檔案彙編》第146冊，第49—52頁。

阿布勒必斯於乾隆三十年寫給乾隆皇帝的一件"呈文"和寫給伊犁將軍的一封信。[①] 此後，哈薩克人用察合臺文向清朝寫信的歷史一直延續到道光年間：我們所知的最後一封哈薩克致清朝察合臺文書信是作為伊犁將軍的德英阿於道光八年四月二十六日（1828 年 6 月 10 日）所呈奏摺附件而留存的、阿勒坦沙拉的"謝封哈薩克汗之恩"信。[②]

　　2004—2018 年間，筆者在中國第一歷史檔案館共查到有近 120 件哈薩克致清朝察合臺文書信，並獲准閱讀、複製或抄寫了其中的近百件。表 2 所列乃是到 2018 年為止查明且閱讀、複製或抄寫的哈薩克致清朝察合臺文書信的情況。

表 2　清乾隆三十年至道光八年（1765—1828）哈薩克各統治家族寫往清朝的察合臺文書信（部分）

序號	家族	基本活動地域	總數（件）	致信人及其所寫信件數
1	阿布賚汗家族	基本居地為額西爾河—托博爾河流域，統治勢力延及七河地區	21	阿布賚汗（2）；瓦里（14）；阿第勒（2）；阿巴斯（1）；烏拜達拉（1）；阿布賚[1]（1）
2	阿布勒必斯家族	成吉斯山—塔爾巴哈臺山一帶	65	阿布勒必斯（25）；杭霍卓（20）；卓勒齊（5）；博普（7）；庫庫岱（7）；薩曼（1）
3	吐爾遜汗後裔	原居地西臨阿布賚汗家族地域，後有東移並混居於阿布勒必斯家族地域者	8	阿第勒（1）；薩尼亞斯（2）；瑪莫爾罕（1）；達雅爾（1）；札達克（1）；索克（1）；多遜（1）
4	博拉特汗[2]後裔	以突厥斯坦城為中心的南部地區	3	托霍木（3）；阿拉坦沙拉（1）
5	阿布勒海爾汗家族	哈薩克西部地區	2	阿布賚蘇勒坦（2）
6	哈雅布汗後裔	哈薩克西部地區	1	巴圖爾汗（1）

1 此乃是阿布賚汗同名的孫輩人物。
2 中玉茲法統意義上的大汗阿布勒班必特的長子即汗位繼承者。

　　從表 2 中我們看到，哈薩克致清朝察合臺文書信所涵蓋的時間跨度要比托忒文書信的

---

① 中國第一歷史檔案館軍機處滿文錄副奏摺，檔案號：03-0181-2143-033。據文檔題名頁上提供的信息，該檔時間為"乾隆三十年五月"。但我們認為，這一察合臺文信件當與伊犁參贊大臣愛隆阿等人寫於乾隆三十年四月十八日（1765 年 6 月 6 日）的一份奏摺有關，該摺見《清代新疆滿文檔案彙編》第 73 冊，第 324—328 頁。中央民族大學教師杜山那里·阿不都拉西木把阿布勒必斯的這兩封信做了轉寫並把它譯成現代哈薩克文（阿拉伯字母哈薩克文），但未給出原信的影印件。見杜山那里·阿不都拉西木《中國第一歷史檔案館藏清代哈薩克語文獻研究》（阿拉伯字母哈薩克文著作），民族出版社，2016，第 104—108、115—117 頁（以下簡稱"杜山那里 2016"）。
② 中國第一歷史檔案館軍機處滿文錄副奏摺，檔案號：4058-060（198-1893）。小沼孝博依據其手抄件對這一察合臺文書信做了轉寫、翻譯，同時也翻譯了伊犁將軍德英阿的相關奏摺（Noda and Onuma 2010，pp.75-80）。

長，其所涉及的哈薩克地域和家族也更廣泛。此外，從我們已接觸的文獻材料來看，由哈薩克寫往清朝的察合臺文書信在內容上也比哈薩克托忒文書信遠為豐富，其中不僅涉及雙方之間出現的貿易、政治、移民－逃人以及尋求藥物等方面的問題，還涉及哈薩克統治集團的內部權力鬥爭以及哈薩克與吉爾吉斯（布魯特）、浩罕等中亞其他民族和國家或紛爭或和好的史實。從表 2 中的信息裏我們也看到，哈薩克統治集團各家族寫往清朝的信件在數量上是有所不同的，且基本上呈現出越往東越多的規律。這反映了哈薩克統治集團各家族與清朝關係的遠近程度，同時也表明，哈薩克統治者與清朝發生聯繫更多是基於雙方的現實需要，二者交界之地需要處理的各種具體問題乃是催生這些文書的主要因素。而從單個發信者的角度來講，活動於成吉斯山—塔爾巴哈臺山一帶、以乃蠻部為其主要屬民的中玉茲蘇勒坦阿布勒必斯是向清朝寫信最多的哈薩克統治者，[①] 遠多於清朝視為哈薩克統治正統代表的阿布賚汗。

　　這些哈薩克致清朝察合臺文書信中承載了大量傳統史料中不曾提及的有關哈薩克與清朝關係的故事。需要指出的是，迄今為止的相關研究中 [②] 雖不乏把部分察合臺文哈薩克書信引入清哈關係史的研究當中並就具體歷史問題提出新見者，[③] 但無論是從歷史學的角度還是從文獻學的角度來看，許多察合臺文哈薩克書信仍待深入研究。在儘量認清文書的背景和寫作緣

[①] 據筆者的調查，現存中國第一歷史檔案館文獻中有阿布勒必斯寫於乾隆三十年至乾隆四十八年（1765—1783）的近 30 件"呈文"書信，其中大部分是用察合臺文寫成的。

[②] 笔者在本系列論文第一篇的開頭曾說道，笔者於 2004 年開始對中國第一歷史檔案館所藏哈薩克文書進行搜集，並於當年編製了有關書信的初期目錄，代表哈薩克斯坦科學與教育部所屬東方學研究所向該館提交了開展"有關十八至十九世紀哈薩克汗國與清朝關係書信檔案史料"哈中合作研究的建議（隨建議附有哈薩克書信初期目錄）。但是，由於該館非漢文文種檔案當時並未開放（時至今日該館信息化管理平臺上所公布的察合臺文哈薩克書信也祇是其中很有限的一部分），設立課題進行集體合作研究的建議未得結果。此後，有關研究遂成個人行為。2006 年，笔者用現代哈薩克文譯釋了其中的 2 件（見 Еженханұлы 2006），此後在各種論文和學術報告中又譯釋了 10 件 [見 Еженханұлы Б., *Ұлықорған асқан қазақ елшілері. Құттыбай мен Ақтайлақ*（монография）. Алматы, 2015；巴哈提·依加漢《哈薩克斯坦史學界對清朝歷史文獻的研究利用》，王延中主編《民族發展論壇》第 2 輯，社會科學文獻出版社，2017，第 207—225 頁；巴哈提·依加漢《喀什噶爾的誘惑：十八世紀下半葉清朝影響下哈薩克的南向活動》，劉迎勝主編《清華元史》]。2006—2009 年，中央民族大學教授阿力肯·阿吾哈力也譯釋了 3 件文書（阿力肯·阿吾哈力：《一件清代哈薩克租牧地文書的研究》，《民族研究》2006 年第 5 期，第 70—73 頁；阿力肯·阿吾哈力：《阿布賚汗後的清哈關係——一件清代哈薩克文書的釋讀》，張定京編《突厥語文學研究——耿世民教授八十華誕紀念文集》，中央民族大學出版社，2009，第 21—26 頁）。自 2010 年以來，清代察合臺文哈薩克書信的譯釋工作漸有發展之勢。除小沼孝博、杜山那里·阿都拉西木、阿依達爾·米爾卡馬力及筆者對單篇文書所進行的譯釋工作外，已有兩本察合臺文哈薩克書信文集編譯出版（Noda and Onuma 2010；杜山那里 2016）。

[③] Onuma T., "The Relation between Qing Dynasty and Kazakhs in 1770's: The Closing of the North-Western Border of Qing Dynasty," In: *The Tōyōshi-kenkyū*, vol. LXIX, 2010, No.2; Noda J., *The Kazakh Khanates between the Russian and Qing Empires*: *Central Eurasian International Relations during the Eighteenth and Nineteenth Centuries*, Leiden/Boston：Brill, 2016；巴哈提·依加漢：《喀什噶爾的誘惑：十八世紀下半葉清朝影響下哈薩克的南向活動》。

由、梳理相關具體歷史事件之來龍去脈的基礎上，由哈薩克寫往清朝察合臺文書信的史料學價值方可得到進一步的發掘。當然，這在很大程度上需要那些據以做對比研究的史料能得以不斷充實，首先是有待相關清代檔案文獻的儘早公布。同時，考慮到 18—19 世紀哈薩克歷史的特殊性，還需盡可能地發掘沙俄檔案、布哈拉及浩罕檔案以及哈薩克口碑史料中的相關信息。

那麼，由哈薩克寫往清朝的察合臺文書信有哪些文本方面的特點呢？因其書寫者的文化水準及所處時代的不同，這些書信在行文風格及內容品質上有一定差異。所以，要回答這一問題，需要從語音、語法及文書格式等多方面對所有相關文獻做系統全面考察。本文在此祇能以蜻蜓點水的方式列舉出其中較常見的幾個文本特點。①

首先，這些信件在文本形式上大多表現出它們對中亞察合臺文書信傳統的繼承。這首先反映在書信格式上。

1. 指稱皇帝時使用的讚美之詞。在寫給清朝皇帝的察合臺文哈薩克"呈文"中，或有運用充滿阿拉伯–波斯語借詞的繁複華麗的套話來讚美清朝皇帝的，例如，"Hū Āllah tamām yurtnïŋ uluġï barčadayïn uluġ 'azīz pādšah 'alam sa'ādatabd'aẓ'ar malmïl sözüyüydä 'umr salṭanat panāh 'alam sa'ādatdastgāh［…］ḥazrat šah mardān barča tamam yurtnïŋ uluġ igämïz, barčamïznïŋ ġam hazzāri uluġ bogda ḫān"，② 但更多情況下，寫給清朝皇帝的察合臺文哈薩克"呈文"使用的多是一句大意為"君臨天下的清朝皇帝"的固定套語，"yerning yüzïn, künnïŋ közin biläp turġan Ejen bogda ḫān"。③ 當然，除了一些特殊的情形外，寫給清朝將軍大臣們的察合臺文哈薩克書信中並無這類讚美之詞。

2. 相對固定的程式化格式。除了帶有繁複讚美套話的"呈文"，察合臺文哈薩克書信的基本格式是收件人及寫信人姓名尊號 + 寫信人的問候 + 用以表示"吾欲告知者"之意的句子 "salamdin soŋ söz bu（或 ul）kim" + 信的主體亦即寫信者要說的主要事務 + 使者名單 + 禮物清單（主要是馬）。④

3. 中亞穆斯林式的日期標記法及印章運用。日期方面雖有個別例外，但察合臺文哈薩克書信在表示日期時所遵循的基本上是中亞流行的幾種阿拉伯–波斯式曆法，例如，"sunbula aynïŋ bešï küni pitildi"；⑤ 而現藏中國第一歷史檔案館中的、時間上涵蓋 18 世紀 50 年代至 19 世紀 20 年代的近 200 封察合臺文及托式文哈薩克書信上所蓋印章中的印文全都是用阿拉伯–波斯字母書寫的，印章形制亦屬中亞傳統（基本上都是呈桃形的指環印章，有幾個附

---

① 有關哈薩克察合臺文書信語言方面的研究見下文。

② 上述阿布勒必斯的第一份察合臺文信上就使用了這一極盡奉承、讓閱讀者頭暈目眩的套話。此處所引乃是杜山那里·阿不都拉西木著作中的羅馬字轉寫（杜山那里 2016，第 106 頁）。

③ 如果逐字直譯的話，這句套語的意思為"統治地之顏、天之目的額占柏格達汗"。

④ 有清一代，哈薩克人送往清朝的禮物（滿文作"belek"，漢文史料中常譯為"貢物"）主要是馬匹。

⑤ 杜山那里 2016，第 136 頁，轉寫第 14—15 行。此處"pitildi"應作"bitildi"。

帶有俄文文字的例外）。

其次，由哈薩克寫往清朝的察合臺文書信的語言受到葛邏祿語支突厥語言的重要影響。這自然與上述哈薩克統治集團各家族招引中亞南部突厥語定居民中的宗教人士來草原從事伊斯蘭經文教育、充當家族私塾先生及文字書記員的傳統有關。大致說來，這一影響表現在如下方面。

1. 從語音學的角度來講，由哈薩克寫往清朝的察合臺文書信中的詞語顯然帶有強烈的葛邏祿語支突厥語言的發音特點。其最顯著的表現乃是詞首 "y–" 音以及詞中各處 "š" 音的頻繁出現。筆者在本系列論文的第一篇中曾說道，哈薩克語中本應讀作 "j–" 的詞首音到了清朝史料中常變作 "y–"，此乃是哈薩克語的詞語被來自清朝回地的譯人 "葛邏祿化" 的結果。這種被 "葛邏祿化" 的現象也出現於由哈薩克草原發往清朝的察合臺文書信中。詞首音 "j–" 變作 "y–" 的例子不勝枚舉，其中有："yïl" < 哈薩克語 "jïl"（"年"）；"yüz" < 哈薩克語 "jüz"（"百"）；"yïnä / inä" < 哈薩克語 "jäne"（"並且，另"）。哈薩克語中一般發作 "s" 的音在文書中變作葛邏祿語支突厥語中的 "š" 音的例子可見下文。

2. 從詞彙學的角度來講，由哈薩克寫往清朝的察合臺文書信中出現了大量具有葛邏祿語支突厥語言特點的詞語，例如："üč"（"三"，其哈薩克語對應詞是 "üš"），"beš"（"五"，其哈薩克語對應詞是 "bes"），"yaš"（"歲數"，其哈薩克語對應詞是 "jas"），"kičik"（"小"，其哈薩克語對應詞是 "kïšï"），"ušlab"（"上呈，提議"，其哈薩克語對應詞是 "usïnïp"），"šu"［"（代詞）其，他，那個……"，其哈薩克語對應詞是 "sol"］。

3. 從形態學的角度來講，這些書信語言中也出現了不少具有葛邏祿語支突厥語言特點的詞綴及詞。例如，（1）哈薩克語中的第三人稱詞綴 "–dï" 常作 "–dur"。例句："ol jaŋjuŋ qaytïb ketïpdur"[①]，"bizgä zorluq qïladur"[②]。（2）最常出現的連詞及格的附加成分。如阿拉伯語連詞 "wä" 以及波斯語連詞 "häm"（均意為 "以及，另"。現代哈薩克語一般用 "jäne"，書面語中偶爾也用 "häm"）以及表示助格（工具格）的 "bïrlä"（現代哈薩克語中一般用附加成分 "–men / –ben / –pen" 來代替察合臺文中的 "bïrlä"）。

自然，由哈薩克寫往清朝的察合臺文書信所受中亞察合臺文書信傳統影響的深度和廣度遠非上述幾點所能概括。況且，哈薩克人在歷史上並非祇向清朝發去過察合臺文書信。實際上，如果把 17—19 世紀哈薩克書面語歷史視作一個整體的話，那麼，在討論所述時期哈薩克察合臺文書的文本及其語言特點時，還應對包括寫往伊朗、奧斯曼土耳其和俄國的同類信件做綜合的考察，尤其應把寫往俄國的數量更多、時間跨度更長的哈薩克察合臺文書信[③]當作研究客體的一部分。單從寫往俄國的哈薩克察合臺文書信語言的角度來講，相關的研究可

---

① 杜山那里 2016，第 136 頁，轉寫第 11—12 行。

② 杜山那里 2016，第 121 頁，轉寫第 9—10 行。

③ 見 Ерофеева И.В. *Эпистолярное наследие казахской правящей элиты 1675–1821 гг. Сборник исторических документов в 2-х томов.* Алматы: «АБДИ Компани», 2015，以及相關討論。

以說已延續近 80 年。[①] 但由於哈薩克察合臺文書信的集中發布乃是近十多年纔發生的事，所以，無論是從俄國檔案文獻的角度還是從清朝檔案文獻的角度來看，迄今為止的相關研究也衹是為我們展示了哈薩克察合臺文書信語言以及公文制度歷史的一個側面。由於過往時代意識形態的禁錮或相關文獻的缺乏，這些研究中的某些結論在今天看來不乏有失偏頗者。例如，自蘇聯學者 М.П. 維雅特金開始，研究者大多傾向於過分強調來自中亞突厥語定居社會的書信傳統所施加的影響而忽視哈薩克語言本身在哈薩克察合臺文書信語言發展過程中所起的作用。[②] 這引出我們有關由哈薩克寫往清朝察合臺文書信另一文本特點的討論。

---

① 如前所述，蘇聯學者 М.П. 維雅特金在其 1940 年出版的著作（維雅特金 1940）中公布了俄國檔案中所藏的、哈薩克人於 1785—1828 年用察合臺文寫給俄國政府的 10 件各類文書，並就這些文書的語言提出了自己的一些看法。而 М.П. 維雅特金所公布的文獻材料及其相關結論可以說在半個多世紀時間裏影響了蘇聯及哈薩克斯坦的研究者（見下）。近年來，俄羅斯及哈薩克斯坦所藏哈薩克察合臺文書越來越引起學界的重視。上述伊莉娜·葉若菲耶娃所編《1675 至 1821 年間哈薩克統治精英們的書信遺產》一書的出版即是相關資料整理方面的一大成就。此外，利用原沙俄檔案中所藏察合臺文哈薩克文書對哈薩克社會史及哈薩克語言史進行的研究也有進展，美國學者佛吉尼亞·馬汀和塔蘭特·毛汗烏利的論文即為其例（Martin V., Mawkhanuli T., "Nineteenth Century Kazak Correspondence with Russian Authorities: Morphemic Analysis and Historical Contextualization," In: *Central Eurasian Studies Review*, Vol. 8 (1), 2009 , pp.21-28; Martin V., "Using Turki-Languange Qazaq Letters to Reconstruct Local Political of the 1820s-30s," In: Paolo Sartori ed., *Explorations in the Social History of Modern Central Asia 19th-early 20th Century*, Leiden: Brill, 2013)。而就清朝檔案中所見察合臺文文書來講，中國第一歷史檔案館所藏清代哈薩克察合臺文文書還沒有引起學界注意之前，就已出現了與清代哈薩克文書語言有關的討論。這一討論的出現與 20 世紀 80 年代發現於中國新疆阿勒泰地區的幾份歷史文書（這些文書均是以清朝官員名義寫於清光緒九年清俄勘分科塔邊界前後。其內容中有談及安置哈薩克人的部分），尤其是其中的一篇較長的察合臺文文書（文書乃是以清朝欽命勘分清俄科塔邊界大臣名義發布，文內既有向哈薩克人扼要說明新訂國界的內容，也包括勘界副代表、科布多幫辦大臣額爾慶額向哈薩克人下發的"剳諭"）有直接關係。文書發現者何星亮在其相關專著中，就文書的語言特點做了分析（何星亮：《邊界與民族》，中國社會科學出版社，1998，第 268—287 頁）。在何星亮著作出版前一年亦即 1997 年，新疆廣播電視大學教師努爾哈布勒·努爾拜利（Nurġabīl Sultanšarīpulī Nurbaylï）在其所編的哈薩克歷史語言教材《近代哈薩克語》（該教材是以阿拉伯字母哈薩克語編寫的）裏也收入了何星亮書中所見篇幅最長的一篇察合臺文文書（其在教材末尾給出的文書影印件比何星亮書第 29 頁中給出的要清晰得多。惜編者努爾哈布勒·努爾拜利未能注明其書中所收影印件的出處），並對文書語言做了簡單的討論（سولتانشارىپ ۇلى نۇربايلى: «تاباۋ زامان قازاق تىلى»، شىنجاڭ راديو - تەلەۆيزيا سىڧان داشۇەسى، 1997-جىل نۇرغابىل）。儘管何星亮和努爾哈布勒·努爾拜利的這兩種著作中所涉及的察合臺文文書與 18—19 世紀哈薩克人寫往清朝的察合臺文書信沒有直接的關係，但它們的確從另一個側面反映了當時哈薩克文獻語言的發展情況。因此，這兩種著作應該算是有關清朝哈薩克察合臺文文獻研究的開拓性成果。此後，與中國第一歷史檔案館所藏哈薩克察合臺文書信不斷被發現、發布的情況相適應，有關的研究亦逐漸增多。

② М.П. 維雅特金稱："諸汗書信的寫作者並非哈薩克人，而是沙皇政府的代理人——韃靼毛拉們……從語言角度來說，以哈薩克封建主的名義所寫的這些文檔都屬於公文用語，其韃靼語的成分占主導地位，而哈薩克語的成分很少。糅雜中亞諸語言中所原有的擬古主義和阿拉伯文的韃靼語在諸汗的公務書寫實踐中長時間占據牢固地位，被運用於所有形式的公文當中。這一語言完全不為哈薩克民眾中的遊牧百姓所通曉。"（維雅特金 1940，第 41—43 頁）也就是說，作者把寫往沙俄之哈薩克察合臺文書信的語言看作與哈薩克語毫無關係的語言。他的這一結論在半個多世紀後仍被重復著。例如，哈薩克斯坦學者 P. 斯茲德闕娃即寫道："察合臺（作者稱 түркі）書面語在數世紀中形成的公文語形式在哈薩克土地上的此類公文語言中也得以運用。此類公文不僅在形式上，

四

　　由哈薩克寫往清朝的察合臺文書信的另一文本特點是：書信中的察合臺書面語出現了程度不同的本土化（vernacularized）趨勢。在此需提及野田仁和小沼孝博著作中的如下兩個觀點：（1）清代察合臺文（作者稱作 Turki）哈薩克書信語言中所呈現出的突厥語族欽察語支（西北語支）語言的某些特性應來自韃靼語；（2）"（由哈薩克寫往清朝的察合臺文書信的語言）對察合臺文（作者稱作 Turki）語法及正字法的明顯偏離為我們展現了當時哈薩克人書寫察合臺文（Turki）的實際水準"。[①]這些結論多少呈現出一種在文獻不足或受學界舊論影響下由現代認識出發對古人古事做主觀評判的傾向。正如我們上面提到的，因其書寫者的文化水準及所處時代的不同，由哈薩克寫往清朝的察合臺文書信在行文風格及內容品質上呈現出差異。但並不能因此就說這些文書是對察合臺文語法及正字法的偏離。據我們的理解，所謂"察合臺文"或"Turki 文"乃是後人整合的、用以泛稱在 15 世紀至 20 世紀初以阿拉伯－波斯字母書寫的各種突厥書面語的概念。在其發展過程中，察合臺文文獻中的確出現過所有突厥語族文人據以模仿的諸如納瓦伊作品之類的美文美詩，但說察合臺文曾有過放之四海而皆準的、適用於各種突厥語的嚴格的寫作標準則可能並不符合實際；察合臺文在各突厥語族中傳播的過程也是其不斷吸納各種語言因素、不斷"本土化"的過程。而作為哈薩克汗、蘇勒坦們的門客，韃靼或回人書記員所寫的東西不可能不受其主子話語亦即哈薩克語的影響。客觀地對待這一"本土化"的變化過程將有助於我們對歷史文獻的理解、釋讀。

　　由哈薩克寫往清朝的察合臺文書信"本土化"的特點最突出地表現在詞彙方面。其表現形式乃是葛邏禄語支突厥語中所少見的哈薩克習語以及哈薩克口語詞彙在文書中的運用。讓我們從《哈薩克諸蘇勒坦致清朝文書集》一書中的幾處釋讀來說：（1）書中把第 13 號信（文書 M）第 2 行末尾的 من جوجى كنك آغه ايمز بيرلا ايلى يورتميز برله 讀為 "men Jöji goŋ aġa-i[ini]miz birlä, elli yurtumïz birlä"，並把這裏的 ايلى يورتميز（elli yurtumïz）釋作 "50 帳落"（fifty yurts）。[②] 但與這一釋讀相左的是，寫信者卓勒齊乃是在其父阿布勒必斯"王"逝世後爭奪以乃蠻人為主體、活動於成吉斯山—塔爾巴哈臺山一帶中玉茲哈薩克統治權的蘇勒坦，因此，他和他的族人不可能祇擁有區區 50 帳落。實際上，這裏的 ايلى يورتميز 乃來自哈薩克語中表示"一方土地上的人民"之意的習語"el-jurt"，所以，該句應譯作"吾，卓勒齊，與吾之兄弟及所屬

　　而且在整個語言上（包括詞彙和語法構成）都游離於哈薩克人的一般口語及文學語言之外。"（Сыздықова, Р., *Қазақ әдебиет тілінің тарихы*.173–б. Алматы: «Ана тілі», 1993）在有關寫給清朝的哈薩克察合臺文書語言的討論中，也不乏持類似觀點者（見下文）。

①　Noda and Onuma 2010，pp. 3–4, 42.

②　Noda and Onuma 2010，pp. 67–71.

人衆一道"。（2）該書作者把第 12 號信（文書 L）第 9—10 行中的 هلاو 和 توبى اوزومنىكى 分別讀作 "halāw" 和 "tübï özümniki"，但未能理解二詞的含義，衹是利用與該文檔相關的滿文奏摺中的 "概譯"，對此處的語句做了大概的翻譯處理。[1] 其實，這裏的兩組詞語均屬哈薩克語： هلاو 乃來自哈薩克語中表示 "意願，請求" 之意的 "qalaw"（قالاو）一詞，因此，信中的 بو هالاو 當譯作 "此乃吾之請求"；而 توبى اوزومنىكى 中的 توبى（tübï）亦爲哈薩克語詞，表示 "歸根結底"，故相應語句應譯爲 "（王之繼承權）歸根結底是我自己的"。

上述例子說明，哈薩克語特有的詞語出現於書信中時，往往會引起習慣於葛邏禄語支突厥語閱讀者的困惑。從文獻中我們看到，這種現象早在清代就已存在，以下即爲其例。

1. 中國第一歷史檔案館軍機處滿文録副檔檔案號爲 2534-002（099-3164）、清伊犁將軍舒赫德於乾隆三十八年八月十五日（1773 年 9 月 30 日）具奏的一份奏摺中所附阿布勒必斯寫於該年 "夏季中間月份第 27 日" 的一份察合臺文信中出現的 "āq üylï" 一詞的翻譯問題。[2] 根據伊犁將軍舒赫德奏摺中的記述，在收到阿布勒必斯的信後，舒赫德要求其譯人先把信譯成滿文。信的前半部分中的基本內容原本是清楚的，在這裏，阿布勒必斯提到哈薩克與布魯特爭戰後布魯特遣使欲和好的事件。但是，阿布勒必斯原信中有這樣一句話：

" قرغزنينك الجى سى كلدى الابولامن آق اويلم نى برامن ديب "

（"Qïrġïznïŋ älčïsï kä(l)di älä (<el) bolamïn dib āq üilïmni bärämïn wä dib"）

這句話給翻譯者帶來了困難。就此，舒赫德在其奏摺中寫道："甚至連（譯人）回子們都不懂信中的 'ak uile' [3] 一詞所指爲何。故，臣向阿布勒必斯派來的侍衛沃森詢問了 'ak uile' 一詞的意思，沃森答稱：'布魯特要把他們尊貴之人（字面意思爲 "好人"）的子弟連同其氈房作爲人質交予吾等，是爲 'ak uile'。"[4] 儘管仍有含混之處，但舒赫德的記述涉及哈薩克語中的一個古老習語。在哈薩克語中，有 "el bolïp aq üylï berïw" 之習語，表示 "通過交納質子實現和好"，這裏的 "aq üylï berïw"（給予某人攜白氈房之質子）是妥協方首領需完成的義務，意思是把自己的一個或數個子弟作爲質子連同其穹廬及隨從人員並生活用畜交予強勢方以保障雙方的和好協議。

2. 哈薩克公阿第勒於嘉慶十三年（1808）所寫的一封察合臺文信件中所見 "aq kök čïqïp turar erdi, Ilädin tāza matā' čïqmaydï" 之語的翻譯問題。所述察合臺文信件與該年六月阿第

---

[1]　Noda and Onuma 2010, pp. 62–66. 尤其是第 65 頁上的注解。

[2]　見圖 2。上引杜山那里·阿不都拉西木書中給出了該察合臺文的轉寫及現代哈薩克文（阿拉伯字母哈薩克文）譯文（杜山那里 2016, 第 120—122 頁），但沒給出信的影印件。

[3]　此乃舒赫德對 "āq üylï" 一詞的滿文轉寫。

[4]　滿文原文作 "bithede araha ak uile sere gisun hūise se inu ulherakū ofi abulbis i takūraha hiya osen de fonjici burut emu sain niyalamai juse deote be monggu boo suwaliyame mende damtun obume bure be utuhai ak uile sembi seme alambi"。

勒差人攜帶羊隻赴喀什噶爾貿易一事有關。據筆者所知，中國第一歷史檔案館現存的相關文獻中，除了哈薩克公阿第勒寫給喀什噶爾參贊大臣范建豐的這封察合臺文信件外，還有清軍機處的一份奏摺（内含阿第勒信滿文譯文之一種）、范建豐回覆阿第勒的 "劄付" 以及以單獨文檔形式出現的阿第勒信的另一種滿文譯件。① 把這一滿文譯文與此信察合臺文原文及軍機處奏摺内容相對照，可以發現文獻之間有不少相異甚至相互牴牾之處。最大的差異恰好與阿第勒在原信中最想説明的内容亦即他何以遣使並派商隊赴喀什噶爾的問題有關。查察合臺文原文，有關段落寫作：

"اوغول قيز بوى يتى ايله دين سودا اليب توراميز ديب كونكل قليب ايدوك آق كوك چنقبث تورار ايدى ايله دين تازه متاع چقمايدى ديب سوداكريم نى يبارديم"

（"Oğul qïz yet[t]i, Ilädin sawdā alïp turarmïz dep köŋül qïlïp edük, aqkök čïqïp turar erdi, Ilädin tāza matā' čïqmaydï dep sawdāgarïmnï qošup yibärdim"）②

其意為 "兒女長成，[必然婚嫁]。原想自伊犁獲取貨物，然則人多怨稱彼處各種不是，謂伊犁之地不可得純正棉布矣。故，吾乃使吾之商人 [與吾使] 一道前去也"。而在相關滿文檔案中有兩個重要内容與此有異：第一，哈薩克商隊來喀什噶爾的緣由被説成是阿第勒個人要嫁女娶媳；第二，相應滿文各檔均稱哈薩克人到喀什噶爾是要買藍白兩色棉布。這裏其實有一個對阿第勒察合臺原信某一處誤讀的問題。查察合臺原信全文，阿第勒並未專指需要何種顏色的布。引起清朝官吏和譯人誤解的無疑是上引察合臺原文中的 "aqkök čïqïp turar erdi, Ilädin tāza matā' čïqmaydï" 等詞語。其中前二詞本意的確為 "白色" "藍色"，如果要用其本意將之理解成布匹的顏色，那 "aqkök čïqïp turar erdi" 的確可譯作 "[伊犁地方] 出產白藍兩色布匹"。然而，這則與相關滿文各檔中表達的 "因為伊犁地方無貨，故去喀什噶爾購買白藍兩色布" 的意思完全是南轅北轍。從滿文檔案中我們看到，哈薩克人與清朝貿易時最希望得到的是紅白兩色回布，③ 而這與哈薩克人生活中的婚喪嫁娶習俗是有緊密關係的。特地提及 "兒女長成" 的阿第勒所期望的當亦如是。其實，喀什噶爾參贊大臣衙門中的譯人和服侍於軍機處的哈德爾均不知道察合臺原信中的 "aqkök čïqïp turar" 乃來自哈薩克語中的固定習語 "aq čïqtï, kök čïqtï"，其意與漢語的 "這也不是、那

---

① 三件滿文檔案見《清代新疆滿文檔案彙編》第 223 冊，第 11—14 頁。三份文獻的日期均被記作 "嘉慶十三年六月（1808 年 7 月 23 日至 8 月 22 日）"。杜山那里·阿不都拉西木曾對阿第勒的察合臺文信件做過轉寫並把它譯成現代哈薩克文（阿拉伯字母哈薩克文），但未給出原信的影印件。見杜山那里 2016，pp.102-104。此信滿文譯文的影印件見圖 3。

② 此處轉寫據杜山那里 2016，p.103。

③ 在上述中國第一歷史檔案館軍機處滿文録副檔檔號為 2534-002（099-3164）、清伊犁將軍舒赫德寫於乾隆三十八年八月十五日的一份奏摺中即明確提到這一點。

也不是"相近。①

　　除以上所述外，由哈薩克寫給清朝的察合臺文書信語言的"本土化"趨勢在語音和語言形態上也有所反映，相關的課題留待專業的語言學家作深入研究。如果要從偏歷史學的角度繼續我們的話題，則還需注意一個事實，即 13 世紀以降浸染內壓的成吉思汗政治遺產以及 18 世紀蒙古與清朝之間業已成型的政治話語體系對清哈關係中的文書交流亦不無影響。就此內容，筆者擬在本系列論文的下一篇中展開討論。

圖 2　1773 年哈薩克蘇勒坦阿布勒必斯致伊犁將軍察合臺文信件

資料來源：中國第一歷史檔案館軍機處滿文錄副檔，檔案號：2534-002 文檔附件。

---

① 在沒有接觸滿文檔案的情況下，杜山那里·阿不都拉西木在其譯文注釋中對此處文字做了正確的解釋。見杜山那里 2016，第 231 頁注 100。

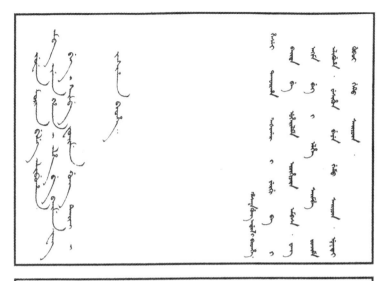

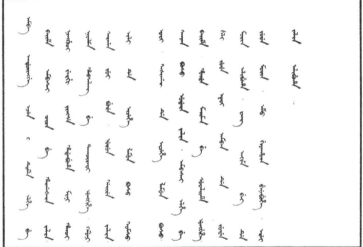

圖 3　1808 年哈薩克蘇勒坦阿第勒致喀什噶爾參贊大臣察合臺文信件之滿文譯件

資料來源：《清代新疆滿文檔案彙編》第 223 冊，第 13 頁。

The Two Wings of the Heavenly Horse (2): Chagatay (Turki) as A Communication Tool in the Interflow between Kazakhs and Qing

Bakhyt Ezhenkhan-uli

An important factor which facilitated the establishment of the politic-economic relations between various Kazakh ruling houses and Qing state was the communicational function of the two writing languages, namely Todo (Western) Mongolian and Chagatay (Turki) languages, during the time period of mid–18th century through 1820s. Based on the historic-philological studies on a batch of Qing archival documents, this paper tries to shed new lights on the researches of the historic role of Chagatay (Turki) in the political and cultural interflows between Kazakhs and Qing state. It is pointed out in the paper that:Firstly, the changing situation, especially the ethnical re-mapping related to the migrations of Oyrat people on the borderland between Kazakhs and Qing in 1760's–1770's forced the Kazakh rulers to be more inclined in using Chagatay (Turki) instead of Todo Mongolian in their communication with Qing state; Secondly, most of theTurki (Chagatay) letters from Kazakh khan-sultans to Qing state follow the Central Asian diplomatic epistolary tradition: this can be seen both in their form characteristics (the honorifics to the addressees, the content formats, and the representations of the dates etc.) and in their strong "QarluqTurkic" linguistic colors (lexically and morphologically); Thirdly, as a special phenomenon of the particular historic period, quite a number of Mongol-Manchu social-political terms were absorbed into these Kazakh letters; Fourthly, although being influenced by the so-called *Yamen Uyghur* to a certain extent, yet the Turki being used in Kazakh letters has its own characteristics, of which a tendency of the "vernacularization" of the writing language can be observed. This is the second one of a series of papers under the general title of *The Two Wings of the Heavenly Horse*.

開魯縣遼代皇族墓葬出土墨書題記
相關問題初步研究

長海　連吉林

　　該墓地位於內蒙古自治區通遼市開魯縣東風鎮金寶屯東南 5 公里處，地處新開河與西遼河沖積平原地區（見圖 1）。2016 年 6—8 月，內蒙古自治區文物考古研究所對開魯縣兩座遭盜掘遼墓進行了搶救性清理發掘，墓葬編號為 M1、M2（見圖 2）。墓葬內出土及公安機關追繳的隨葬品有金腰帶、金耳墜、鎏金馬具構件、銅器、陶瓷器、玉器等。M1 墓為磚砌多室墓，由墓道、甬道、墓門、東西耳室和主室組成。主室平面呈方形，牆體及墓室頂部均用綠釉琉璃磚砌製。該墓甬道中發現了類似墓誌的墨書題記一百五十餘字。題記內容雖殘缺不全，但仍然透露了許多有價值的信息，特別是其中有墓主人身份及遼"龍化州"的相關記載，為我們進一步確定墓主人真實身份及研究探討遼代龍化州地理位置等問題，提供了有力的新佐證資料。

一　墨書題記的發現與初步整理研究

　　墨書題記原題寫在 M1 甬道東壁南側靠下位置的白灰牆壁上，用漢字和契丹大字兩種文字寫成。由於該墓已多次被盜，墓葬遭嚴重破壞，隨葬品所剩較少，墨書題字也幾乎從牆壁上脫落殆盡，變成碎片（見圖 3）。經過初步整理研究，能識別出來的有一百五十餘字，其他均已殘缺，難以辨識。漢字能識別出來的有"蒲骨""夷離""惕隱""削銘志""為生""四女""男""女""六""聟（音 xù，同婿）""小二人""一人早（亡）""纔啟""妻生""人小若""長而""罹難""葬扲　龍化州西""□里""薩""照""篤""為""辰""姓""北""列""亦""立""斯""三""至""家""姑""歿""□酉日"等。2018 年 8 月，第十四屆遼金契丹女真史年會在通遼市科爾沁區舉行。藉參會之機，韓世明教授、都興智教授、連吉林研究員組成的專家組對墓葬出土墨書題記殘片進行了整理、拼對，並請中國社會科學院民族學與人類學研究所契丹文字專家劉鳳翥先生對墨書碎片中契丹大字進行了識辨。拼對和識辨的結果在許多地方有所突破，獲得了新的信息。目前能解讀的契丹大字有"孩子""之祗侯""龍（辰）""夫（府）""之""大""女""二十"等（見圖 4）。

　　根據辨認出的墨書題記文字推測，墓主人的妻子可能先後生了六個兒女，四女二男，其中一男早亡。墨書題記的漢字和契丹字中均有"辰（龍）"字，當是敘述天干地支龍年的。"□西日"可能是墓主人下葬的日子。契丹字中三次出現"孩子"字樣，無疑也是敘述墓主人子女的情況。

二　關於 M1 墓主人身份問題

根據 M1 墨書題記中"蒲骨""夷離""惕隱""削銘志"等文字記載和墓葬的形制規模及公安機關追繳的隨葬品初步推測，該墓墓主人是《遼史》所記載的耶律蒲古。"耶律蒲古，字提隱，太祖弟蘇之四世孫。以武勇稱。統和初，為涿州刺史，從伐高麗有功。開泰末，為上京內客省副使。太平二年，城鴨淥江，蒲古守之，在鎮有治績。五年，改廣德軍節度使，尋遷東京統軍使。莅政嚴肅，諸部懾服。九年，大延琳叛，以書結保州。夏行美執其人送蒲古，蒲古入據保州，延琳氣沮。以功拜惕隱。十一年，為子鐵驪所弒。"①

我們通過對墨書題記碎片的整理拼對和識辨初步認為，M1 墓主人即耶律蒲古的依據主要有以下幾點。

第一，墨書題記中有"蒲骨"二字，應該是墓主人的契丹名。"蒲骨"，與《遼史》所記的"蒲古"為同一契丹語的不同漢語音譯，"古"與"骨"是同音字。

第二，M1 主墓室是用琉璃磚砌成的。遼代貴族墓葬罕有使用琉璃磚的。該墓是在以往所發現的眾多遼代墓葬中，繼赤峰市阿魯科爾沁旗耶律羽之（耶律羽之是太祖的再從侄，是契丹皇族子弟）墓後第二次發現的此類墓葬。這說明此墓主人無疑應屬於皇族成員，其身份與耶律蒲古的身份亦相符合。

第三，M1 墓室內壁均繪有精美的彩色壁畫，特別是 M1 墓室出土牽馬歸來圖和對稱雲鶴圖。此外，從墓葬中出土的精美金銀器、玉器等隨葬品來看，墓主人應該是皇族子孫。耶律蘇是遼太祖耶律阿保機的同父異母弟，耶律蒲古是耶律蘇的四世孫，是名符其實的皇族成員，M1 墓主人與耶律蒲古的身份完全相符。

第四，墨書題記中三處見"夷離□"幾字，後續字殘，有"夷離堇""夷離畢"的可能。從墨書題記敘述的墓主人身份家世看，當為"夷離堇"這一官名。"夷離堇"是契丹部族聯盟時期軍事長官之名，耶律蒲古仕宦活動主要是在聖宗時期，他不可能擔任此職。題記中三處出現此官名，應是敘述其先祖的職務。但題記中出現"惕隱"這一官名，則與《遼史》本傳所記耶律蒲古的最後任職完全相同。蒲古是在平定了大延琳之亂後以功晉"惕隱"之職。惕隱，又稱大內惕隱，是遼代管理皇族的最高長官。此官必須由皇族成員充任，且一般是由功勳卓著、輩分較高的皇族成員出任。蒲古為耶律蘇四世孫，按皇族世系排，他輩分很高，加之平叛有功，故得授此職。墨書題記中"惕隱"當是敘述墓主人所任的官名。

---

① 《遼史》卷 87《耶律蒲古傳》，中華書局，1974，第 1336 頁。

　　第五，從墓室內壁畫的繪畫特點、風格及隨葬品的特徵來看，M1 墓主下葬時間應在遼代中期。墨書題記中"龍化州"左側一字當為"太"，即遼聖宗耶律隆緒"太平"年號之"太"。《遼史》本傳明確記載，耶律蒲古卒於聖宗太平十一年（1031），時間亦基本相符。

　　第六，墨書題記中有"罹難""歿""削銘志"字樣。罹難，即遭遇不幸，歿，即死亡，故"削銘志"。"削"，在此有"削減""減少"之意，也就是在奢華的 M1 中並沒有留下銘刻墓誌，僅以墨書題字記載其生平。這幾個字出現在題記中，就是委婉地敘述墓主人遭遇不幸而死，這與《遼史》所記耶律蒲古的人生結局完全吻合。

　　根據我們對 M1、M2 附近的調查和勘探，在已經發掘的兩座墓葬周圍，還有數座規模相類似的大型遼墓。所以我們認為，這裏應是耶律蘇家族墓地。進而可作出推斷，該地區應為契丹皇族耶律蘇的領地。

三　關於龍化州的地望問題

　　M1 墨書題記中最有價值的就是出現了"龍化州"字樣。關於遼代龍化州建立的時間和方位，《遼史》上有明確記載：唐天復二年（902）"九月，（遼太祖）城龍化州於潢河之南，始建開教寺"[①]；"明年（唐天祐元年，904）歲甲子，三月，廣龍化州之東城"[②]；"龍化州，興國軍，下，節度。本漢北安平縣地。契丹始祖奇首可汗居此，稱龍庭……天祐元年，增修東城，制度頗壯麗"[③]；"潢河之西，土河之北，奇首可汗故壤也"[④]。奇首可汗是契丹耶律宗室傳說中的先祖，其名見諸耶律羽之墓誌。很多研究者已經指出，關於龍化州"本漢北安平縣地"的記載是《遼史·地理志》的誤記。大體上說，龍化州始建於唐天復二年，唐天祐元年又對東城進行了擴建。其地望應位於潢河（今新開河）之南、土河（今西遼河）以北之地。

　　龍化州的地理定位，是一個長期以來困擾學術界的疑難問題。研究者對這一問題一直爭議較大，可謂衆說紛紜，莫衷一是。有些學者認為龍化州在今內蒙古奈曼旗八仙筒子鎮的西孟家段古城；[⑤] 也有些學者認為在今庫倫旗扣河鎮的酒局子古城，[⑥] 或在今敖漢旗的南城子古城。[⑦] 但以上所比定的方位和地點都在西遼河以南，與史料上有關龍化州的記載不符。近年來內蒙古民族大學的李鵬教授對西遼河與新開河流域的遼代古城址進行了實地勘探和研究，提出了今通遼市科爾沁區莫力廟鎮福巨古城為遼代龍化州的新說法，引起了學術界的關

---

① 《遼史》卷 1《太祖本紀上》，第 2 頁。

② 《遼史》卷 1《太祖本紀上》，第 2 頁。

③ 《遼史》卷 37《地理志一》，第 447 頁。

④ 《遼史》卷 32《營衛志中》，第 378 頁。

⑤ 郝維彬：《遼代龍化州調查記》，《內蒙古文物考古》1991 年第 1 期，第 64—67 頁；張柏忠：《遼代的西遼河水道與木葉山、永、龍化、降聖州考》，《歷史地理》第 12 輯，上海人民出版社，1995，第 41 頁。

⑥ 馮永謙：《遼代部分州縣今地考》，《北方文物》1994 年第 4 期，第 87 頁。

⑦ 楊姝：《敖漢旗區域契丹族族源論——契丹遙輦氏的發祥地、世里氏的重要歷史活動舞臺》，《前沿》2013 年第 23 期，第 180 頁。

注。① 福巨古城位於西遼河與新開河之間，其方位與文獻記載基本相符。開魯遼代琉璃墓出土墨書題記發現有"龍化州"的字樣，為福巨古城為遼龍化州之說提供了一個有力的佐證。

M1 出土墨書題記"葬扵　龍化州西□里"（見圖 5），"葬扵"與"龍化州"三字之間所以空兩字格留白，即書寫墨書者表示對龍化州這一地名的敬畏。龍化州是契丹先祖奇首可汗舊壤，稱為"龍庭"。龍化州又是太祖耶律阿保機神冊元年（916）登基做皇帝的地方，契丹人視其為聖地，故臨書留白以示尊崇。遼代墓誌中"龍庭"即龍化州前面留白的情況也曾出現在耶律羽之曾孫耶律道清墓誌中，耶律道清墓誌在"龍庭""先皇帝""皇上"之前均有留白。② 另外，墨書題記殘片中的"□里"字，與"龍化州西"四字字體風格、大小一致，當為開魯縣遼皇族墓與龍化州的距離之"□里"。

"葬扵　龍化州西□里"，無可質疑地說明龍化州在開魯縣皇族墓 M1 的東方。今通遼市科爾沁區的福巨古城在開魯縣遼代皇族墓正東約 25 公里處，經過詳細的實地考察，具體是在新開河以南、西遼河之北，開魯縣遼代皇族墓以東區域內。福巨古城是這一區域內規模最大且距墓地最近的一座古城，且是唯一的一座遼代古城。經 2018 年 9 月考古勘探證明，該城址"內外雙城式結構，且內城居東"，城內主幹道沿東城門展開，以東西走向軸綫布局，應當屬於遼代早期城址。這正好與《遼史》中"增修東城"和"廣龍化州之東城"的記載契合。對於將福巨城址認定為遼代早期龍化州，M1 出土墨書題記提供了考古學的依據。

另外，近期在福巨古城外的東面和西南面不遠處，各發現一處寺廟遺址。古城東面的寺廟遺址地表發現有遼代板瓦、蓮花紋瓦當、彩繪墻皮殘塊等；西南面的一處遺址經小範圍清理，出土有板瓦、筒瓦和蓮花紋瓦當等遼代典型的建築構件，以及帶"佛"字的石刻、經幢殘塊、篦點紋陶片等。兩處遺址應均是遼代的佛寺建築，這與文獻記載遼龍化州先後建有"開教寺"和"大廣寺"一致。根據 M1 出土的墨書題記、福巨古城的調查與勘探成果、新發現的兩處佛寺遺址，並結合文獻記載，我們認為福巨古城即遼代的龍化州。

A Preliminary Research on Related Issucs of Ink Inscriptions Discovered from Royal Tombs of the Liao Dynasty in Kailu County

Changhai　Lian Jilin

In 2016, the Institute of Cultural Relics and Archaeology of Inner Mongolia Autonomous Region conducted archaeological excavations on the Liao tombs in Kailu county, Tongliao City and cleared two tombs. Among them, M1 tomb is sensationalized at home and abroad with its

① 李鵬：《松漠仿古——遼上京道歷史地理新考》，吉林大學出版社，2018，第37—40頁。
② 蓋之庸：《內蒙古遼代石刻文研究》，內蒙古大學出版社，2002，第27頁。

grand scale, luxurious glazed brick tomb and exquisite tomb paintings. It also has become the only archaeological project of Inner Mongolia selected in the final evaluation of "National Top Ten Archaeological Discoveries of 2016". The ink inscription found in the tombs included more than 150 characters written by Chinese and Khitan large characters. Through the preliminary collation and research on the ink inscriptions, the owner of M1 tomb is determined to be Yelyu Pugu recorded in *The History of the Liao Dynasty*. He was the great-grandson of Su, the brother of Abaoji. The ink inscription also mentioned "buried in the west of Longhuazhou for ☐ meters", which provides a powerful new evidence of the geographical position of "Longhuazhou". According to the ink inscriptions appeared in M1 tomb, the investigation of Fuju Ancient City in Qorčin District of Tongliao City and the surrounding Buddhist temple sites combining with the literature materials, it is speculated that Fuju Ancient City is Longhuazhou town of the Liao Dynasty.

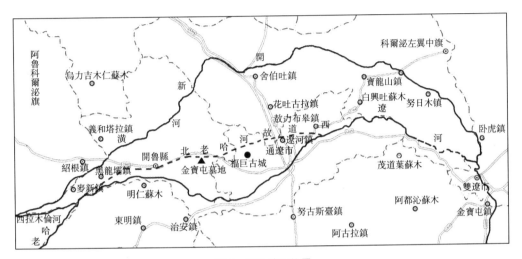

圖 1　墓地地理位置

圖 2　航拍墓地（右：M1，左：M2）

圖 3　M1 出土的墨書題記殘片

圖 4　M1 出土的部分契丹大字殘片

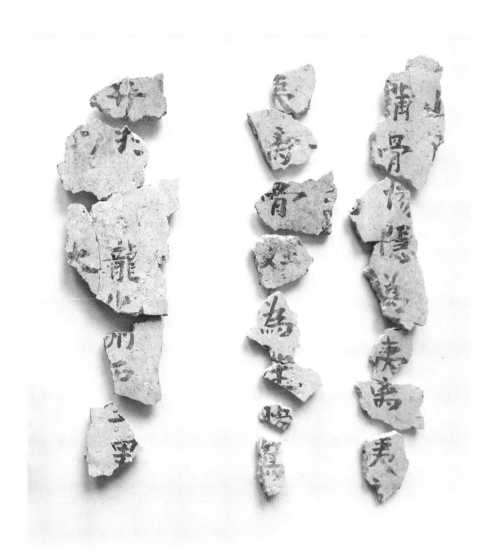

圖 5　M1 出土的 "葬扲　龍化州西□里" 墨書題記殘片

"薩里達古寺"遺址發掘研究報告

楚倫 著　蘇日朦 譯

薩里達古寺遺址位於蒙古國不兒罕山附近、烏蘭巴托以東 100 公里的肯特山山脈。自 20 世紀初俄羅斯學者初次到該遺址考察以來，至今尚未有學者對其進行詳細地考察及研究。地理因素、遺址挖掘涉及面積廣等因素導致發掘研究工作耗資耗力，此外，與蒙古國國內 17 世紀古城遺址研究者稀少、尚未受到學界關注等因素亦有一定的關係。

17 世紀中葉喀爾喀呼圖克圖扎那巴扎爾及其胞兄土謝圖汗的屬地東至克魯倫河流域，呼圖克圖之遊牧地位於額爾德尼召與肯特山山脈之間，從而在其屬地東界肯特山山脈建立了該寺。因該寺建於高山地帶、森林茂密之處，唯徒步或騎馬渡過數條河方能抵達。該寺被四周茂密的樺樹、柳樹、黑樹以及松樹所環繞。

蒙古國科學院歷史與考古分院自 2013 年 10 月 15 日開始正式啟動 "17 世紀城郭遺址研究" 項目。由於當時天氣漸冷及經費等因素，無法在此進行長時間考古發掘工作。但項目組大致掌握了該寺廟的總體情況、地理位置等基本信息。除此之外，對某些地區進行了試點發掘，為下一步的發掘工作奠定了基礎。項目組初期工作已完成，下一步的研究計劃則為進行更嚴謹、細緻的發掘與出土工作。

最早記載該寺廟的史料應首推《哲布尊丹巴一世傳》。這部文獻記載："順治十一年木馬年哲布尊丹巴活佛為弘揚黃教佛法，於喀爾喀肯特山陽建立了廣福山甘丹夏珠寺（ribodgerg-yasdga ldanbshad grub gling）。"文獻中提到的木馬年應為 1654 年，根據 "早期為了弘揚黃教佛法，於木馬年即 1654 年建立大雄寶殿，迄今已二百一十九年" 這一記載來看，後來的大庫倫以及哲布尊丹巴呼圖克圖宮殿的建立時間均從 1654 年這一年算起。至於扎那巴扎爾所建立的廣福山甘丹夏珠寺位於何處，以及為後世哪一座寺廟的前身等均無從可查。

1925 年頒布的 "條例" 中記載，建立大庫倫的時間為 1654 年。1654 年，在溫都爾葛根哲布尊丹巴呼圖克圖的主持下，於肯特山陽一帶破土動工，開始奠基。通過史料可以證明，薩里達寺廟的建立得到了達賴及班禪二位活佛的支持。哲布尊丹巴一世其他幾部傳記中均記載了達賴喇嘛嘉獎其建立佛寺弘揚黃教之事，却未曾提及何時建寺以及建寺過程的相關內容。

起初，扎那巴扎爾拜見五世達賴喇嘛時提出建寺的想法，當即得到了達賴喇嘛的贊同，進而從西藏派遣高僧大德前往喀爾喀擔任寺院的重要職務。鐵猴年即 1680 年，寺廟建築地基已竣工，並舉辦了勝住儀式。這也證明了廣福山甘丹夏珠寺始建於木馬年（1654），並於火虎年（1686）夏竣工，歷時32年。

該寺由溫都爾葛根扎那巴扎爾主張建立，並由其親自全程參與籌建工作，一些珍貴佛像的繪製均出自其手。其傳記記載："自西藏之地請來青銅刻板甘珠爾佛經，基於此甘珠爾製作了該寺第二版甘珠爾佛經。活佛親手製作金剛持佛以及督造了五方佛及銀製八寶塔等。"這些佛在大乘佛教中被稱為五方佛，並被寺廟尊為主要供奉的佛，因此溫都爾葛根扎那巴扎爾製作了五方佛。可見該佛像隨之成為大庫倫主供奉的佛並非偶然的事情。

該寺存世時間較短，學界普遍認為1688年發生的喀爾喀—卫拉特戰爭期間噶爾丹進軍肯特山、克魯倫河流域時損毀了寺廟。從我們的發掘結果來看，該寺確實燬於大火。

從主寺的地面及正殿部分發掘出的木炭、泥塑佛等文物來看，該寺被燒燬後再未有人踏及。主寺以北25米處二到三層的遺址中尚未發現被燒燬的痕跡。除考古發掘可證明以外，該寺燒燬於大火這一史實亦見於其他文獻以及口傳史。經此劫難後該寺被徹底廢置，再未進行誦經法會等宗教活動。

通過2013年進行的發掘工作，項目組掌握了該寺廟的建築構造，並標記了遺址四角的地理坐標點，分別為西北角北緯48°27′48.1″、東經107°59′33.7″；西南角北緯48°27′32.9″、東經107°59′33.7″；東北角北緯48°27′48.1″、東經107°59′52.2″；東南角北緯48°27′32.9″、東經107°59′52.3″。遺址寬380米、長470米，面積達17.86萬平方米。

此外，項目組繪製了寺廟舊址，舊址由十二座建築地基、三座佛塔、兩處石壁組成。

阿·烏日圖納森、策·恩克圖喇等人從考古學角度繪製了建築遺址總體概貌。而最新一期考古發掘中發現了之前未發現的幾處建築地基、石墻、門等。寺廟遺址主要由建築遺址、石壁、佛塔三個部分組成，每個建築均有其獨特的建築風格。

2014—2015年的主要發掘工作側重於No.4建築遺址，根據我們觀察，這一建築應為寺廟的大雄寶殿。項目組對其他建築物的建築結構做了發掘計劃圖，受時間及經費等因素影響尚未能開展發掘工作。此次對石壁前部分及東西門所處的部分進行了發掘。石壁內部修築整齊，均由大石塊銜夾小石塊拼砌而成，十分精美。石墻東南部分保存得相對完整，而其他部分則塌陷並長滿了雜草。石墻南、東、西處均有門，門簾形狀呈寬翼形。墻壁周邊北角西面設有防洪水的水道，從目前的發掘情況來看約有2米寬。目前尚未動工發掘佛塔。其中一至兩座塔並排位於石壁西南方向。從目前的情況來看該塔呈圓形，上端稍顯細。塔距石壁門左方20米。幾座佛塔結構相同，從塔的頂端出土了為數較多的泥塑佛像。

2014年及2015年對大雄寶殿正殿部分進行了考古發掘。此次從大雄寶殿正殿遺址中出土3000餘座五方佛及高約1.5米的大型佛10餘座。除此之外，從大佛下方發掘出兩份裝藏。由此可見，西側建築原被重擊所摧毀。從寺廟地面發現的木炭可知，寺廟之前被大火燒燬。

　　我們將發掘出的考古文物分為宗教類文物、建築物、其他三類。2015 年發掘出土的泥塑五方佛有 3000 餘座，其中除了十分精緻的泥塑八吉祥等諸多物品之外，還有銅鑄佛像模子所製泥菩薩、泥製供奉案臺、雲狀裝飾品等文物。

　　位於該殿西北角的大佛裝藏下面有八足火竈，上方有銅鍋，鍋內有瓷杯、銀碗、文殊菩薩、念珠殘餘物、建築裝飾物等文物。其後有盔甲、鐵片鎧甲、鐵劍等物品。大雄寶殿東北及西北所出土文物基本一致。因此我們斷定最初建該寺時在兩尊相同佛像的基礎上，做了裝藏，然而其內部出土貢品多少有些差別。裝藏八足竈上方的青銅鍋，僅有三分之一保留至今。鍋中存有大瓷杯、銀碗、鐵砧、文殊菩薩、寶石殘品、印有阿拉伯文的錢幣、石製太陽鐘、金銀製品等小型文物，且均受到不同程度的風化、氧化等損壞。該竈鍋西側放置了13、14 世紀時期的鐵劍，東面則置有歐式劍，另外西面鐵劍右側放有“矛狀”手槍，左側置有帶把的鐵烙。2015 年發掘出土的裝藏與 2014 年出土的基本相同，然製造更為精緻，鍋中存有印有阿拉伯文的錢幣、西方使用的軟石造太陽鐘等。這些出土文物恰好證明 16 世紀蒙古在政治、經濟、宗教文化等方面與西藏等地具有廣泛的交往。經對比研究我們斷定阿拉伯文錢幣為印度莫臥爾帝國沙·賈漢汗（1628—1658）時期鑄造的錢幣。2014 年出土的銀錢製造於尼泊爾，且流通於西藏。但具體流通時間尚未得到考證。軟石製造的太陽鐘是目前蒙古國境內發現的最早的太陽鐘。薩里達寺出土的太陽鐘可分為阿拉伯、羅馬兩種類型。以上從薩里達寺出土的文物見證了蒙古與東方乃至西方在精神文化層面交流密切這一史實。

　　2013—2014 年在薩里達古寺遺址進行的考古發掘證實了活佛扎那巴扎爾於 1654—1689年所建立的廣福山甘丹夏珠寺被損毀於檔案文獻及口傳史中流傳的喀爾喀—卫拉特戰爭。除此之外，從薩里達寺廟考古出土文物及發掘研究結果來看，溫都爾葛根扎那巴扎爾時期一項重要的手工藝品為泥製物，除此之外，其特色藝術建築也是這一時期的產物。

Archaeological Excavation Report of the Ancient Temple of Saridag

Sampildondov Chuluun

The ancient temple of Saridag is located in the Kent Mountain Range of Mongolia. The temple was originally built for the first of Jebzundamba Hutuktu Zanabazar who was personally involved in the whole process of building the temple. During the period of 2013-2015, the Mongolian Academy of History and Archaeological Branch carried out archaeological excavations and considerable unearthed artifacts. The archaeological excavation confirmed that the temple was destroyed by the Khalkha-Oyrad war. In addition, from the unearthed cultural relics, it is known that the Khalkha Mongolia at that time has considerable cultural ties with the West and the Eest. This paper introduces the excavation work of the ancient temple site of Saridag and the unearthed artifacts.

圖 1　薩里達寺遺址概貌

圖 2　考古發掘工作

圖 3　石墻

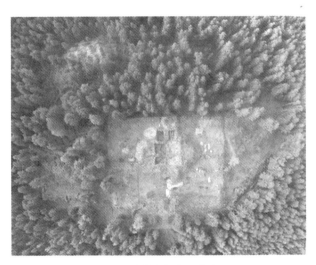

圖 4　俯拍大雄寶殿遺址

圖 5　泥製物

圖 6　裝藏出土兵器

圖 7　錢幣

圖 8　太陽鐘

"Аяга"-нд орсон уу, "хөл"-д хүрсэн үү?*

—Монгол хэлний *ayaγ-qa tegimlig*-ийн тухай өгүүлэх нь

Алтан Хасбаатар

Бурхны шашны судар номын монгол орчуулгын түүх XIII зууны сүүл, XIV зууны эхэн үеэс эхлэлтэй билээ. Тухайн үед бурхны шашны тусгай нэрсийг монголчлохдоо ихэвчлэн санскрит, төвд, хятад, уйгур зэрэг хэлнүүдээс зээлэн хэрэглэж байжээ. Үүний нэгэн жишээ бол даруй тус өгүүлэлд тусгайлан авч үзсэн *ayaγ-qa tegimlig* (цаашид шаардлагатай үед галиглаж, бусад үед аяга тэгимлэг гэнэ) хэмээх тусгай нэрийдэл холбоо үг юм.

Монгол хэлний үгийн санд нэгэнт нэвтэрчихсэн байсан энэхүү холбоо үгийн тухай дөхөм боловч шинжилсэн анхны хүн бол Я.Шмидт (I.J.Schmidt) билээ.[1] Харин Финляндын монгол судлаач Аалто (P.Aalto) гуай аяга тэгимлэгийн тухай тусгай судалгааны өгүүлэл бичиж1957 онд нийтлүүлсэн ба түүндээ: "Монголчуудын уйгудаас зээлсэн бурхны шашны тусгай нэр томьёоны дотор *ayaγqa tägimlig* ч багтах юм. Эртний монгол сурвалжуудад уг холбоо үг нь уугуул бичлэгээ хадгалсан байтлаа сүүлд нь ардын үгийн гарал зүй (volkslsetymologie)-гээс болж *ayaγa tegimlig* эсвэл *ayaγa takimlig* болж монголчлогдсон байна. ...*Ayaγqa tegimlig*-ийг агуулсан монгол сурвалж дахь хэсгийг түүнтэй тохирох өөр хэлний сурвалжтай харьцуулбал, уг холбоо үг нь монгол хэлний *бадарчин лам*-аас гадна, мөн *хүндэтгэл хүрэлтэй* гэх утгатайг ажиглан мэдэж болно" гээд аяга тэгимлэгийг уйгур хэлнээс ирэлтэй хэмээн баталж, мөн утгыг нь мөрджээ.[2]

Тиймээс бид Аалтогийн судалгааг үндэслэхийн сацуу өнөөгийн монгол, уйгур бурхны шашны судар номын нарийвчилсан судалгаанд тулгуурлан, монгол хэлэн дэх аяга тэгимлэг гэх үгийг лавшруулан судлахыг зорив. Тус өгүүлэлд монголын бурхны шашны судар номыг үндэс болгохын зэрэгцээ хамаа бүхий уйгур, төвд, хятад сурвалжуудыг ашиглав. Дэвшүүлэн

---

* Тус өгүүлэл нь улсын нийгмийн шинжлэх ухааны фондын төсөл болох "Юань улсын үеийн Монголын бурхны шашны судар жич түүнтэй тохиролцох Уйгур судрын харьцуулсан судлал" (18CMZ009)-ын бүтээлийн нэг болно.

① Schmidt, I. J. (1831): 157.

② Aalto, P. (1957). Тус өгүүлэлд эшилсэн харь хэлний материалыг цөм зохиогч монгол хэлнээ орчуулав.

буй өгүүлэлд эндүү ташаа зүйл байх аваас тольдох мэргэд санал шүүмжээ харамгүй хайрлахыг хүснэ.

Нэг. Аяга тэгимлэгийн тухай өнөөгийн ойлголт

1. Толь бичгүүдээс ажиглах нь

Ямар нэгэн үг хэллэгийн тухай эрдэм шинжилгээний ба энгийн ардын ойлголтыг өргөн хэрэглэгдэж буй толь бичгүүдээс бүрэн мэдэж болох мэт. Тиймээс уг нэрийдлийн тухай монголчуудын ерөнхий ойлголтыг бид XX зууны 40-өөд оноос 2018 он хүртэлх аяга тэгимлэгийг агуулан тайлбарласан 14 адил бус толь бичгийг сонгож, уг холбоо үгийн бичлэг, дуудлага, гарал, утга зэрэг дөрвөн талаас авч үзэв.[①] Гэвч толь бичиг бүрт тэдгээр дөрвөн талыг агуулсангүйг урьдчилан тэмдэглэе.

Бичлэг Толгой үг болох аягыг адил бус гурван янзаар тэмдэглэсэн байна.Үүнд *AAYAĠ-A*[②] хэлбэрээр 9 удаа, *AAYAQ-A* хэлбэрээр 2 удаа, *AAYAQ-QA* хэлбэрээр тус бүр 2 удаа илрэв. Зарим толь бичиг дэх үгсийн тайлбарт бас өөр бичлэгийг дурджээ. Жишээлбэл, "Хөх Түлхүүр"-т толгой үг *AAYAQ-QA*-гийн тайлбарт мөн *AAYAQ-A* бичлэг буй гэж, "Монгол Хэлний Толь"-ийн *AAYAQ-A*-ын тайлбарт бас *AAYAQ-QA* гэж бичдэг гэжээ. "Монгол Хятад Толь"-ийн 1976 оны хэвлэлд *AAYAĠ-A* гэсэн байтал, 1999 оны нэмэн зассан дэвтэрт бичлэгийг *AAYAQ-A*-аар засчээ.Тэгимлэгийн хувьд "Дэлгэрэнгүй Тайлбар Толь"-д *TAKIMLIQ* гэж, харин бусад толь бичгүүдэд нэгдэлтэйгээр *TAKIMLIK* хэмээн бичжээ.

Дуудлага Өөр өөр бичлэгтэйн адилаар толь бичгүүдэд аяга тэгимлэгийн дуудлагыг ч адил бусаар тэмдэглэжээ. Үүнд *ayaɣ-a tegimlig*, *ayaɣ-a taqimlig*, *ayaɣ-a tekimlig*, *ayaq-a taqimlig* гэх мэтчилэн буй.[③] Тэр тусмаа "Орчин Цагийн Монгол Англи Толь"-ийн тайлбарт *ayaɣ-a taqimlig* болон *ayaɣ-a tegimlig* хэмээх хоёр дуудлагыг тэмдэглэжээ.

Гарал Тус холбоо үгийн гарлын тухай бичсэн толь бичиг цөөн хэд байна. Үүнд, "Харь Үгийн Толь"-д аяга тэгимлэгийг *хүндтэй шүтээн* хэмээх утгатай уйгур хэлний *ajaɣqa*

---

① Үүнд *Хорин Наймт Толь, Монгол Англи Толь, Товч Тайлбар Толь, Монгол Хятад Толь 1976* (Монгол Хятад Толь 1999), *Орчин Цагийн Монгол Англи Толь, Хөх Түлхүүр, Монгол Хэлний Толь, Харь Үгийн Толь, Язгуурын Толь, Зөв Бичлэгийн Толь, Олон Хэрэгцээт Толь, Дэлгэрэнгүй Тайлбар Толь, Соёлын Тайлбар Толь, Гарлын Тайлбар* Толь зэрэг багтана.

② И. Иринчиний [Yirinčin, Y. (1987)] үсгийн галиг (Transliteration) -ийн системийг ашиглаж, бичлэгийн ялгалыг харуулахын тулд түүний галигийн систем дээрг (хатуу дэвсгэр),Y хоёр гийгүүлэгчийн галиг нэмжээ.

③ Адил бус толь бичиг, бүтээл номд адил бус дуудлага тэмдэглэх галигийг хэрэглэж, бас зарим нь кирил үсгээр тэмдэглэсэн тул бид бусдын бүтээлээс шууд эшлэхдээ уг галигийг тэр хэвээр нь хадгалж, бусад тохиолдолд бичлэгийг харгалзаж, нэгдэлтэй галиглав (transcription).

tekimlig-ээс ирэлтэй хэмээгээд, аяга нь "бишрэл, сүслэл, хүндлэл гэсэн утгатай, аяга тавгийн аягатай холбогдолгүй болно" гэв. "Соёлын Тайлбар Толь" -д аяга тэгимлэг нь уйгур хэлнээс зээлэн хэрэглэсэн, "уг уйгур үгийн аяга нь монгол хэлний аягатай огтын холбогдолгүй, бишрэл, сүслэл, хүндлэл хэмээсэн утгатай ажээ" хэмээх тайлбартай. "Гарлын Тайлбар Толь" нь Аалтогийн үзлийг хүлээн авч, аяга тэгимлэг нь уйгур хэлний *хүндэтгэл хүлээгч* хэмээх утгатай *ауаγqa* tekimlig-ээс ирэлтэй хэмээжээ. Харин "Язгуурын Толь"-д аяга тэгимлэгийн тайлбар дотроо зөрчилтэй юм. Аягын тайлбарт "энэ үг уйгураар хүндэтгэмээр гэх утгатай" гэсэн бөгөөтөл тэгимлэгийн тайлбарт "аяга нь мөн бадар аягын аягатай гарал нэг", тэгимлэгийн үгийн язгуур нь монгол хэлний *тахь*-(taki-, 祭，供，祀，孝，崇拜)-тай адил гээд, дараа нь "энэ үг бол уйгураас зээлсэн байна, уйгураар 'хүндэтгэмээр' гэсэн утгатай ажээ. Энэ нь мөн ч монгол хэлний хүндэтгэн тахих лугаа гарал язгуур нэг билээ. Аяга нь мөн бадар аягын аягатай гарал нэг байж, тэгимлэгтэй хоршиж, утга шилжээд бадарчин лам хуврагийг заадаг болсон бололтой" гэв. Энд аяга тэгимлэгийг нэг талаар уйгур хэлтэй холбон ярьж, нөгөө талаар монгол хэлний үгс гэжээ.

Утга Дээрх толь бичгүүд дэх аяга тэгимлэгийн тайлбарыг үндсэн болон шилжсэн утгаар хэрэглэсэн хэмээн хоёр хуваан үзэж болмоор. "Монгол Англи Толь" болон "Харь Үгийн Толь"-д *хүндэтгэлд хүрэлтэй, хүндтэй шүтээн* хэмээн уг холбоо үгийн үндсэн утгыг тэмдэглэсэн байна. Харин бусад зонхилох толь бичигт шилжсэн утгыг нь тэмдэглэхийн сацуу олон янзаар тайлбарлажээ. Жишээлбэл, бурхны шашны *гэлэн сахилтан, бадарчин, лам хувраг, шашин дэлгэрүүлэгч, дээд санваартан* гэх зэрэг ойролцоо утга бүхий тайлбар хадсан бол, зарим нь нэн нарийвчлан *винайн ёсны 253 сахилыг сахисан ангид тонилогчийн найман санваарын дээд, Шагжамунийн дөрвөн зүйлийн шавь нарын доторх эрхэм нь, бурхны шашны ёсны хоёрдугаар удаа сахил авсан тойн хувраг* гэх зэргээр тайлбарлажээ.

2. Нэгэн зүйлийн албан бус тайлбар

Толь бичиг, ном дэвтэр дэх тэмдэглэлээс гадна, сүүлийн үед аяга тэгимлэгийн тухай аман яриагаар тархаж буй өөр нэгэн албан бусын тайлбар буй. Тухайлбал, аяга тэгимлэгийг уйгур хэлний *хөл* хэмээх утга бүхий *ayak/ayag+ka* (+ka нь өгөхийн тийн ялгал) болон *хүрсэн* хэмээх утга бүхий *tägimlig*-ээс ирэлтэй, үндсэн утга нь *хөлд хүрсэн* гээд үүнийгээ бурхан шашны судар номд элбэг тохиолддог *бурхны хөлд оройгоороо мөргөж* гэхийг илтгэж, түүнээс утга шилжин *лам хувраг*-ийг заах болсон гэх ойлголт газар авчээ.

Толь бичгүүд дэх замбараагүй байдал болон аман яриагаар тархсан энэхүү ойлголт нь монголчууд бидний аяга тэгимлэг хэмээх холбоо үгийн гарал ирэлт, түүхэн хувьсал, нэн цаашилбал монголын бурхны шашны түүхэн хөгжлийн тухай ойлголт дутмаг байхыг haruulj buiгеэх.

харуулж буй хэрэг.

Хоёр. Аяга тэгимлэгийн тухай ойлголт баларсан шалтгаан жич уламжлал

Дээр монгол хэлний аяга тэгимлэг гэгч холбоо үгийн талаар мадагтай зүйл нэлээд оршиж байхыг харуулав. Эдгээр зүйлс хэрхэн үүссэн тухай бидний үзэхээр доорх мэт хоёр гол шалтгаан байж болох юм.

Нэг. Хэрэглээний цар хүрээ явцуугаас болсон. Аяга тэгимлэг нь бурхны шашны тусгай нэр үг тул зөвхөн бурхан шашны судар ном, эсвэл сурвалж дахь бурхны шашинтай хамаа бүхий хэсэгт л тохиолддог. Тиймээс тэр нь ардын аман ярианд идэвхтэй хэрэглэгдэж чадаагүй.

Хоёр. Уламжлах явц дахь түүхийн хөгжилтөөс болсон эндүүрэл. Энэ нь хоёр талын агуулга буй. Тухайлбал, XIII - XIV зууны үед дэлхийн эзэн байсан монголчууд хятад, төвд, уй-гур, санскрит зэрэг олон харь үндэстний нөлөөн дор бурхны шашны шимийг хүртэж, монголын бурхны шашны түүхийн анхны цэцэглэн дэлгэрэлтийг цогцлоосон юм. Гэвч Умард Юаний үе болоход, монголчуудын олон улсын чөлөөт орчин алга болж, харь үндэстнүүдтэй шашны харьцаа үндсэндээ тасарчээ. Аажимдаа XIII - XIV зууны үед хүлээн авсан харь үндэст-ний бурхны шашны нөлөө, тэр дунд ялангуяа зарим харь гаралтай бурхны шашны тусгай нэрийн гарал ирэл нь замхарч бүдгэрэв.

Бас нэг шалтгаан гэвэл уйгудын шашин шүтээний солигдол болно. Уйгуд IX зууны дунд үеэс Хожо (өнөөгийн Шиньжянгийн Турфан)-д нүүдэллэн суурьшиж, бурхны шашинд гүн хүндэтгэл үүсэж, үй түмэн шашин судрыг уйгур хэлэнд орчуулжээ. Юань улсын үеэс уйгурын бурхны шашин монголчуудад ихэд нөлөөлж, олонх монголчууд бурхны судар номыг уйгур хэлээр сонсож байв.[1] Түүний дараа XIV зууны эхэн үеэс бурхны судар номыг монголч-лохдоо мон Уйгудын бурхны шашнаас шим хүртэж байсны улмаас уйгур тойн хэлмэрчдийн оролцоотойгоор зарим судрыг шууд уйгур хэлнээс орчуулж байжээ.[2] Сүүлд нь исламын шашны зүүнш дэлгэрэх урсгалд идэг идгээр нөлөөлөгдөж, XV зууны үес гэхэд өнөөгийн Шинь ньжянгийн хил дэх Уйгуд бурхны шашны шүтээнээ орхиж, исламын шашныг хүлээн авч энэ цагт хүрэв. Тэдний хуучин шүтэж байсан бурхны шашин ор сураггүй болжээ.

---

[1] Энэ тухай Юань улсын үед монголчлогдсон "Алтан Гэрэл" [Khasbaatar (2016)], "Банзрагч" [Aalto, P. (1961): 128 & Facsimil Nr. 5v; Čoyiǰi (2003): 330–331] судрын гаргалга, бас түүнээс сүүлийн үед бичигдсэн "Эрдэнэ тунамал нэрт судар" [Žürüngү–a (2012): 3–4], "Ишбалжирын Бурхан шашны түүх" [Yisbalǰur Sumba–Qambu (1991): 743] "Алтан эрих" [Altan Erike (2012): 109–110] зэрэг сурвалжид тэмдэглээстэй билээ.

[2] *Sürüg (2004).*

Аяга тэгимлэг бол монголын бурхны шашин дахь уйгурын бурхны шашны нөлөөний үлдэгдэл мөртөө илрэл юм. Уг нэрийдэл XIII - XIV зуунд, монгол, уйгурын бурхны шашинд ид-эвхтэй, ойлгомжтой хэрэглэгдэж байсан байтал, Умард Юань улсын үеэс монголчууд хятад газраас хойшилж уугал нутагтаа буцсан; Уйгуд бурхны шашнаа тэвчиж, исламын шашин шүтсэнээс, аажимдаа монголчууд байтугай Уйгуд өөрсдөө ч энэ аяга тэгимлэгийнхээ утга учрыг мэдэхээ больжээ. Үүний дараа буюу XVI зууны сүүлээр Төвдийн Шарын шашны нөлөөн дор бурхны шашны судар номыг монголчлох ажил дахин нэн эрчимтэй өрнөв. Юань улсын үед монголчилсон судруудыг ариутган шүүж, бас шинээр судар ном орчуулах ажлын явцад зарим хэлмэрч нь аяга тэгимлэгийн уугал бичлэгийг засан хэрэглэх болжээ. Анх *AAIAQ-QA* хэмээн бичиж байсан аягын *-QA*-г бичлэгийн ташаарал гэж үзсэн, эсвэл *-QA* зэрэг ганц эгшигтэй үеийг монгол хэлэнд өмнөх үгтэй нь хамт дуудаж заншсан тул дуудлагаа даган яваандаа бичлэг нь өөрчлөгдөж, *Q* гийгүүлэгч нь сугарч гээгдэн, түүний амь өгөгч *A* эгшиг урагш шилжин *AAYAQ-A* болон *AAYAГ-A* хэмээн өмнөх үгтэй нь хамт бичигдэх болсон бололтой.

Нэн ойр үеэс, зарим судлаачид аяга тэгимлэгийн уйгураас зээлснийг танин мэдсэн боловч, эртний үгсэд орчин цагийн баримтаар тайлбар хийж, орчин үеийн түрэг хэлтэн үндэстнүүдийн хэлэнд элбэг тохиолдох *хөл* хэмээх утга бүхий *ayak/ayah*-аар аяга тэгимлэгт тайлбар хийхийг оролдож байна.

Аяга тэгимлэгийг аяга тавагтай холбон *бадарчин лам* хэмээн тайлбарласан нь удаан жилийн түүхтэй. Анх 1831 онд Шмидт аяга тэгимлэгийг "утга нь бараг аяга бадарт тахил өргөл ологч бөгөөд, монгол хэлнээ бурхны шашны лам хуврагийг заадаг" гэжээ.[①] Шмидтийн тайлбар хэдийгээр ташаа боловч, түүнийг буруушааж болохгүй юм. Учир нь тухайн үед аяга тэгимлэгийг тайлах түлхүүр болох уйгурын бурхны шашны сурвалж бичиг хараахан олдоогүй байсан юм. Оросын судлаач В. Радловын "*ayakka täkimlik* нь зайлшгүй аяганд ойртож, аяганд харьяалагдах, аяганд зохих гэх утгатай. Лам нар бол аяга бадарт хамаарагдах хүмүүс билээ"[②] гэсэн тайлбарыг Б. Я.Владимирцов зөвшөөрсөн байдаг.[③] Владимирцов бол монгол судлалд ихээхэн нөлөө бүхий эрдэмтэн тул, магадгүй түүнээс улбаалж, монголчууд аяга тэгимлэгийг *аяга таваг*-тай холбоотой хэмээн ойлгосон байж болох юм. Яриангүй монголчууд өөрсдөө *AAYAQ-A/AAYAГ-A TAKIMLI*K гэх өөрчлөгдсөн бичлэгийг лам хуврагийн бадар аяга барьж бадарчлан явах үйл ажилтай нь холбон аяга тэгимлэгийг *бадарчин лам* хэмээн ойлгох болсон магадгүй юм.

---

①　Schmidt, I. J. (1831): 157.

②　Radloff, W. (1910): 49.

③　Aalto, P. (1957)-оос дам эшлэв.

Гурав. "Алтан Гэрэл" судраас аяга тэгимлэгийг дахин нягтлах нь

Өмнө дурдсанчлан, аяга тэгимлэг бол бурхны шашны тусгай нэр бөгөөд голчлон бурхны шашны судар номд л тохиолддог. Тиймээс аяга тэгимлэгийн тухай зөв оновчтой ойлголт судар номоос олдох нь мэдээжийн хэрэг. Бид энд Юань улсын үеэс монголчлогдон, өнөө хүртэл уламжлагдан ирсэн, олноо "Алтан Гэрэл" хэмээн алдаршсан "Хутагт дээд Алтан Гэрэл эрхэт судар нуудын хаан нэрт их хөлгөн судар оршив" дахь түүний хэрэглэгдэх байдлыг авч үзье.

"Алтан Гэрэл" судрыг XIV зууны эхэн хагаст хэлмэрч тойн Шаравсэнгэ төвд хэлний 29 бүлэгт "Алтан Гэрэл"-ээс монголчилж, түүний дагууд хятад, эсвэл уйгур хэлний "Алтан Гэрэл"-ээс зарим агуулгыг орчуулжээ.[①] Тус судар нь монгол газар хамгийн өргөн дэлгэрсэн бурхны шашны судрын нэг тул эдүгээд хүртэл олон бар хэвлэл, гар бичмэл уламжлан иржээ. Гэвч тэдгээр нь цөм XVI зуунаас сүүлээрх хувилбар болох юм. Тус өгүүлэлд бид Өвөр Монголын Номын Санд хадгалагдаж буй 1721 оны модон барын "Алтан Гэрэл" (хойшид AG-1721 хэмээв)-ийг гол болгон, төвд Нартан барын "Ганжуур"-дахь 29 бүлэгт "Алтан Гэрэл" судар[②], И Жингийн (義净) хятад "Алтан Гэрэл"[③]-ийг мөн харгуулан ашиглав.

	AG-1721 дэх аяга тэгимлэгтэй хамаа бүхүй хэсэг	AG-1721-д илэрсэн удаа	Төвд "Алтан Гэрэл" дэх тохиролцох нэр	Хятад "Алтан Гэрэл" дэх тохиролцох нэр
1	ayaγ-qa tegimlig ilaǰu tegüs nögčigsen	77	btsun-pa	世尊 / 如來
2	(nom kelelegči) ayaγ-qa tegimlig	39	dge-sloṅ	苾芻 / 僧 / 法師 / 說法者
3	(ilaǰu tegüs nögčigsen) tegünčilen iregsen ayaγ-qa tegimlig ünen tegüs tuγuluγsan	29	dgra-bcom-pa	應
	tegünčilen iregsen ayaγ-q-a tegimlig ünen tegüs tuγuluγsan burqan erdem kiged köl-tür tegüsügsen sayibar odoγsan yirtinčü-yi medegči amitan-i nomoqadqan ǰiloγaduγči deger-e ügei kümün tngri-ner-ün baγsi burqan ilaǰu tegüs nögčigsen	4		應
4	ayaγ-qa tegimlig čubural baraγsan	3		阿羅漢
	tede bügüdeger yeke ayaγ-qa tegimlig	1		阿羅漢

---

① Khasbaatar (2016); Khasbaatar (2017).

② Narthang–Suv.

③ Нобелийн бүтээлийн ард дагалдуулсан "Taishō Issaikyō" (《大正新修大藏經》) дахь хятад "Алтан Гэрэл" (《金光明最勝王經》) судрыг ашиглав [Nobel, J. (1958):369–422].

　　Монгол "Алтан Гэрэл" судар бол төвд "Алтан Гэрэл"-ийг голлон барьж орчуулсан байдаг. Тиймээс текстийн харьцууллаас аяга тэгимлэгтэй тохиролцох төвд хэллэгийг мэдэж, түүнчлэн ямар утга илтгэж, юуг зааж байгааг таамаглаж болох юм. AG-1721-д аяга тэгимлэг нийт 156 удаа илрэв. Түүнээс 3 удаа нь таарах төвд хэллэггүй, үүнээс 1 удаа нь гаргалгад хэрэглэгджээ. Үлдсэн 153 удаа нь хүснэгтэд харуулсны дагуу цөм таарах төвд тогтмол хэллэгтэй. Харин хятад "Алтан Гэрэл" нь монгол орчуулгын шууд эх биш тул, аяга тэгимлэгтэй яв цав таарах хэллэг зарим тохиолдолд л илэрч байна. Гэвч утгыг нэн тодруулахын тулд мөн хүснэгтээр харуулав.

　　Ayaɣ-qa tegimlig ilaǰu tegüs nögčigsen гэх хэвшмэл хэллэг 77 удаа илэрч, цөм Шагжамуни эсвэл бусад бурхныг заах бөгөөд үүнд аяга тэгимлэг нь төвд хэлний *btsun-pa*(хутагтан, богд)-тай тохиролцоно.

　　Nom kelelegči ayaɣ-qa tegimlig эсвэл дангаараа *ayaɣ-qa tegimlig* хэмээн нийт 39 удаа илэрч, тэдгээр нь лам хуврагаас гадна бас зарим бодисадваг заах ажээ. Аяга тэгимлэгтэй тохиролцох төвд хэллэг нь *dge-sloñ* юм. Энэхүү утгаар AG-1721-д аяга тэгимлэгийг *тойн*-той солбицож хэрэглэсэн тохиолдол нэлээд буй.[①]

　　Төвд хэлний *dgra-bcom-pa*-тай тохиролцох аяга тэгимлэг нийт 37 удаа гарчээ. Хэдийгээр цөм *dgra-bcom-pa*-тай тохиролцох боловч, хэрэглэгдэх хэлний орчин, бас тохиролцох хятад хэллэгээс харахад аяга тэгимлэг нь *dgra-bcom-pa*-тай адилаар хоёр өөр утга илтгэж байхыг мэдэж болно.[②] Тухайлбал, 1. Бурхны арван онжод нэрийн хоёр дахь нэр, нийт 33 удаа илэрч (хүснэгт дэх 3), утга нь *хүндэтгэвээс зохих* буюу *тахиваас зохих* болно. Түүнтэй тохиролцох хятад онжод нэр нь *yīng* (應 даруй *yīnggòng* 應供 -ийн товчлол). 2 *дайсныг дарсан* гэх утгаар

---

①　Жишээлбэл, AG-1721-ийн 15-дугаар бүлэгт зарим тохиолдолд *nom kelelegči ayaɣ-qa tegimlig* гэж, зарим тохиолдолд *nom kelelegči toyin* гэжээ. Бас 21-дүгээр бүлэгт зарим тохиолдолд *Radn-a sigi ayaɣ-qa tegimlig*, зарим тохиолдолд *Radn-a sigi toyin гэжээ*.

②　Төвд хэлний *dgra-bcom-pa*-гийн үндсэн утга нь *дайсныг дарсан*, шилжсэн утга нь *хүндэтгэвээс зохих, тахиваас зохих* байж, санскритаар *arhant* (эсвэл *arhat*) гэнэ [Sun Yisun (1993): 464]. Хэдийгээр санскритаар зарим тохиолдолд *дайсныг дарсан* болон *хүндэтгэвээс зохих, тахиваас зохих*-ыг цөм arhant-аар илтгэдэг боловч, үүндээ адил бус үгээс бүтсэн юм. *Дайсныг дарсан*-ы үгийн язгуур нь *ari*(дайсан), харин *хүндэтгэвээс зохих, тахиваас зохих*-ын үгийн язгуур нь arh (зохих, ёстой, ...-тай) юм [Lin Guangming & Lin Yixin (2005): 153-154]. Бурхны шашны судар номыг төвд хэлэнд орчуулахад *дайсныг дарсан* гэх утгатай санскрит үг arhant-ыг анх *dgra-bcom-pa* хэмээн утгачлан орчуулсны дараа *хүндэтгэвээс зохих, тахиваас зохих* гэх утгатай arhant-ыг *дайсныг дарсан*-тай адилаар ойлгон мөн *dgra-bcom-pa* гэж орчуулан зуршсан бололтой.

4 удаа хэрэглэгджээ (хүснэгт дэх 4).[1]

Дөрөв. Аяга тэгимлэгийн ирэлт: уйгур хэлний *ayagka tägimlig*

Аалтогийн өгүүлсэнчлэн, аяга тэгимлэг нь уйгур хэлний *ayagka tägimlig*-ээс ирэлтэйг бид бүрнээ дэмжинэ. Тиймээс уйгур сурвалж дахь хэрэглээний байдлыг дөхөм танилцуулья. Уйгур хэлэн дэх *ayagka tägimlig* нь XX зууны эхэн үеийн Германы шинжилгээний анги манай улсын Шиньжянгийн Турфанаас илрүүлсэн үй олон уйгур хэлээрх бурхны шашны судар номд агуулагдсанаас анх хүмүүст танигджээ. Тэр үеэс эхлэн үе үеийн уйгур сурвалж бичиг судлаачдын судалгаагаар дамжиж, хэдийгээр эхэндээ мөн маргаан мадагтай байсан боловч, өнөө болоход *ayagka tägimlig*-ийн үгийн гарлын тухай судлаачид санал нэгджээ.[2]

Уг *ayagka tägimlig* хэмээх холбоо үг нь уйгур сурвалж бичигт ч мөн адил бурхны шашны судар ном, сурвалж бичиг дэх бурхны шашинтай хамаа бүхий хэсэгт л тохиолдож байна. Үгийн бүтцийн хувьд *ayagka* нь *хүндэтгэх, хүндлэх* гэх утга бүхий үйл язгуур *aya-* дээр үйлээс нэр үг бүтээх дагавар +g залган, дараа нь өгөхийн тийн ялгалын нөхцөл +*ka* залгажээ. *Tägimlig* нь *хүрэх* гэсэн утгатай үйл язгуур *täg+* дээр үйлээс тэмдэг нэр бүтээх +*m* дагавар залган, *зохистой, нийцсэн, хүрэлтэй* гэсэн утга илтгэж, дараа нь тэмдэг үг үүсгэх дагавар +*lig* залгажээ. Ийнхүү бүтэцтэй хоёр үг нийлж холбоо үг үүсгэн, *хүндэтгэлд хүрэлтэй, хүндэлбээс зохистой* гэх утгыг илтгэнэ.

Ayagka tägimlig нь үндсэн утгынхаа суурин дээр бурхны шашны тусгай нэр болж утга шилжсэн байна. "Уйгур хэлний толь"-ийг үндэслэвэл, *ayagka tägimlig* нь сурвалжид дараах хоёр тогтсон утгыг илтгэх болжээ: 1. Бурхны арван онжод нэрийн нэг, даруй хятад хэлний

---

① Гэвч *дайсныг дарсан* нь аяга тэгимлэгийн өөрийн илтгэх утга бус, харин төвд "Алтан Гэрэл" дэх *dgra-bcom-pa*-ийн махчилсан орчуулга бололтой. Тус өгүүлэлд өгүүлэх гэж буй мэт, аяга тэгимлэг нь уйгур хэлний *ayagka tägimlig*-ээс ирэлтэй. Уйгур хэлэнд *ayagka tägimlig* нь бурхны арван онжод нэрийн нэгээр хэвшин хэрэглэгдгийг XIII-XIV зууны монгол хэлмэрчид сайн мэддэг тул төвд "Алтан Гэрэл"-д *дайсныг дарсан* гэх утга бүхий *dgra-bcom-pa*-аар бурхны арван онжод нэрийн хоёрдахийг заасан байхад монгол "Алтан Гэрэл"-д түүнтэй эрс өөр *хүндэтгэвээс зохих* гэх утгатай аяга тэгимлэгийг хэрэглэсэн байна. Мөн энэхүү төвд, монгол адил бус утгатай хэллэгийг адил зүйлд хэрэглэснээс болж, бурхны онжод нэрээс өөр орчин дахь төвд хэлний *dgra-bcom-pa*-г монголчлохдоо автоматаар аяга тэгимлэг гэжээ. Учир нь бидний олон материалд аяга тэгимлэг нь ямагт *хүндэтгэвээс зохих* гэсэн уугал утгын суурин дээр үүссэн шилжсэн утгаар хэрэглэгдсэнээс бус *дайсныг дарсан* гэсэн утгаар хэрэглэгдээгүй юм.

② Мюллер [Müller, F.W.K. (1908)] анх уйгурын бурхны шашны сурвалжид тохиолддог ayagka tägimlig-ийн утгыг *хүндэтгэл ологч, хүндэлбээс зохистой(хүн)* гэжээ. Радлов [Radloff, W. (1910): 49] түүний үзлийг эрс эсэргүүцэн, *ayagka tägimlig*-ийг бадар аягатай холбон тайлбарлажээ. Гэвч Мюллерийн үзэлт нь түүнээс сүүлээрх эрдэмтэд, ялангуяа германы эрдэмтэд уйгурын бурхны шашны судар номыг шинээр уншин тайлсны суурин дээр нэн илүү батлагдаж, өнөө хүрэхэд уг судалгааны чиглэл доторх уйгур хэлний *ayagka tägimlig*-ийн тухай эрдэмтдийн санал нэгджээ.

yīng gòng, санскрит хэлний *arhat*-тай тохиролцож, тусгай нэр болжээ. Зарим тохиолдолд бас бодисадва болон бурхны шавь нарын хүндэтгэл нэрээр хэрэглэгдэнэ; 2. *хутагтан, дээд ламтан* зэрэг лам хуврагийн хүндэтгэсэн нэрийдэл болно.[①] Доор уйгур сурвалжаас жишээ авч *ayagka tägimlig*-ийн хэрэглээний байдлыг ажиглая.

Уйгур хэлний "Алтан Гэрэл"(Altun Yaruk) сударт *ayagka tägimlig* нийт 93 удаа илэрсэн юм.[②] Тэдгээрийг илтгэж буй утгаар нь 3 хувааж болох мэт.

1. Бурхны арван онжод нэрийн нэг (8 удаа). Жишээлбэл, *šakimuni atl(ï)g ančulayu kälmiš ayagka tägimlig köni tüz tuyuglïka t(ä)ŋrim* [Шагжамуни нэрт түүнчлэн ирсэн аяга тэгимлэг үнэн төгс туулсан тэнгэр минь].

2. Шагжамуни, эсвэл бусад бурхдыг заасан өөр нэрийдэл (71 удаа). Үүнд зонхилох тохиолдол (61 удаа)-д *atï kötrülmiš ayagka tägimlig t(ä)ŋri* [нэр нь дээдлэгдсэн аяга тэгимлэг тэнгэр минь] гэсэн хэвшмэл нэрийдлээр илэрч, *ayagka tägimlig* нь түүний салж болшгүй бүрэлдэхүүн хэсэг болон тогтворжжээ. Энэхүү хэвшмэл нэрийдлийн хэрэглэгдэх орчин, заасан этгээд нь монгол "Алтан Гэрэл" дэх *ayaɣ-qa tegimlig ilaǰu tegüs nögčigsen (burqan)*-тай бүрэн тохирч буй. Түүнээс гадна бас дангаараа бурхныг хүндэтгэн заасан тохиолдол ч бий. Жишээлбэл, *on küčlüg ayagka tägimliglär* [арван хүчит аяга тэгимлэгүүд] гэх мэт.

3. Үндсэн утгаа хадгалан, тэмдэг үгээр хэрэглэгдсэн (14 удаа). Энэ нь судар номд байнга бурхны шавь нарын нэрийн өмнөх хүндэтгэсэн тодотголоор хэрэглэгддэг. Жишээлбэл, *ayagka tägimlig Anand* [хүндэтгэлд хүрэлтэй Ананд] гэх зэрэг. Дагууд нь хэлэхэд, уг тодотгол нь санскрит хэлэнд *āyuṣmat*, хятад хэлэнд *jù shòu* [具壽], төвд хэлэнд *ts'e daṇ ldan-pa*, монгол хэлэнд *амин гавьяат* хэмээн цөм амь нас төгөлдөр хэмээх утгатай үгсийг хэрэглэсэн байхад уйгур сурвалжид эрс өөр утга бүхий үг хэрэглэсэн нь ихэд сонирхолтой.

Уйгур "Арван үйлийн мөрт домогт цэцгийн хэлхээ нэрт судар" (Daśakarmapathāvadānamālā)-дахь *ayagka tägimlig* нь уйгур "Алтан Гэрэл" судартай адил тусгай нэр буюу хэвшмэл хэллэгээр олонтоо хэрэглэгдсэнээс гадна, нэг удаа энгийн тэмдэг үгээр хэрэглэгджээ. Тухайлбал, *alku törlüg ag(ï)r ayagka tägimlig tözün yavaš köŋülüŋin* [бүх төрлийн хүндэтгэлт,

---

① Röhrborn, K. (1977): 294–295.

② Уйгур хэлний "Алтан Гэрэл" судар [*Altun öŋlüg y(a)ruk yaltrïklïg kopda kötrülmiš nom eligi atl(ï)g nom bitig*] бол өнөө олдогдоод буй эртний уйгур хэлний бурхны шашны судар номуудаас хамгийн их хууулагдан, хэвлэгдсэн судар номын нэг болно. Оросын Санкт-Петербургт нэлээд бүрэн хадгалагдсан XVII зууны хуулбар нэгэн иж буй. Түүнээс гадна Германы Берлинд Турфанаас илрүүлсэн 70-аад адил бус гар бичмэл хийгээд бар хэвлэлийн мянга илүү ширхэг тамтаг тасархай хадгалагдаж буй. Зарим тасархайн гаргалга жич хэлний онцлогоос уг судрыг X зууны сүүлчээс XI зууны эхэн үед уйгур хэлэнд орчуулжээ гэж эрдэмтэд үздэг. Хэдийгээр XI-XVII зуунд хамрагдах олон арвин гар бичмэл, бар хэвлэл байх боловч тэдгээр нь цөм нэг орчуулгын хувилбарууд юм. Тус өгүүлэлд бид *Радлов, В. В. & С. Е. Малов*, (1917), Kaya, C. (1994), Zieme, P. (1996) зэрэг бүтээлийг ашиглав.

эрхэм нандин, эелдэг зөөлөн сэтгэлээр].①

Бурхны шашны судар номоос гадна, уйгур шашны бус сурвалжид *ayagka tägimlig* мөн хэдэнтээ тохиолдох мөртөө тэдгээр нь цөм лам хувраг хүний нэрийн хойно дагалдсан эсвэл хүний нэрийн оронд хэрэглэсэн, тухайн цаг үе дэх лам хуврагийн хүндэтгэсэн нэрийдэл болно. Жишээлбэл, *qošmiš ayagka tägimlig* [Кошмиш хутагтан] зэрэг.②

Уйгур сурвалж дахь байдлаас харвал, *ayagka tägimlig* нь үндсэн утга *хүндэтгэлд хүрэлтэй, хүндэлбээс зохистой*-гийн суурин дээр бурхны шашны тусгай нэр эсвэл тусгай нэрийн бүрэлдэхүүн хэсэг болсон байна. Тухайлбал, бурхны арван онжод нэрийн нэг; *ati kötrülmiš ayagka tägimlig t(ä)ŋri* гэх Шагжамуни эсвэл бусад бурхдыг заах тусгай хэллэгийн бүрэлдэхүүн хэсэг; бурхан, бодисадва, лам хуврагийн хүндэтгэл нэрийдэл болно.

Уйгур, монгол хоёр үндэстэн аль нь бурхны шашныг эрт хүлээж авсан тухай хэдийгээр хараахан маргаантай боловч, бурхны шашны судар ном орчуулахын хувьд уйгуд монголчуудаас бараг 400 шахам жил эрт байх нь эдүгээ цагт уламжлан ирсэн олон уйгур хэл дээрх судар номууд гэрчилнэ. Түүнээс гадна, *ayagka tägimlig* гэх холбоо үгийн бүтцийн задлал, бас сурвалж дахь хэрэглээний байдлаас харахад, монгол хэлэн дэх аяга тэгимлэг нь уйгур хэлний *ayagka tägimlig* мөн болох нь илэрхий. Түүгээр ч барахгүй дээр жишээлсэн монгол "Алтан Гэрэл" сударт харуулсан мэт монгол хэлэнд орохдоо *ayagka tägimlig*-ийн үндсэн утга нь баларч, зөвхөн бурхны шашны тусгай нэр эсвэл тусгай хэллэгийн бүрэлдэхүүн хэсгээр хэрэглэгдэх болсон байна. Энэ нь уйгурын бурхны шашин монголын бурхны шашинд үзүүлсэн нөлөөний нэгэн илрэл юм.

Тиймээс монгол хэлэн дэх аяга тэгимлэгийг хэл шинжлэлийн талаар доорх мэт дүгнэж болно.

ирэлт: уйгур хэлний *ayagka tägimlig*

уугал эсвэл зөв бичлэг: AAIAQ-QA TAKIMLIK

дуудлага (галиг): *ayaγ-qa tegimlig*

үндсэн утга: хүндэтгэлд хүрэлтэй, хүндэлбээс зохистой

шилжсэн утга: (1) Шагжамуни бурхны арван онжод нэрийн нэг, тэр нь санскрит хэлний *arhan* буюу *arhat*, хятад хэлний *yīng gòng*, төвд хэлний *dgra-bcom-pa*-тай тус тус тохиролцоно; (2) Шагжамуни хийгээд бусад бурхныг заасан хэвшмэл хэллэг *ayaγ-qa tegimlig ilaǰu tegüs nögčigsen*-ий бүрэлдэхүүн хэсэг, энэ хэллэг нь санскрит хэлний *bhadanta bhagavan*, хятад хэлний *shì zūn* (世尊), төвд хэлний *btsun-pa bcom-ldan-'das*-тай тус

---

① Wilkens, J. (2016): 718.

② Yamada Nobuo (1993): 157.

бүр тохиролцоно;（3）Бодисадва хийгээд лам хуврагийг хүндэтгэн заасан нэрийдэл. Зарим тохиолдолд тэр нь тойнтой адилаар хэрэглэгдэнэ. Үүнийг санскрит хэлэнд *bhikṣu*, хятад хэлэнд *bǐ qiū*（比丘）эсвэл *sēng lǜ*（僧侶），төвд хэлэнд *dge-sloṅ* гэнэ.

Тав. XIII-XVII зууны үеийн бусад судар дахь аяга тэгимлэгийн хэрэглээний байдал

Ганц монгол "Алтан Гэрэл" сударт тулгуурлан дээрх дүгнэлтээ нотлох нь арай дутмаг ажил болох мэт. Тиймээс бусад монголын бурхны шашны сурвалжаас аяга тэгимлэгийн байдлыг авч үзлээ. Үүнд голдуу цагийн хувьд XIII-XVII зууны хэмээн тодлогдсон (орчуулсан, хэвлэсэн, хуулсан) судар номуудыг ашиглав.

"Бодичарияа аватарагийн тайлбар"-т 4 удаа *ayaγ-qa tegimlig*-ээр илэрсэн мөртөө цөм лам хуврагийн хүндэтгэл нэрийдлээр хэрэглэгджээ. Жишээлбэл, *bi Čoski-odsir ayaγ-qa tegimlig*.[①]

"Махагалын магтаал"-д *ayaq-a tegimlig Čoski-odsir* хэмээн ганц удаа лам хуврагийн нэрийдлээр илэрчээ.[②] Сонирхолтой нь энд *AAIAQ-QA* бус *AAIAQ-A* хэмээн бичжээ. "Бодичарияа аватарагийн тайлбар" болон "Махагалын магтаал" нь цөм хэлмэрч тойн Чойжи-Одсэрийн XIV зууны эхэн үеийн бүтээл юм. Тиймээс энд бичигдсэн *ayaq-a* нь（1）Уйгур ирэлттэй аяга тэгимлэгийн утга учрыг бүрэн мэдэх Чойжи-Одсэр *ayaγ-qa*-гийн бичлэг монгол хэлнээ зохихгүйг ухаж, өгөхийн тийн ялгал болох *qa*-г дунд эртний монгол хэлний өгөхийн тийн ялгал болох *-a/e*-аар сольсон байж болзошгүй;（2）Дээр өгүүлсэнчлэн *ayaγ-qa*-гийн *-q*-гийгүүлэгч нь сугарч гээгдээд түүний амь өгөгч *a* эгшиг урагш шилжиж *ayaγ-a* болон *ayaq-a* хэмээн өмнөх үгтэй нь хамт бичигдэх болсон;（3）Эсвэл хэвлэлийн алдаа байж болох юм.

Дөрвөлжин үсгээр сийлэгдсэн "Цавчаал боомтын чулуун сийлмэл" дээр *degedü nam-shing lama-yin t'edzi ayaqa degimlig delger oyi'tu Irinǰindorǰi neretü* хэмээн лам хуврагийн хүндэтгэл нэрийдлээр нэг удаа илэрчээ.[③] Үүн дэх *ayaqa*-гийн бичлэг нь "Махагалын магтаал" дахь *ayaq-a*-тай адил шалтгаанаас болсон байж болохоос гадна, дөрвөлжин үсэг тухайн үеийн монгол хэлний аман аялгууг тэмдэглэдгээс шалтгаалан уг сийлмэл дэх *ayaqa* нь тухайн үеийн монгол хэлэнд *ayaγ-qa*-гийн дуудлагыг илэрхийлсэн магадлалтай юм. *degimlig*

---

① Cerensodnom, D. & Taube, M. (1993): 92. Уг судрын 166-дугаар хуудасны эхэн талд [bi Čoski-odsir ayaγ-qate-gimlig] гэсэн байтал, мөн хуудасны ард талд [qaγarqai-a Čoski-odsir toyin] гэсэн байна. Энэ нь бидний дээр дурдсан аяга тэгимлэг нь зарим тохиолдолд *тойн*-той адил утгаар хэрэглэгддэг гэсэн нотлогоог давхар баталж буй.

② Cerensodnom, D. & Taube, M. (1993): 120.

③ Kögǰiltü & Saraγul (2004): 448.

нь -t/-d гийгүүлэгчийн солигдлоос болжээ.①

Олон сүмийн хуучин хотын бууриас олдсон бурхны шашны судар номын тамтаг тасархайд аяга тэгимлэг нэг удаа илэрсэн ч харамсалтай нь уг хуудас нь элж тасарчээ. Уг тасархайд *ilaǰu [tegüs] [nö]gčigsen tegünčilen [i]regse[n ayayq]-a tegimlig* гэж бурхны арван онжод нэрийн нэгээр тэмдэглэгджээ.②

"Банзрагч" буюу "Таван сахьяа" сударт басхүү дээр өгүүлсэн утгаар олонтоо хэрэглэгдсэнээс хэдэн жишээ дурдвал: *mingyan qoyar ǰayun tabin ayay-q-a tegimlig-üd* хэмээн Шагжамунийн шавь нарын хүндэтгэл нэрийдлээр; *ayay-qa tegimlig ilaǰu tegüs nögčigsen burqan* гэж Шагжамуни бурхныг тусгайлан заасан хэвшмэл хэллэгээр; *tegünčilen iregsen ayay-qa tegimlig ünen tegüs tuyuluysan burqan* гэж бурхны онжод нэрээр тус тус хэрэглэгджээ.③

Дүгнэлт. [аяга], [хөл] зэрэг асуудлын хариуд

Өгүүллийн эхэнд бид өнөөгийн толь бичгүүд болон аман яриан дахь аяга тэгимлэгийн тухай ойлголтыг танилцуулж, түүнд алдаа мадагтай олон зүйл байхыг өгүүлсэн. Харин бид энэхүү ажилдаа Аалтогийн үзлийг дэмжихийн сацуу өөрийн судалгааны ажлын суурин дээр улам баяжуулж, аяга тэгимлэг хэмээх холбоо үгийн гарал үүсэл, утга учрын тухай улам нэг алхам лавшруулан тодруулахыг зорьсон маань энэ билээ. Энэхүү ажлаа эмхэтгэн доорх дүгнэлтийг гаргаж байна.

1. Монгол хэлний аяга тэгимлэг нь зайлшгүй эртний уйгур хэлний *ayagka tägimlig*-ээс зээлэн хэрэглэсэн мөртөө тэр нь уйгурын бурхны шашнаар дамжиж шашны тусгай нэр томъёогоор монгол хэлэнд хэрэглэгдсээр иржээ. Шашин судар, сурвалж бичигт уг холбоо үг нь бурхан, Бодисадва хийгээд лам хуврагийг хүндэтгэн заасан нэрийдлээр хэрэглэгдэнэ. Бичлэгийн хувьд тэр нь анх *AAIAQ-QA TAKIMLIK* байсан боловч, уламжлалын явцад өөрчлөгдөн *AAYAQ-A/AAYAҐ-A TAKIMLIK/TAKIMLIҐ* болж, үүнтэй адилаар дуудлага нь ч гэсэн уугал а*yay-qa tegimlig*-ээс холдож, *ayay-a tegimlig*, *ayay-a taqımlıg*, *ayay-a tekımlıg*, *ayaq-a taqimlig* гэх зэрэг болжээ.

2. Аяга тэгимлэг нь үгийн үндсэн утгын хувьд аяга таваг, бадартай ямар ч холбоогүй. Юань улсын үейин судар номд хэдийгээр *ayaq-a* эсвэл *ayaqa* гэсэн бичлэг байх боловч, тэр нь маш цөөн тоог эзэлдэг, зонхилох нь *ayay-qa* гэх уугал уйгур бичлэгийн онцлогийг хадгалсан байдаг. Тэрхүү бичлэгийн онцлог нь Чин улсын эхэн үейин монгол сударт ч баримтлагдан

---

① Мөн "Цавчаал боомтын чулуун сийлмэл"-д тэнгэрийг *deŋri* хэмээн сийлсэн нь үүнийг гэрчилнэ.

② Heissig, W. (1976): 473-475. Бид Хайссиг гуайн галигийг ашиглажээ. Гэвч түүн дэх *[ayayq]-а*-ийн зөв гэсэн үг биш. Хайссиг гуай орчуулгадаа аяга тэгимлэгийг *лам хувраг* (den Mönchen) гэсэн нь илт бурууджээ.

③ Aalto, P. (1961): 6, 9, 23.

хэрэглэгддэг. Харин түүнээс хойно нэгэн үеэс *ayaγ-qa* нь засагдан *ayaq-a* болсноос аажимдаа зөв бичлэг болж эдүгээд хүрчээ. *ayaq-a* нь монгол хэлний *ая2а таваг*-ийн *аяга*-тай бичлэг адил, бас нэлээд сурвалжид аяга тэгимлэгийн шилжсэн утгын нэг-лам хуврагийг хүндэтгэн заасан нэрийдлээр л хэрэглэгддэгээс болж, *ayaγ-qa*-г бадар аягатай ташааран холбох болжээ.

3. *ayaγ-qa*-г эртний түрэг, уйгур хэлний *хөл*-тэй холбож тайлбарлах нь оргүй газар овоо босгосон хэрэг болох юм. Хэдийгээр орчин цагийн нэлээд түрэг хэлтэн үндэстний хэлэнд *хөл*-ийг илтгэх *ayak* эсвэл *ayah* байх боловч, эртний уйгур хэлний сурвалж бичгүүдэд уг үг нь ямагт *adak* хэмээх эртний хэлбэрээр бичигдсэн байдаг.[1] Тиймээс аяга тэгимлэгийг *хөлд хүрсэн* гэж тайлбарлах нь ташаа үзэл юм.

4. Толь бичгүүдэд аяга тэгимлэгийг *гэлэн* (даруй төвд хэлний *dge-sloṅ*) гэж тайлбарлачихаад, цааш нь *винайн ёсны 253 сахилгыг сахисан ангид тонилогчийн найман санваарын дээд, Шагжамунийн дөрвөн зүйлийн шавь нарын доторх эрхэм нь, бурхны шашны ёсны хоёрдугаар удаа сахил авсан тойн хувраг* гэх зэргээр нарийвчлан тайлбарласныг өгүүллийн эхэнд дурдсан билээ. Гэвч аяга тэгимлэгийн үгийн гарал, утгыг ойлгож, дахин түүний сурвалж дахь хэрэглээний байдлыг ажиглахад, түүнд ийм нарийн утга харагдахгүй. Харин аяга тэгимлэгийн эдгээр нарийн тайлбар нь цөм *dge-sloṅ*-гийнхийг шилжүүлэн тохсон байх нь илэрхий харагдана.[2]

5. Монголын бурхны шашин дахь уйгурын нөлөөний тухай түүхэн тэмдэглэл хэдийгээр маш ховор байдаг боловч, монгол судар номд *аяга тэгимлэг* мэт уйгурын нөлөөний гэрч баримтууд цөөнгүй тохиолддог. Эдгээрийн тухай нарийн судалгаа хийхээр дамжиж Монгол, Уйгурын хоорондох шашин, хэлний солилцоо нөлөөлөлцлийн талаар нэлээд гүнзий ойлголттой болохоор барахгүй, цаашилбал эртний торгон зам дагуу дахь оюуны солилцооны судалгаанд ч зохих шинэ судалгааны материал хангах боломжтой юм.

Ном Зүй жич Товчлол

1. Aalto, P. (1957): *Ayaγqa tägimlig*. In: *Studia Altaica. Festschrift für Nikolaus Poppe zum 60. Geburtstag am 8. August 1957*. Wiesbaden. 17-22.

2. Aalto, P. (1961): *Qutuγ-tu Pañcarakṣā Kemekü Tabun Sakiyan Neretü Yeke Kölgen Sudur. Nach dem Stockholmer Xylograph 15. 1. 699*. Asiatische Forschungen Band 10. Wiesbaden.

3. Altan Erike (2012): Na Ta, *Altan Erike*. Čoyiǰi tulγan qaričaγulǰu tayilburilaba. Öbör Mongγol-un Arad-un Keblel-ün Qoriy-y, Köke-Qota.

---

[1] Röhrborn, K. (1977): 45–47.

[2] Sun Yisun (1993): 455.

4. Cerensodnom, D. & Taube, M. (1993): *Die Mongolica der Berliner Turfansammlung.* Berliner Turfantexte XVI. Berlin.

5. Čoyiǰi (2003): *Mongɣol-un Burqan-u Šasin-u Teüke, Yuwan ulus-un üy-e (1271-1368).* Öbör Mongɣol-un Arad-un Keblel-ün Qoriy-a, Köke-Qota.

6. Heissig, W. (1976): *Die mongolischen Handschriften-Reste aus Olon süme Innere Mongolei (16.-17. Jhdt.).* Asiatische Forschung Band 46. Wiesbaden.

7. Kaya, C. (1994): *Uygurca Altun Yaruk. Giriş, Metin ve Dizin.* Ankara.

8. Khasbaatar (2016): Mengguwen 29pin Jinguangmingjing shouchaoben bayu yanjiu. In: *Quaestiones Mongolorum Disputatae.* No. 12:119-142. (哈斯巴特爾:《蒙古文29品〈金光明經〉手抄本跋語研究》, 載《蒙古學問題與爭論》第十二輯, 2016, 第119—142頁)

9. Khasbaatar (2017): Mengguwen 29pin Jinguangmingjing shouchaoben bayu yanjiu, II, Neimenggu daxue tushuguan cang shouchaoben yiji yuqi xiangsi chaoben. In: *Quaestiones Mongolorum Disputatae.* No. 13: 122-134. [哈斯巴特爾:《蒙古文29品〈金光明經〉手抄本跋語研究(二)內蒙古大學圖書館藏手抄本以及與其相似抄本》, 載《蒙古學問題與爭論》第十三輯, 2017, 第122—134頁]

10. Kögǰiltü & Saraɣul (2004): *Ba-Si-Ba Mengguyu Wenxian Huibian.* Nei Menggu Jiaoyu Chubanshe, Hohhot. (呼格吉勒圖、薩如拉:《八思巴字蒙古語文獻彙編》, 内蒙古教育出版社, 2004)

11. Lin Guangming & Lin Yixin (2005): Jingwen, Yiyin Duizhao Fan Han Dacidian. Jiafeng-Chubanshe, Taipei. (林光明、林怡馨:《經文·譯音對照梵漢大辭典》, 嘉豐出版社, 2005)

12. Müller, F.W.K. (1908): *Uigurica [I].1.Die Anbetung der Magier, ein ehristliches Bruchstück. 2. Die Reste des buddhistischen "Goldglannz-Sūtra". Ein vorläufiger Bericht.* Berlin.

13. Narthang-Suv = *Suvarṇa-prabhās-ottama-sūtrendra-rāja nāma mahāyāna-sūtra.* Narthang Kanjur, Vol. 91. Edited by L. Chandra from the collection of Prof. Raghuvira. New Delhi, 2000.

14. Nobel, J. (1958): *Suvarṇaprabhāsottamasūtra. Das Goldglanz- Sūtra, ein Sanskrittext des Mahāyāna-Buddhismus. I-Tsing's chinesische Version und ihre tibetische Übersetzung. Erster Band, I-Tsing's chinesische Version.* Leiden.

15. Radloff, W. (1910): *Ṭišastvustik. Ein in türkischer Sprache bearbeitetes buddhistisches Sūtra.* St.-Petersbourg.

16. Röhrborn, K. (1977): *Uigurisches Wörterbuch. Sprachmaterial der vorislamischen türkischen Texte aus Zentralasien.* Wiesbaden.

17. Schmidt, I. J. (1831): *Grammatik der mongolischen Sprache.* St.Petersburg.

18. Sun Yisun (1993): Zang Han Dacidian. Minzu Chubanshe, Beijing. [孫怡蓀編《藏漢大辭典》(上), 民族出版社, 1993]

19. Sürüg (2004): *Han, Huihu, Menggu Sanzhong Wenzi "Beidou Qixing Jing" Zhi Kaoshi.* In: *Mengguxue Xinxi.* Vol.4: 69-75. (蘇魯格:《漢、回鶻、蒙古三種文字〈北斗七星經〉之考釋》, 載《蒙古學信息》2004 年第 4 期, 第 69—75 頁)

20. Wilkens, J. (2016): *Buddhistische Erzählungen aus dem alten Zentralasien Edition der altuighrischen Daśakarmapathāvadānamālā.* I-III. Berliner Turfantexte XXXVII. Turnhout.

21. Yamada Nobuo (1993): *Uigurubun Keiyaku Bunsho Shūsei.* Vol. II. Ed. Oda Juten, Peter Zieme, Umemura Hiroshi & Moriyasu Takao. Osaka. [小田壽典 ·P. シィーメ·梅村坦 · 森安孝夫『ウイグル文契約文書集成』(第二巻)、大阪大学出版会、1993]

22. Yirinčin, Y. (1987): *Mongɣol-un Niɣuča Tobčiyan.* Öbör Mongɣol-un Yeke Surɣaɣuli-yin Keblel-ün Qoriy-a, Köke-Qota.

23. Yisbalǰur Sumba-Qambu (1991): *Yisibalǰur-un Burqan-u Šasin-u Teüke.* Čenggel, M. Baozhu qarɣuɣulun tayilburilaba. Öbör Mongɣol-un Arad-un Keblel-ün Qoriy-y, Köke-Qota.

24. Zieme, P. (1996): *Altun Yaruq Sudur. Vorworte und das erste Buch. Edition und Übersetzung der alttürkischen Version des Goldglanzsūtra (Suvarṇaprabhāsot-tamasūtra).* Berliner Turfantexte XVIII. Turnhout.

25. Žürüngɣ-a (2012): *Erdeni Tunumal Neretü Sudur Orosiba.* Žürüngɣ-a kinaǰu tayilburilaba. Öbör Mongɣol-un Arad-un Keblel-ün Qoriy-a, Köke-Qota.

26. Буддын Тайлбар Толь = Чоймаа, Ш. нар (2015): *Буддын Шашины Соёлын Тайлбар Толь.* Улаанбаатар.

27. Гарлын Тайлбар Толь = Төмөртогоо, Д. (2018):*Монгол Хэлний Үгийн Гаралын Тайлбар Толь.* Улаанбаатар.

28. Дэлгэрэнгүй Тайлбар Толь = *Монгол Хэлний Дэлгэрэнгүй Тайлбар Толь.* Улаанбаатар, 2008 он.

29. Зөв Бичлэгийн Толь = Mongɣol Žöb Bičilge-yin Toli nayiraɣulqu komis (2012): *Mongɣol Žöb Bičilge-yin Toli (nemen ǰasaɣsan debter).* Öbör Mongɣol-un Arad-un Keblel-ün Qoriy-a, Köke-Qota.

30. Монгол Англи Толь = Lessing, F. (1960): *Mongolian English Dictionary.* Bloomington.

31. Монгол Хэлний Толь = Mongɣol Kelen-ü Toli nayiraɣulqu duɣuyilang (1999): *Mongɣol Kelen-ü Toli.* Öbör Mongɣol-un Arad-un Keblel-ün Qoriy-a, Köke-Qota.

32. Монгол Хятад Толь 1976 = Öbör Mongɣol-unYeke Surɣaɣuli-yin Mongɣol Kele Bičig Sudulqu Ɣaǰar (1976): *Mongɣol Kitad Toli.* Öbör Mongɣol-un Arad-un Keblel-ün Qoriy-a, Köke-Qota.

33. Монгол Хятад Толь 1999 = Öbör Mongɣol-unYeke Surɣaɣuli-yin Mongɣol Kele Bičig Sudulqu Ɣaǰar (1999): *Mongɣol Kitad Toli (nemen ǰasaɣsan debter).* Öbör Mongɣol-un Yeke Surɣaɣuli-yin Keblel-ün Qoriy-a, Köke-Qota.

34. Олон Хэрэгцээт Толь = Bao Shuanglong & Bayanbaɣatur (2004): *Suruɣči-yin Mongɣol*

kelen-ü Olan Keregčegetü Toli. Öbör Mongγol-un Surγan Kümüǰil-ün Keblel-ün Qoriy-a, Köke-Qota.

35. Орчин Цагийн Монгол Англи Толь = Hangin, G. (1986): *A Modern Mongolian-English Dictionary*. Indiana University.

36. Радлов, В. В. & С. Е. Малов, (1917): *Suvarṇaprabhāsa. (сутра золотого блеска). текстъ уйгурской редакци*. Bibliotheca Buddhica XVII. St. Petersburg, 1913-1917 (Nachdruck: Osnabrück 1970).

37. Соёлын Тайлбар Толь = Čoyim-a, Si. nar (2015): *Buddha-yin Šasin-u Soyul-un Tayilburi Toli*. Öbör Mongγol-un Arad-un Keblel-ün Qoriy-a, Köke-Qota.

38. Товч Тайлбар Толь =Čebel, Y. (1963): *Mongγol Kelen-ü Tobči Tayilburi Toli*. Öbör Mongγol-un Arad-un Keblel-ün Qoriy-a, Köke-Qota.

39. Харь Үгийн Толь= Сүхбаатар, О. (1997): *Монгол Хэлний Харь Үгийн Толь*. Улаанбаатар.

40. Хорин Наймт Толь = Namǰilm-a emkilegsen (2014): *Qorin Naimatu Toli Bičig*. Öbör Mongγol-un Arad-un Keblel-ün Qoriy-a, Köke-Qota.

41. Хөх Түлхүүр = Wangǰil, B. (1987): *Köke Tülkigür*. Öbör Mongγol-un Surγan Kümüǰil-ün Keblel-ün Qoriy-a, Köke-Qota.

42. Язгуурын Толь = Sečenčoγtu (1998): *Mongγol Kelen-ü Üges-ün Yiǰaγur-un Toli*. Öbör Mongγol-un Arad-un Keblel-ün Qoriy-a, Köke-Qota.

Bowl or Feet?

On the Mongolian Buddhist Terminology *ayaγ-qa tegimlig*

Altan Khasbaatar

Ayaγ qa tegimlig is a well-known mongolian buddhist terminology, but there is untill now still missunderstanding and inconformity of its etymology, meaning, spelling and pronunciation among the Mongols. By the Studies on the use of this phrase in the mongolian literatures and compare it with the literatures in other languages such as sanskrit, tibetan, chinese and olduigurian it turns out that this phrase is doubtless borrowed from the olduigurian *ayagka tägimlig*, but through the olduigurian buddhism intermediary. It means literally "praiseworthy, admirable", but as a buddhist terminology it has many meanings, like one of the ten names of Buddha, a part of the title of the Buddha, an attribute of bodhisattvas and a title of monks.

古代蒙古文學中"地獄"描寫之比較研究

——以《格斯爾傳》《江格爾》《目連救母經》為例

賀希格蘇和

從英雄史詩——古代蒙古書面文學的發展來看，描寫有關"地獄""餓鬼獄"的作品占絕大部分，如《江格爾》《罕哈冉惠傳》《汗青格勒》《喀爾喀十三歲的阿日拉神箭手》《祖樂阿拉達爾汗》《呼德爾孟根特布恩》《寶瑪額爾德尼》《阿拉坦諾顏嘎魯科布恩》《岱尼庫日勒》《錫林嘎拉珠巴圖爾》《目連救母經》《碓吉德仙女傳》《地獄餓鬼獄的贊歌》等。

各民族文學都相同，把對怪異的、遭遇過或者可能遭遇的那種現象進行獨特描述，然後在藝術的高度上將其加工創作出來，使人產生心理恐懼的作品叫作恐怖文學或驚悚文學。

關於產生恐懼或者恐怖的因素，美學家們曾進行過廣泛的討論。英美文學裏"Horror"（恐怖、驚悚）一詞的含義比較廣，比如它所指的是"……描述那些讓人產生很強烈的恐懼感的不可理解的或抽象的心理，非實體之物的遭遇，脫離現實的事件，過世的人重回人間（以氣體、靈魂的方式），還有命案、謀殺或者有關特殊能力者的作品"①。而俄羅斯文學批評家車爾尼雪夫斯基說："自然界的奇妙現象使我們產生兩種心理活動，即恐懼與敬畏。欲望的奇妙之處在於一方面讓人產生恐懼，另一方面使人產生傲慢狂妄的理想。"②德·策仁蘇德那木在自己的研究著作中就蒙古佛教文學傳統（地獄、餓鬼、靈魂、精魄）方面專門做過闡述。此外，學者沙·嘎丹巴和賀·散皮勒敦德布對恐懼和恐怖分別做過解釋："史詩傳說中關於厲鬼、靈魂的描述是世界上廣泛流傳的恐怖文學的一種特殊形式。它既是一種構思形式，同時也是讓人獨特的恐懼感知定型的藝術手段或教育方式。這並不會對男子主義教育產生負面影響，反而有助於抑制野蠻殘暴的性格。"③

恐怖文學在英雄史詩——蒙古古代書面文學與現代文學發展歷程中一直被傳承和發展至今。但對於"恐怖文學"的傳統對當代文學發展的影響程度如何，蒙古文學中是否出現過類似題材的優秀之作等問題我們暫且不討論。

相對而言，"地獄"描寫在英雄史詩中占有很重要的地位。例如，《格斯爾傳》的衆多異

---

① Lan Ousby, *Cambridge International Dictionary of English*, New York: Cambridge University Press,1995, p. 685.

② 車爾尼雪夫斯基：《藝術對現實的審美關係》，烏蘭巴托，1980，第 165 頁。

③ 沙·嘎丹巴、賀·散皮勒敦德布：《蒙古民間文學》，烏蘭巴托，1988，第 154 頁。

文中有許多關於“地獄”的描寫且頗具特色。其第七章“格斯爾救母出地獄”裏講到，格斯爾的母親逝世後靈魂飄到了地獄；於是，格斯爾跑去陰間把閻王打了一頓，教訓完後將母親的靈魂送到天堂。

第八章“格斯爾鏟除烏鴉、魔鬼、鼴鼠”當中寫道：那時有一隻黑色魔鴉，時常啄瞎周歲嬰孩的眼睛，使之死亡。它一聽格斯爾誕生，就想啄瞎他的眼睛；可是格斯爾早就神通廣大地預知這事。他不等魔鴉到來，就睜開一隻眼，閉緊一隻眼，將九股鐵套擺在睜開那隻眼的眼眶上，把黑色魔鴉捕住殺掉了。又有一個長著狗嘴山羊齒的魔鬼假扮一個道行高深的喇嘛，裝作給兩周歲孩子摩頂禳災，咬斷小孩的舌尖，使之變成啞巴。格斯爾預知他一定會來謀害自己，便咬緊四十五顆銀白牙齒，躺下去等著。魔鬼變成喇嘛走到他的跟前，假裝給他摩頂禳災，用手指頭挖一挖他的牙齒，又用尖釘挑一挑他的牙齒，但沒能挑開，就問道：“你們這孩子出生的時候有舌頭嗎？或者就這樣咬緊牙齒生的？”“這孩子一生下來老是哭，我們也不知道到底為什麼這樣。”這時，魔鬼把舌尖伸進孩子的嘴裏，使他稍稍吸吮，當孩子把他的舌頭吸住，他又伸進去一點。格斯爾假裝吸吮，將魔鬼的舌頭連根咬斷，結果了他的性命。格斯爾三歲時，有一個罪惡的鼴鼠精變得像犀牛那麼大，掀翻草皮，毀壞牧地，給蒙古百姓帶來災難。格斯爾得知此事，便變作一個放牧老人，手裏拿一把斧子，緊跟在它身後。當鼴鼠精變得像犀牛一般大正在掀翻草皮的時候，格斯爾一步跑上去舉起斧頭，照準它兩角中間一斧子砍死了它。他一口氣就鏟除了三個惡魔。

第十二章“珠儒殺死七個魔鬼”中說，珠儒給母親生上火，出去打獵。不久他打回來十四隻鼴鼠，烤好七隻，煮好七隻。到了夜晚，七個魔鬼前面趕著一百個人，後面帶著一百匹馬，揚塵滾滾地來到珠儒家門前下了馬，珠儒迎了上去，魔鬼們說道：“威鎮十方英明格斯爾可汗，你出來迎接我們，這實在是讓我們惶恐萬分啊。”珠儒說：“我知道你們的來歷，聽楚通說，不論命裏是否注定，你們每天總要吃七百個人和七百匹馬，因此他把我們放逐到這裏準備讓你們吃掉，他以後還要貢獻出別的百姓來給你們吃。”魔鬼們急忙說道：“威鎮十方仁智格斯爾可汗，你為什麼傳下這樣的御旨，這可嚇死我們了。”“好，你們既然不肯吃我，那麼請到寒舍略用些茶湯再走。”格斯爾讓這七個魔鬼進到家裏，端出二七十四隻鼴鼠給他們吃，可是他們連一隻也沒有吃完。七個魔鬼就要告辭，珠儒對他們說：“我給你們看一件法寶，假如你們看中的話就送給你們，你們把七匹坐騎給我留下。”七個魔鬼一聽此話，互相議論，說：“啊呀，如果七匹坐騎都給他，我們騎什麼？”珠儒說：“這是我的七根白木神杖，不信你們騎上看看，它們能越過山嶺，橫跨草原，衝破高峰，穿透樹林，飛渡大海；我這法寶比起你們的七匹坐騎來實在是隻神龍駒呀。”這七個魔鬼信以為真，高興地騎上白木神杖，駕起來就走。這七根木杖果然像格斯爾所說的那樣越過了高嶺。“我們真的得到了神駒，聽說它能橫跨大海。”說完，七個魔鬼飛進海裏，不料這七根白木杖頓時變作七條大魚，潛入海底；七個魔鬼便隨著沉入海底淹死了。這七條白木杖結果了七個魔鬼性命之後，飛回了自己主人的手裏。格斯爾就這樣殺死了七個魔鬼，並獲得了七匹坐騎。

　　第三章"治理契丹國固穆王朝的朝政"中寫道，秃頭藝匠恢復知覺，回稟道："中國固穆王的妃子去世了，他命令'站著的要站著哭！走著的要走著哭！坐著的要坐著哭！吃著飯的端著碗哭！沒有吃飯的人餓著肚子哭！'這道聖旨使全國百姓遭殃，怨聲遍野。因此宰相大臣們商議好，派我到這裏來，請威鎮十方格斯爾可汗駕臨說服我們的國王，使他回心轉意，撤銷這道聖旨。"格斯爾便說道："啊！難道每個國王的妃子逝世，都得請我去勸解嗎？"秃頭藝匠沒敢作聲。

　　格斯爾命令道："要我去也行，聽說你們國王的金庫裏有天下所有的珍寶，這是真的嗎？"秃子說："我怎麼會知道呢，但聽我們的大臣們議論，國王的金庫裏應有盡有。"格斯爾下旨道："那麼，有一座雪白的山，在它那雪白的山腹裏，有一隻雪白的綿羊羔在叫喚，把它給我抱來；有一座黃金山，黃金山裏有一塊黃金磨自己在轉動，把它給我搬來；有一座鐵山，那座鐵山上有一頭青色鐵牦牛自己在跳躍，把它給我牽來；有一座黃金山，那座黃金山裏有一把黃金拍子在自己扇打，把它給我取來；有一座銅山，那座銅山裏有一條銅狗自己在吠叫，把它給我帶來；有一座黃金山，那黃金山裏有一隻金虻蟲自己在飛舞，把它給我撲來；有一付套日黃金索，把它給我送來。還有螞蟻王的山谷中堆積的金層，把它給我運來；有一付套月白銀索，把它給我取來；有一把虱子筋，把它給我拿來；有一小瓶黑斑羽雄鳥的鼻血，把它給我取來；有一小瓶黑斑羽雌鳥的乳汁，把它給我送來；有一小瓶黑斑羽幼鳥的眼淚，把它給我找來。大海中有石滾子般大的貓眼石，把它給我弄來。假如找不到這些寶貝，那麼就把那七名秃頭藝匠的腦袋給我送來！你們若不貢獻這些東西，我不會去！"秃頭使臣聽言便退出宮帳。

　　使臣回去後把格斯爾汗的旨令告訴了大臣們："啊，從哪裏能够找到這些寶貝呢？如果將七個藝匠的腦袋割下來送去，那倒是一件容易的事。那麼，我們就殺掉這七個人，將腦袋送去吧。"於是便將七個秃頭藝匠殺死，然後派兩個使臣將七顆頭送到格斯爾可汗那裏。格斯爾可汗說道："對，有用處的人的腦袋送給我，很好。"便在一口鍋內煮滿了羊肉，另一口鍋裏煮七顆人頭。固穆王的兩個使臣嚇得坐立不安，心想"哎，格斯爾可汗是不是要給我們吃那七個人的腦袋？"可是格斯爾卻把羊肉煮熟，撈出來給他們倆吃，把七顆人頭撈出來，將肉撕掉，剔除骨頭，削成七個人頭骨碗。之後便對兩個使臣說"回去吧，我隨後就去"，兩個使臣便回去了。

　　把七個人頭做成頭骨碗，拿酒釀成阿爾滋，拿阿爾滋釀成浩爾滋，拿浩爾滋釀成希爾滋，拿希爾滋釀成包爾滋，最後用包爾滋釀成了塔哈巴、梯哈巴、瑪爾巴、米爾巴等七樣醇酒，然後把酒滓澄出來，吹口法氣，喚來神輪旋風，將七樣醇酒送上天宮，奉獻給他的那布沙·胡爾札聖母。那布沙·胡爾札聖母將七樣醇酒接在手裏，喝得酩酊大醉，望著凡界說道："親愛的尼速該，你來了嗎？"格斯爾說道："拜見聖母。"

　　格斯爾可汗身帶許多奇珍異寶，來到固穆王國。格斯爾走進固穆王的皇宮，祗見固穆王仍抱著妃子的屍體坐著。格斯爾可汗說道："唉，國王陛下，您這樣可不妥，天地之間沒有死人和活人在一起生活的道理呀。假如這樣下去，會給活人帶來厄運的。你的妃子既然死去，應該殯葬入殮，請喇嘛念誦佛經，做善事，然後另取新妃，使百姓安居樂業，這樣總能提高您在天下百姓中的威望。”

固穆王說：“這個傻子是誰？別說一年，就是十年我也捨不得扔掉她。”“這樣拿固穆王怎麼辦？”格斯爾出去後趁國王熟睡，把他懷中的屍體偷偷地搬出去，換了一條死狗放在國王的龍床上。第二天，國王醒來一看，大吃一驚，喊道：“啊啊，昨天那人說的話真靈驗了，她在我懷裏睡了這麼久，不想竟變成一條死狗，快把它給我扔出去。”侍從領命將死狗扔掉。這時有一個守衛宮門的侍從回稟國王道：“王妃的屍體是格斯爾搬出去扔掉的。我因為怕他沒敢作聲。”

“啊啊，原來是格斯爾把我的愛妃扔掉的。他不但扔掉我的愛妃，而且戲弄寡人，竟敢拿來一條罪孽的死狗放在寡人的懷裏，我非得弄死他不可！”國王下令把格斯爾扔進蛇牢。格斯爾被關進蛇牢，將黑斑羽雌鳥的乳汁灑在每條蛇的身上，那些蛇全都被毒死了。格斯爾拿大蛇做枕頭，拿小蛇當褥子，就在牢裏安然睡去。十方聖主格斯爾可汗第二天清晨起來唱道：“我以為這固穆王把我拋進蛇牢，想讓毒蛇殺死我，不料他的毒蛇反而都被我殺掉，而他藉此將要享受安樂升平啊！”蛇牢的守卒去向國王回稟此事。

格斯爾可汗被推進了蜂牢，他把金虹蟲放出去，將毒蜂全都咬死。格斯爾殺完了毒蜂唱道：“我以為這位固穆王把我扔進毒蜂牢，想讓毒蜂蟄死我，不料他的毒蜂反被我殺得乾凈，而藉此他將要享受安樂升平啊！”蜂牢的守卒把格斯爾可汗的話照全回稟了國王。

格斯爾被拋進猛獸牢裏，他把銅嘴犬放出去將牢裏的猛獸統統殺死後，唱道：“我以為這位國王把格斯爾扔進猛獸牢裏，讓猛獸把我殺死，不料這些猛獸反被我消滅掉，而藉此他將要享受安樂升平啊！”猛獸牢的守卒去向國王回稟道：“那個人沒有死，反而把牢裏的猛獸全部殺掉，然後躺在那裏唱歌呢。”

國王又把他囚禁在暗牢裏。格斯爾可汗拿出套日黃金索和套月白銀索將太陽和月亮套住，使得暗牢裏變得分外明亮。他在那裏睡了一宿，第二天清晨起來唱道：“我以為這位國王把格斯爾囚禁在暗牢將他殺死，不料格斯爾却將暗牢變為光明之宮，他藉此也將要享受安樂升平啊！”暗牢的守卒把格斯爾的話照全回稟了國王。

於是國王又把他拋進大海，格斯爾抱著貓眼石被推進大海，海水立即分成了兩壁。格斯爾在貓眼石的旁邊手舞足蹈地唱道：“我以為這位國王將格斯爾拋進大海將他淹死，不料他反而讓我將大海弄乾，讓全國乾旱，而藉此他將要享受安樂升平啊！”看守大海的守卒回去向國王回稟道：“那個人沒有死，反而大海乾涸了，他還在那裏唱著那樣的歌。”

“把他放在銅鑪上，周圍架起四個鼓風箱，用烈火將他燒死。”格斯爾可汗拿了一塊馬頭般大的無縫黑寶碳，擦遍全身。當鼓風手來到格斯爾身邊，從四面升起火，鼓起風，使烈火向他襲來的時候，格斯爾施展神通，使全身噴出水來，把烈火撲滅，又照常唱起歌來。鼓風手們又去向國王回稟道：“那個人沒有死，還唱著這樣的歌哩。”

於是國王下令"用鋒利的刀劍砍死他"。當要砍死格斯爾可汗時，他施展法力，拿出黃金拍子，將那刀劍紛紛打斷。劊子手無法殺死格斯爾，便向國王回禀道："這人的確是一個妖孽，我們想不出殺死他的辦法，請陛下另想對策。"國王命令部下"收集許多刀劍槍矛，擺成刀山槍林，把格斯爾拋在上面"，格斯爾在被帶往刑場之前，把黃金磨暗自藏在身上，又故意叫苦道："這回我實在無法逃脫了，現在我的死期將臨了！"那麼，"斬除十方十惡之根源的阿奇圖柏格達格斯爾莫爾根汗鎮伏衆敵使衆生幸福"的第九章"格斯爾救母出地獄"裏這樣描述，十方聖主格斯爾汗問道："我的母親呢？為何不見？"哲薩之子烈札布回禀道："你的母親早已逝世，成佛西去。因為你變驢受難，被妖魔牽走，她憂愁過度，得了氣悶病死了。"格斯爾放聲大哭時，那座寶珠城向右旋轉三遍，然後復歸平靜。

格斯爾可汗跨上他的寶馬，手舉神鞭，帶著九拖青鋼寶劍，頭戴日月雙升奇寶盔，身披耀霜寶蘭鎧甲，背插閃電護背旗，帶三十支松綠石寶扣箭和神威烏雕弓，腰掛九十三斤的大鋼斧和六十三斤的小鋼斧，又帶著套日黃金索、套月白銀索、九股鐵套索和九十九齒狼牙鐵杵。

格斯爾對阿珠·莫爾根夫人說："我遲則三個月，短則三十天，見到我母親的靈魂便回來。"他駕起祥雲，升到凌霄殿，朝見玉帝父親奏道："玉帝父親在上，您看見過我凡間的生身之母的靈魂嗎？"玉帝說："沒有見到。"他隨後升入三十三天尊的宮殿探詢一遭，衆天尊也都說沒有看見。他又拜見阿布沙·胡爾札聖母詳細詢問，她也說不知道下落。後來他又到勝慧三神姊那裏詢問，她們也說："怎能來此地？沒看見。"他又到山神奧阿·洪吉特父親那裏詢問，他也說沒有見到。於是他立刻變作一隻大鵬鳥，逕直從凌霄殿飛入陰曹地府。

他走進閻羅殿一看，祇見十八層地獄的門緊緊關閉，他走近地獄門前，喊著開門，可是並沒有人給他開門。他把地獄的大門砍碎，闖了進去。他向十八層地獄的守門鬼卒詢問母親的下落。鬼卒們也說不知道。後來，格斯爾可汗躺在十八層地獄門口給閻王托了一個噩夢把他魘住，使他的靈魂逃不掉。原來閻王的靈魂是老鼠變的。於是格斯爾把自己的靈魂變作一隻艾虎，拿起套日黃金索將門窗罩住，又撒開套月白銀索蒙住閻羅殿的上空。這時閻王的靈魂已無路可逃，想往下走，被套日黃金索纏住，想往上飛，又被套月白銀索纏得絲毫不能動彈。格斯爾將閻王逮住，把他兩隻手綁緊，舉起九十九齒狼牙杵沒頭沒腦地痛打起來，問道："快招出來，我母親的靈魂到底在什麼地方，告訴我。"閻王說道："你母親的靈魂，我耳未聞、目未睹，如果實在找不到，請你問十八層地獄的守門鬼卒。"守門鬼卒說："沒有看見，如果十方聖主格斯爾可汗的母親阿木爾吉勒來到地府，我們能不禀告閻王？"這時其中一個白髮老人走出來禀道："我不知道有個格斯爾可汗的母親，可是有一個老太婆嘴裏總是念叨：'我的尼速該·希魯·塔斯巴。'她每天向這個人或那個人討水喝，討不到水時，便到處撿野棗子吃。"格斯爾可汗一聽此言，說道："啊呀，還說什麼，立刻去給我找來。"白髮老人說道："她也許在那棗樹林裏呢。"格斯爾到那裏一看，他母親的靈魂果然在那裏。格斯爾找到了母親的靈魂以後，除了那白髮老人，把十八層地獄的守門鬼卒全部殺净，並對閻王說道：

"閻王，你可要知道，如果是你親自把我母親投入地獄，我便認為你不分是非，將所有的生靈一律投入地獄。"閻王答道："這事情，我目未睹、耳未聞，如果我知道，我哪兒能把你的母親投進地獄裏呢。"格斯爾命令他的神翅棗騮馬道："我要你顯聖施展神通。"神翅棗騮馬立即撒開神輪旋風，胸前掛一口利鋒寶劍，現出神獅頭和凶神相，到甘露泉去將口漱三遍，喝三口水。格斯爾可汗對馬命令道："把我母親的靈魂銜在嘴裏，送到玉皇大帝那裏去。因為她是我在瞻部洲投胎的母親，他們自然知道超度她。"神翅棗騮馬依旨，踏起風輪，向前飛奔。正在這時，遇見勝慧神姊駕著祥雲前來迎接它。三神姊看見它胸前掛著一口利鋒寶劍，雄赳赳地怒嘶奔騰而來，真有踏碎千軍萬馬的氣概，便讚歎不已，說："咱們尼速該·珠儒降臨瞻部洲，竟如此耀武揚威，縱橫人間，看他的坐騎多麼雄偉啊！"於是她們將神翅棗騮馬嘴裏的靈魂接下來說道："我們全知道，你回去告訴格斯爾吧。"說完勝慧三神姊帶領他母親的靈魂升入凌霄殿，朝見玉帝奏道："尼速該·珠儒降臨瞻部洲時投到她的胎裏托生，因此他把她的靈魂送來，想讓她轉生天堂。"玉帝准奏，便從十方各處約請眾多喇嘛招魂誦經。這時他母親的靈魂變成了千萬尊佛身。當鳴奏仙樂、獻燈焚香的時候，她的身體又變作一顆藍寶石。之後又繼續誦經，召請十方佛尊將臨，而她則又變為許多仙女和聖母了。

神翅棗騮馬回來後格斯爾可汗問道："我的神馬啊，事情辦成了嗎?""既然去了，怎麼可能辦不成。"格斯爾說"好樣的，我的神馬"。之後格斯爾可汗走進地府，將閻王從陷阱中放出並說道："閻王啊，你日後再不要這樣疏忽了，你應當把一切案情搞清楚以後再量罪判刑。"隨即閻王說道："格斯爾可汗，我對你實在有些失禮。"說罷，向格斯爾可汗磕頭謝罪。接著，閻王道："你母親的事情真奇怪，我絕不會眼睜睜地看著她被送入地獄去的。等我看一看她的命運。"於是他拿起照命鏡一看，原來當格斯爾可汗誕生時，他母親因為不知道他是神是鬼，曾經挖了一個十八拖長的壕溝，打算把他埋掉。她之淪入十八層地獄，正是此事的報應。閻王把這些因果報應對格斯爾講清，二人便互相拜別。格斯爾回到家帶著阿朱莫爾根、阿爾蘭高娃兩位夫人去了敖羅木草原，將十三金剛奇寶寺建立起來，並用無縫黑寶炭和其他奇珍異寶築成一座四方的城池，安居其中，享受升平之樂。諸如此類關於"地獄"環境的描寫有很多。

蒙古英雄史詩《江格爾》中這樣寫道：

> 聖主江格爾諾顏他那
> 十六歲的阿蓋沙布德拉夫人
> 幫他穿戴乳白色錦緞外衣。
> 用三歲公牛皮製作
> 三歲母牛皮鑲邊
> 按毒蛇皮紋編製
> 毒蛇液泡製

藍莓汁上色

用黃金沿邊

優質鋼鐵做扣釘

年輕的檀香木做柄把

用錦緞做帽帶的

黑斑色的鞭子

右手裏攥著

攥出的津液沿著指縫滴落。

他向滿朝的文武大臣

頒布特殊旨令：

"當雄獅阿爾格烏蘭洪古爾

血氣方剛時

我要去為他聘親

贊布拉汗的女兒

贊丹格日勒公主"

……走入無底的紅火地洞的江格爾

遇到寬處拄拐兩下

遇到窄處拄拐一下

一路上受盡了磨難

下到了第四層地獄

走進了寬廣的地方。

……"他們把你的洪古爾

交給了八千名魔兵

每天抽打他八千下，

烤紅鐵烤他八千下。"

……聖主江格爾諾顏

領著那個孩子一起走。

走到一處荒涼的地方

這裏找不到一滴水

仿佛是煉鐵的火爐

兩人艱難地趕路……

……兩個孩子把自己的肉割下來煮

正在煮肉的時候

忽然來了一位

長著一副尖尖的銅嘴

一雙黃羊細腿的

老奶奶（母夜叉）讓江格爾去打水的時候

……放著紅色的魔袋

和一條人筋的繩索

還有一把黑色的鐵錘

足智多謀的江格爾

用鹿皮縫了一個口袋

換了那個魔袋。① 當江格爾鑽進老母夜叉進去的黑洞時

一座白色的

無邊無際的宮帳裏

坐著一位

如日似月的仙女，

……進了宮帳

七個禿頭兒子

正給她接縫

被砍斷的頭和身體。

母夜叉對七個禿頭兒子說道：

“阿魯寶木巴國的

受人推崇的江格爾來了。

他尋找的洪古爾

如今被押在紅海底下。

江格爾來臨時

搗碎他的虎牙

砸爛他的舌頭

真的讓他變成

寶木巴國國民的幻想！”②

……從左胯上抽出金剛石短刀

將左肋骨切下來仍掉。

看準心臟一刀刺進去

---

① 《江格爾傳蒙古文軒經典》卷3，烏蘭巴托，2005，第255頁。
② 《江格爾傳蒙古文軒經典》卷3，第258頁。

那顆心突然噴出三股大火

團團圍住了江格爾……①

……看見了光和明

是那位姑娘身上發出的光

原來地獄

是個黑暗的地方。②

……江格爾沿著紅色的路奔跑。

又跑了一陣子。

來到洶涌的紅海岸邊

這時八千名凶殘的魔兵

一齊迎了過來

江格爾抽出精鋼寶刀

舉在雙肩上

和魔兵廝殺。

……在海底尋找洪古爾的時候

碰見了一大堆木頭一樣的東西。

遇見了一大堆石頭一樣的東西。

將人筋做的繩索

繫在了木頭和石頭上

拉到了岸邊

並呼喊著寶木巴的口號

將洪古爾拉上了岸。

把洪古爾

泛白尸骨

依次排好

"若真的是贊丹寶樹的葉子

就請你給我救活

阿爾格烏蘭洪古爾的性命"說完

嚼碎仙葉撒在洪古爾的身上。

史詩《江格爾》中出現的"地獄"與其他作品中的相比，主要描寫了"波濤洶涌的紅海

---

① 《江格爾傳蒙古文軒經典》卷 3，第 261 頁。

② 《江格爾傳蒙古文軒經典》卷 3，第 263 頁。

底"的地獄生活和情形。這裏有如花似玉的美麗女子、把玩兩座山的小孩、垂暮老人和八千個魔鬼,但對於誰在地獄裏揹負著什麼樣的罪過沒有做專門敘述。英雄江格爾用自己的力量和勇氣克服千難萬險,從紅海底(地獄)收集洪格爾的白色尸骨並拿回到岸上。這裏並沒有敘述關於洪格爾是否犯了貪嗔罪孽而被貶至地獄或生在地獄的事情。

關於"地獄",從上述描寫中我們可以看出,民族化的文學《格斯爾傳》和英雄史詩《江格爾》,將魔力、魔法、神力等非常有趣的東西置放在錯綜複雜的故事情節當中,並將其按照傳說中的或人世間的或"地獄""惡鬼獄"的樣子加以描述。

學者們在研究蒙古書面文學發展史時,專門把《白度母傳》《綠度母傳》《那仁格日勒神女傳》《恩德固日勒汗的故事》《碻吉德仙女傳》《目連救母經》《巴格邁夫人傳》等作品歸入佛教題材文學。

此外,佛教題材文學中,新疆吐魯番地區出土的文獻傳承下來的關於地獄、惡鬼獄的讚歌也很有特點。凡夫眾生六道輪迴是佛教的一種普遍觀念,其分別為:第一,天道;第二,阿修羅道;第三,人間道;第四,畜生道;第五,餓鬼道;第六,地獄道。

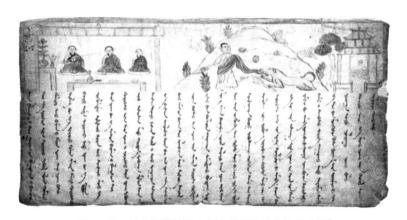

圖 1　呈·達木丁蘇倫院士個人收藏的《目連救母經》

圍繞以上選題範圍,我們選擇了《目連救母經》這一作品;除了流傳範圍甚廣、影響較大的名稱《目連經》的文本以外,己丑年從扎薩克汗盟 YALGUUSAN 活佛所屬地區(現扎布汗省伊德爾縣)一位叫 L.那仁格日勒的喇嘛手裏第一次拿到其異文《目連救母經》,然後把它轉寫成現代蒙古語,並引進學術領域。在研究相對甚少的這一異文中,我們專門挑選了描寫"地獄""惡鬼獄"之恐怖的相關內容進行研究。目連如此向佛陀祈求道:

> 佛陀,我欲度父母報乳育之恩,父親因為修善積德得生天上,母親因為罪孽深重,此刻不知生在何方,佛陀啊請您指明方向,就算遠在幾百萬里外,請您讓我看到。

佛陀如此回覆目連：

目連啊，你母親在世時貪嗔痴惡念很重、到處揮霍你父親積攢的所有善緣、身口意三業不修、整日錦衣玉食飲酒作樂，待人刻薄又譭謗三寶。她還對一群罪惡之人如此說道：啊呀，當我們享受榮華富貴的時候別讓任何人靠近，要是有人敢靠近的話，我們就用最惡毒的話咒罵他們。

說畢還如此唱道：

用這世上
無盡的財富
日夜不斷
盡享榮華
餵養群狗和鷹
殺戮鳥和獵物
品味美酒
嘗山珍海味
胭脂粉黛
打扮自己
享受富貴
放縱私欲
盡情享受方能成為
世間最快活的人，
便是此。

佛陀說道：目連啊，你去看看母親吧。佛陀便用神力讓他親眼看到父親生在天堂而母親落入地獄的緣由。
目連的父親看到兒子高興至極，說：目連啊，你來得正好，正好。並朗誦道：

目連你聽好了
你卑賤的母親
犯了比世上任何人都要深的罪孽
將我積攢下的家業
和有罪之人同享

褻瀆信徒

殺戮無數

沒有慈悲之心

我和她之間的修行不同

因此你母親在地獄。

我們因命相見

你孝順父母十分好。①

　　目連尊者依照佛陀的命令離開那個地方。在路上碰到鬼兵正在押送一個人。他脖子上繫了個黑繩，被從東方拉到南方，五百個取命屬鬼拿著鐵錘和木鈍刀從四面趕來。地獄使者和一千個屬鬼從後面追來，前面一百個狐狸模樣的鬼發出瘮人的叫喊聲奔跑著。那個人的身上和嘴裏都滴著血。②

圖2　德國著名蒙古學家瓦爾特·海西希教授和他研究過的哥本哈根皇家圖書館編號Mong417之蒙古文繪圖本《目連救母經》

　　在那裏，目連用慧眼看了看地獄。擁擠的地獄顯得悲慘而恐怖，是一個擁有四個大門的悲慘命運城。城門上有龍、虎、蛇、獅、熊、豹、狼、食肉鳥和手持刀、箭、輪、耙、鏈、矛、水刀的青眼紅髮九頭、八頭人身怪物及鳥首怪物發出狂暴的聲音……③

　　再往前看……看見底下用鋼鐵做成的冒著滾燙火焰的四個門裏有火渠、刀林、水刀、沸騰的熔鐵、融化的鐵水、污泥和贖命山。④

①　巴·賀喜格蘇荷色·恩和巴德爾呼轉寫《目連救母經》，烏蘭巴托，2010/2012，第16頁。

②　巴·賀喜格蘇荷色·恩和巴德爾呼轉寫《目連救母經》，第17頁。

③　巴·賀喜格蘇荷色·恩和巴德爾呼轉寫《目連救母經》，第45頁。

④　巴·賀喜格蘇荷色·恩和巴德爾呼轉寫《目連救母經》，第45頁。

目連的誠摯孝心、虔誠信仰、禪宗修行和佛陀的神力讓母親脫離了地獄，使其生於餓鬼道，歷經無法想象的折磨。[1]

對《目連救母經》各種異文進行多年比較研究並頗有成果的多蘭教授，於 2016 年出版了《蒙漢目連救母故事比較研究》一書。文中便引用此書内容，同時附有形容“地獄”的各個時期的圖片。

我們通過比較研究認為，《格斯爾傳》《江格爾》和《目連救母經》三個作品中的“地獄”描寫各有不同的深意。

《格斯爾傳》和《江格爾》中，地獄描寫相對較少，並且從因果報應來看，格斯爾的母親阿木爾吉勒因為生產時的痛苦而詛咒入了地獄；而《江格爾》則側重於對 6012 位勇士和江格爾所具有的無窮力量、神力和智慧的描寫，如對救助雄獅洪格爾時江格爾所經歷的各種遭遇，由同樣擁有無窮力量的莽古斯等敵人所帶來的挑戰、險阻等的描寫構成“地獄”“洶湧的紅海底”的内容。《目連救母經》中所描述的目連的母親青提夫人，她在世時，身口意三業不修，犯下十大冤孽，到了地獄不僅不願意從“地獄”中脫身，更是覺得“地獄中人的幸福就在地獄”。

結　語

第一，《格斯爾傳》和《江格爾》中，關於“地獄”的敍述和描寫多與戰爭、火災、洪水及各種自然現象、英雄事迹、上天的力量等密切相關。

第二，和以上兩個作品相比，《目連救母經》中關於“地獄”的描寫更加具體，與世人的現實生活有直接關係。

第三，我們可以這樣認為，通過英雄史詩和古代書面文學流傳下來的有關“地獄”的別具特色的敍述和描寫，直接影響了新時代書面文學中恐怖文學的產生和發展。

Comparing the Depiction of the "Underworld/ Hell" in Ancient Mongolian Literature: On the *The Epic of King Geser*, *The Epic of Janggar*, *The Scripture of MolonToin's Good Deeds to His Mother*

Byambatseren Kheshigsukh

The stories and descriptions of "underworld/hell" in *The Epic of King Geser* and *The Epic of Janggar* are closely related to sufferings of war, fire and water, natural phenomena, epic events,

---

① 巴·賀喜格蘇荷色·恩和巴德爾呼轉寫《目連救母經》，第 61 頁。

and heavenly forces. Compared to the motives and depictions of these two epics, the description of underworld/ hell in *The scripture of MolonToin's good deeds to his mother* is much clearly connected to human life and its way of the living. With regard to the stimulating motives and depictions of the "underworld/hell" described in heroic epics and ancient written literature, it has to be said that the epics have directly influenced in the development of horror genres of contemporary literature.

清朝順治—乾隆時期的耶穌會宮廷傳教士

胡耀文

北京市海淀區五塔寺北京石刻藝術博物館收藏有原立於海淀區正福寺來華傳教士墓地的 34 座法國耶穌會士墓碑。[1] 在北京行政學院利瑪竇與明清來華傳教士墓地中，有 55 位[2] 傳教士安息於此。費賴之（Louis Pfisoter，1833-1891）所著《在華耶穌會士列傳及書目》，共記載了 467 位來華傳教布道的耶穌會士的在華活動與著述。本文通過梳理篩選，選出順治—乾隆時期耶穌會傳教士共有 78 位曾經進入宮廷服務。篩選和統計的規則是：（1）會籍為耶穌會；（2）部分傳教士歷經兩位甚至三位皇帝，這樣的例子有很多，如張安多（康熙—雍正）、郎世寧（康熙—乾隆）等，這種情況按照耶穌會士初次進入宮廷服務的時間進行統計；（3）以下情況不記入統計範圍內：傳教士被清朝皇帝召入北京或自己申請到北京傳教，却或因路途遙遠剛剛抵京就染病去世，或剛剛抵達北京就被召回歐洲，在北京並沒有實際傳教活動。例如：利聖學在被召赴京的路上因染上時疫而去世；[3] 白乃心精研數學，自請派往中國，1658 年到達澳門後不久就受召入京，但很快就受命與吳爾鐸神父一起探索中國與歐洲之間的陸路通道，從此未能再次踏上中國的土地。[4]

經過梳理，順治—乾隆時期共有 78 位傳教士進入宮廷服務，具體情況如下。

順治時期共 4 位：湯若望（1638）、羅雅谷（1638）、利類思（1648）、安文思（1648）。

康熙時期共 40 位：南懷仁（1660）、閔明我（1671）、徐日升（1673）、安多（1685）、洪若翰（1688）、白晉（1688）、劉應（1688）、李明（1688）、蘇霖（1688）、張誠（1688）、鮑仲義（1692）、紀理安（1694）、何多敏（1697）、雷孝思（1698）、巴多明（1698）、樊繼訓（1700）、杜德美（1701）、陸伯嘉（1701）、馮秉正（1701）、費隱（1701）、湯尚賢（1701）、艾遜爵（1702）、德瑪諾（1706）、石可聖（1707）、林濟各（1707）、公類思（1707）、龐嘉賓（1707）、麥大成（1710）、陽秉義（1710）、馬國賢（1711）、穆敬遠（1711）、羅德先（1715）、

---

① 耶穌會士墓碑數量來自北京石刻藝術博物館官網耶穌會士墓碑區，http://www.bjstoneartmuseum.org.cn/CN/yesu/zhanlanjianjie/。

② 北京行政學院耶穌會士墓碑數量來自北京行政學院官網（《今日的利瑪竇及明清以來西方傳教士墓地》，http://www.bac.gov.cn/content/index.aspx?contentid=8865&nodeid=303&page=ContentPa）以及陳欣雨《二〇一八年北京滕公柵欄墓地新整理文物考》（《北京行政學院學報》2018 年第 5 期）。此處數據通過兩份材料綜合整理而成。

③ 費賴之：《在華耶穌會士列傳及書目》，馮承鈞譯，中華書局，1995，第 504 頁。

④ 費賴之：《在華耶穌會士列傳及書目》，第 325 頁。

郎世寧（1715）、羅懷忠（1715）、戴進賢（1716）、嚴嘉樂（1717）、徐茂盛（1719）、安泰（1719）、利傅明（1721）、張安多（1721）。

雍正時期共 7 位：殷緒弘（1722）、宋君榮（1723）、高嘉樂（1724）、徐懋德（1724）、沙如玉（1728）、孫璋（1728）、索德能（1729）。

乾隆時期共 27 位：鮑友管（1739）、魏繼晉（1739）、劉松齡（1739）、傅作霖（1739）、王致誠（1739）、楊自新（1739）、紀文（1740）、湯執中（1740）、魯仲賢（1742）、蔣友仁（1744）、艾啟蒙（1745）、錢德明（1751）、高慎思（1751）、林德瑤（1753）、索德超（1759）、安國寧（1759）、韓國英（1760）、方守信（1760）、巴新（1766）、汪洪達（1766）、晁俊秀（1768）、金濟世（1768）、賀清泰（1769）、齊類思（1771）、李俊賢（1773）、潘廷璋（1773）、甘若翰（1785）。

一 耶穌會宮廷傳教士的數量變化

明末清初之際，在華耶穌會士抓住朝代更迭的機會，1644 年清王朝入主北京之後，他們延續之前的傳教策略，積極在新的當權者之前建立起合法的地位，並且尋找他們傳教事業新的政治庇護人。[1]湯若望對清朝統治者的支持，很快獲得了他們的好感，他於 1645 年成為順治時期的欽天監監正，羅雅谷、利類思、安文思也與之一起進入宮廷進行工作。

康熙皇帝即位之後，是耶穌會宮廷傳教士在清朝宮廷中鼎盛時期的開始。南懷仁以其卓越的天文學才能，贏得了康熙皇帝的喜愛，不僅為在由楊光先挑起的"康熙曆獄"中受到誣告而死的湯若望洗清了冤屈，而且成功使欽天監監正的職務重新回到耶穌會士手中。耶穌會士清楚地明白，雖然清朝的統治者並不信仰基督教，但是皇帝的態度會時刻影響他們的傳教事業。所以，為了鞏固和清朝政府的關係，他們增派了本來就人數不多的人手去輔助在宮廷內的傳教士。先後共有 40 位耶穌會士在康熙時期進入宮廷進行服務。耶穌會士在宮廷的身份給他們在中國的傳教事業爭取了諸多的便利。康熙皇帝對耶穌會的寬容禮遇還體現在對羅馬教廷特使多羅第一次來華期間的優待上。康熙四十四年末，羅馬特使多羅來華，兩個月後是上元節，康熙皇帝特召多羅前來觀看燈火。[2]但康熙對教廷特使的優容並沒有緩解禮儀之爭的矛盾。多羅一行的訪問最終給在華耶穌會士帶來了災難性結果。清朝統治者開始思考在華天主教團體、教徒和羅馬天主教廷的權利關係。四十五年，康熙頒發了領票制度，規定所有在華傳教士必須領票傳教，遵利瑪竇規矩者即認可中國禮儀文化的傳教士可以留在中國傳教。康熙五十九年，羅馬特使嘉祿來到中國，在十三次接見嘉祿之後，清朝政府和羅馬教廷之間對在中國禮儀問題上達成諒解的希望徹底破滅，康熙頒布了"西洋之教不可傳於中國"的禁令。耶穌會在華傳教事業開始遭受打擊，耶穌會宮廷傳教士也受到牽連。意大利耶

---

① 柏理安：《東方之旅：1579—1724 耶穌會傳教團在中國》，毛瑞方譯，江蘇人民出版社，2017，第 116 頁。

② 何瑜主編《清代三山五園史事編年（順治—乾隆）》，中國大百科全書出版社，2014，第 91 頁。

穌會士利安國因為在嘉禄訪華過程中"願遵守教皇一切訓令，並為使節謀種種便利，因此而得罪康熙帝，枷鎖連而投於獄".[1] 隨著雍正帝繼位，清朝對在華天主教寬宥政策開始急劇轉變。

雍正對在華天主教傳教團采取了嚴酷的禁教政策，嚴格地執行康熙晚年頒布的禁教令。雍正五年，雍正曾對宮廷傳教士戴進賢、雷孝思和巴多明當面明確表述："朕不需要傳教士." 除了少部分身懷長技的耶穌會士可以繼續留在宮中，全國範圍内開始驅逐傳教士，查封和關閉全國各地的教堂、學院、住院等天主教建築。這一時期耶穌會宮廷傳教士的數量不足康熙時期的 1/6。

乾隆對在華天主教團的基本政策是以康熙、雍正之政策為基礎形成的。他認同雍正的看法，認為天主教的傳播會危害清朝統治，同時亦能看到"西學之長"的可取之處。他采取了更為高明的政治手段，一方面嚴格限制宮廷傳教士的傳教工作，另一方面却給予他們很大的禮遇和尊寵。例如，耶穌會士馮秉正去世時，乾隆皇帝不僅賞賜葬銀，並為他舉行了隆重的葬禮，葬禮參加人數逾七百人，並有大員數人。又如，乾隆十九年二月二十四日（記載），先是，十九年正月二十一，太監胡世傑傳旨圓明園諧奇趣東平臺九屏風背後，現貼西洋來使巴哲格臉相，乾隆念郎世寧在京出力多年，下令將現在内廷行走郎世寧等六人畫上。[2] 在這樣的政策下，這一時期的宮廷傳教士的數量在被禁止的政策打壓後，有所回升，共有 27 位宮廷傳教士，是康熙時期的六成左右。

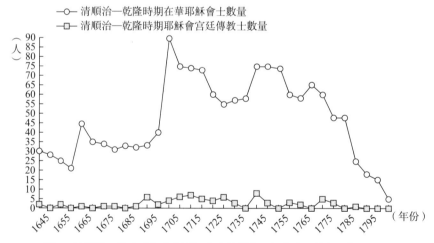

圖1　清順治—乾隆時期在華耶穌會士數量與耶穌會宮廷傳教士數量對比

資料來源：Nicholas Standaert.sj 在 *The Jesuit Presence in China 1580-1773 Statistical Approach* 中的統計。

圖1中的兩條折綫分別代表清朝（順治—乾隆）耶穌會宮廷傳教士數量和在華耶穌會士

---

① 費賴之：《在華耶穌會士列傳及書目》，第 497 頁。

② 何瑜主編《清代三山五園史事編年（順治—乾隆）》，第 363 頁。括號内為本文作者所加。

數量變化。在華耶穌會士數量從順治年間開始，從少到多，其規模不斷壯大，在康熙時期達到頂點，是整個傳教團的巔峰時期；雍正繼位後，其數量急劇下降，乾隆時期緩慢回升。直至 1773 年教廷下令解散耶穌會，在華耶穌會最終在禁教政策和解散命令的內外夾擊之下最終退出歷史舞臺。

1640—1800 年，在華耶穌會傳教士總量和耶穌會宮廷傳教士數量的變化大致遵循相因相循的趨勢。兩者之間的正相關也證明在華耶穌會自上而下的傳教策略的有效性以及它的潛在惡果。耶穌會士的成功在於他們在中國營造的博學形象和影響力，為了增強這種影響力和傳教的自由，他們積極在中國發展政治關係網絡，而這個網絡的終端是宮廷耶穌會士與皇帝的關係。贏得皇帝的信任，就取得了在中國存在的合法性，被允許進入中國的傳教士數量、信眾的數量就會大幅攀升，一旦清朝統治者的態度和政策發生變化，蒸蒸日上的傳教事業就面臨土崩瓦解。耶穌會士雖然一直沒有放棄過發展下層信眾，堅持在山西、陝西、杭州的農村地區開展傳教活動，但是一旦被清政府斥為異端、邪教，僅依靠下層信眾的傳教事業很快就會面臨失敗。

二　耶穌會宮廷傳教士的活動

清朝的宮廷傳教士繼承前人龍華明、利瑪竇的自上而下的傳教策略，積極將科學、藝術、醫學等方面的傑出人才招募到中國，想方設法將他們送入北京。1678 年，南懷仁在耶穌會副省會長上任時，就給在德國的同人寫了大量的信件，希望他們能够鼓勵年輕的會友中有數學頭腦的到中國來，輔助在北京的同人完成宮廷的工作，最終目的是為在華傳教工作爭得官吏甚至皇帝的支持。耶穌會宮廷傳教士的活動大致集中於以下領域。

1. 天文曆法

順治到乾隆時期，共有 22 位耶穌會士進入宮廷，治理曆法，其中的佼佼者如湯若望、南懷仁、閔明我、徐日升、戴進賢、徐懋德、高慎思、索德超、安國寧、傅作霖等更是擔任過欽天監監正或監副。從明末開始到清朝，欽天監一直都是耶穌會士最重要的活動舞臺。

明末清初，湯若望和羅雅谷合作的《西洋新法曆書》將歐洲的天文學和數學帶入清朝官方的天文觀測、預測天氣等活動中。1660 年，南懷仁奉詔入京，協助湯若望纂修曆法。曆獄之後，南懷仁繼湯若望出任欽天監監正。1688 年，在沒有儀器的情況下，南懷仁在十二月中用日計時做數次觀測，得數出（北京）三十九度五十七分四十一秒，較今日之測量三十九度五十四分二十三秒，僅差三分十八秒而已。[①]南懷仁深得康熙皇帝信任，給康熙講授數學、天文和利瑪竇翻譯的歐幾里得《幾何原理》。南懷仁之後，意大利耶穌會士閔明我受薦出任監正，他修訂了南懷仁編著的《康熙永年曆法》，自己編寫了《方星圖解》一卷。1686 年，閔

---

① 費賴之：《在華耶穌會士列傳及書目》，第 343 頁。括號內為本文作者所加。

明我奉康熙之命出使俄國，在他出使期間，監正由耶穌會士安多和徐日升代理。之後，德意志耶穌會士戴進賢進京輔佐曆政，官至監正，康熙曾經誇贊他“曆算學問甚好”①。雍正繼位之後，1731年，加授戴進賢禮部侍郎。雍正時期，戴進賢為欽天監監正，葡萄牙耶穌會士徐德懋為監副。徐德懋深得雍正皇帝的喜愛，帝雖惡教師，然對於德懋通曉學術、熟練漢語，益以性情溫和，頗器重之。②1737年，徐德懋與戴進賢合作完成了《曆象考成》後十卷，之後和葡萄牙耶穌會士高嘉樂進行了天文測驗。1746年，戴進賢去世，朝臣希望能由中國人擔任監正，但在徐德懋的舉薦之下，奧地利耶穌會士劉松齡進入宮廷服務，開始了約30年的欽天監監正生涯。劉松齡深通曆算，深得乾隆皇帝寵眷。在北京期間，他一直堅持天文觀測，1717—1752年與戴進賢等合著《天文測驗》，1768年在維也納出版。劉松齡去世之後，葡萄牙耶穌會士傅作霖繼任欽天監監正，並奉命和高慎思前往蒙古地區進行天文觀測，並參與編寫《儀象考成》。傅作霖去世之後，葡萄牙耶穌會士高慎思由監副升為監正，在任期間進行多次天文觀測。1783年，葡萄牙耶穌會士索德超被任命為監正，另一位葡萄牙耶穌會士安國寧一直陪伴其左右，並分擔欽天監的工作。

耶穌會士擔任欽天監監正，領導組織官方製曆、天文觀測期間，將歐洲的數學和天文學知識帶入中國，並且製造新的觀測儀器，是中國近現代接受歐洲科學思想的一個重要窗口。

2. 地圖測繪

清朝時，耶穌會士完成了兩次全國範圍內的地圖測繪。《尼布楚條約》簽訂後，康熙出於戰略準備的考慮，采納了巴多明的建議，命令耶穌會士雷孝思、白晉、杜德美用經緯度繪圖法、三角測量法、梯形投影法繪製成《康熙皇輿全圖》。後來乾隆朝時，耶穌會士傅作霖、高慎思、蔣友仁繪製了更為詳細的《乾隆皇輿全圖》。在眾多傳教士中，凡從事測繪中國全圖之傳教士，要以雷孝思歷地最廣、任務最勤，始而周歷塞外平原，而後足迹遠至南疆。③

3. 西方醫藥學

清朝時，在中國宮廷中擔任醫師或藥劑師的耶穌會士有樊繼訓、羅懷忠、安泰、鮑仲義、羅德先、何多敏、巴新等，他們長期受雇宮廷，以治病傳道。尤其突出的是1699年法國耶穌會士洪若翰用金鷄納霜為康熙治愈瘧疾。羅德先也兩次為康熙治愈疾病。一次帝心跳劇烈，德先進藥止之，一次帝上唇有腫癰，德先為之割之獲愈。④耶穌會士傳入西醫西藥，對促進中國近代醫學科學的發展起到重要的作用。

4. 機械

自利瑪竇將兩件自鳴鐘進獻給萬曆皇帝後，中國的皇帝便對鐘錶、器械表現出極大的興趣。他們不斷搜羅、鑒賞、製作、收藏，以至於西洋器械遍布皇宮的各個角落。擅長製造鐘

---

① 費賴之：《在華耶穌會士列傳及書目》，第655頁。
② 費賴之：《在華耶穌會士列傳及書目》，第666頁。
③ 費賴之：《在華耶穌會士列傳及書目》，第538頁。
④ 費賴之：《在華耶穌會士列傳及書目》，第564頁。

錶和機械玩具的耶穌會士倍受恩寵，往往被留在宮中為皇室效力。法國耶穌會士沙如玉就因此而得到雍正皇帝的寵眷，終身留奉京師。錢德明曾說，此自鳴鐘蓋由其（沙如玉）發明，此物在歐洲足視珍物，總不然為技術上一杰作矣。[①]徐日升也是一位鐘錶製作高手。他曾在天主堂上安置一架大報時鐘。"鑄有小鐘多口，置於中庭，每一鐘褪以鐵絲繫之。庭內置一大鼓，平時用齒輪羈之，鳴時輪脫鼓自動，周圍有銳齒，輪繫諸鐘，合鳴成華樂，其聲比耳。朝野貴賤爭向觀之，莫不稱奇。"[②]

三　耶穌會宮廷傳教士國籍變化

表 1　同期葡萄牙籍和法國籍耶穌會宮廷傳教士在整個宮廷傳教士群體中所占比重

	葡萄牙籍	法國籍
順治朝	25%	—
康熙朝	10%	40%
雍正朝	43%	57%
乾隆朝	19%	58%

說明：雍正時期共有 7 位耶穌會士入宮服務，三位葡萄牙籍，四位法國籍。

表 1 表示的是清前中期葡萄牙籍和法國籍宮廷耶穌會士在整個宮廷傳教士群體中所占比重的變化。從 1657 年第一批法國耶穌會士抵達中國到 1688 年法國皇家數學家到達中國，法國籍宮廷傳教士所占比重穩步提高，其在宮廷中的影響力逐漸超過葡萄牙籍耶穌會士。宮廷傳教士的中心從葡萄牙轉向了法國。形成這種局面的原因是多方面的。

1494 年，《陶德西亞斯條約》確定了葡萄牙對東方的"保教權"和使團的管理權。帕德羅阿朵保教權規定，享有保教權的國家必須承擔起招募、運送和供養傳教士的義務。自 1540 年第一個外派傳教士到達中國之後的 150 多年中，在華耶穌會士一直以葡萄牙籍為主。而到了 17 世紀，葡萄牙已經力不從心，其在海上的權威受到荷蘭和英國的挑戰，缺乏足夠的資金確保正常的運輸，使團的維持和發展也難以保證，而且在華傳教士多年老多病，這種缺錢又缺人的局面迫使使團轉向其他天主教國家。1681 年 9 月，《優雅信使》刊登了南懷仁在北京寫給法國耶穌會士的信，其在信中呼籲法國耶穌會士加入他們在中國的傳教事業，為在華耶穌會補充新鮮的血液。

從教廷方面來看，耶穌會士一直以葡萄牙籍為主，耶穌會對葡萄牙更為忠誠。這也是羅馬教廷不願意看到的，於是在 1622 年設立了"傳信部"，在 1659 年推行"宗座代牧制"，目的在於打破葡萄牙對東方的宗教壟斷，建立高於各自修會、各自天主教國家的權力組織，最

---

① 費賴之：《在華耶穌會士列傳及書目》，第 742 頁。
② 費賴之：《在華耶穌會士列傳及書目》，第 383 頁。

終使在華傳教士團最終都服從於羅馬教廷。

出於鷸蚌相爭、漁翁得利的目的，法國在羅馬教廷和葡萄牙的角力中站到了羅馬教廷一邊。葡萄牙國王無力承擔在華耶穌會士每人每年 6 萬里斯的生活費時，法國路易十四得知教廷非常希望使用法國傳教士後，慷慨資助，向教廷承諾，將賜給每名宗座代牧 1000 里弗爾，以後將增加到 3000 里弗爾。聖事會成員也向他們提供硬通貨白銀補貼或終身年金。聖事會自身也一次性撥給他們一筆 12 萬里弗爾的巨款。[1] 路易十四看重的是通過派出一批傳教人員傳播天主教，為法國打開商業和殖民通道，並且為法國進行科學考察。在此背景之下，白晉、張誠、李明、劉應、洪若翰以"國王的數學家"名義搭乘暹羅國"鳥號"離開法國到達中國，開啟了在華耶穌會的法國時代。法國籍耶穌會士進入宮廷之後，其影響力漸漸超過葡萄牙人，在華耶穌會內部產生了矛盾和競爭，葡萄牙籍傳教士徐日升公然抨擊在北京的法國籍傳教士的"可恥意圖"以及他們請求耶穌會會長把中國一分為二地劃分給兩組耶穌會士的"凶殘陰謀"。[2] 迫於法國方面的壓力，總會長在 1700 年劃定了耶穌會在華教區分界綫。

法國籍和葡萄牙籍宮廷傳教士之間的矛盾實際上反映了兩個國家對"保教權"和海外殖民利益的競爭。從傳教的角度來看，意大利籍耶穌會士閔明我認為，若康熙皇帝對耶穌會士之間的分歧和到底效忠誰的衝突有所耳聞，傳教事業將處在極其危險的境地。[3] 這個時期的宮廷傳教士的活動除了圍繞著傳教事業這一共同的目標展開，更將本國的利益考慮其中，這一點在法國籍傳教士身上表現得尤為突出。就是在這個時期，法國籍耶穌會士在中國進行了大量天文觀測和地理測繪，在法國出版了大量關於中國的書籍，尤其將中國古代哲學思想傳入歐洲，成為法國啟蒙運動的思想背景。

結　論

自從耶穌會士進入中國以來，他們一直以博學的形象在中國上層間形成影響力，他們選拔傳教士進入宮廷服務。宮廷傳教士無疑是其中最優秀的一個群體，這一點從他們作為中國與西方文化交流溝通的使者，在中西文化交流過程中留下的足迹就足以證明。

在華耶穌會士將進入宮廷作為傳教的一種手段，他們期望發揮自身所學，藉西方的科學技術來贏得皇帝的信任，為在華傳教事業創造便利條件，這種自上而下的策略可以說是有效的，但同時也是脆弱的，當失去皇帝的信任和友誼時，在華耶穌會士的傳教事業就會遇到困難。

此外，在華耶穌會傳教團並不是統一的整體，其內部存在多樣性。葡萄牙籍和法國籍宮廷耶穌會士之間的矛盾實際上反映了兩個國家對"保教權"和海外殖民勢力的競爭，在華耶

---

① 呂穎、閻國棟：《路易十四派遣"皇家數學家"傳教士來華的背景》，《史學集刊》2012 年第 2 期，第 75 頁。
② 柏理安：《東方之旅：1579—1724 耶穌會傳教團在中國》，第 196 頁。
③ 柏理安：《東方之旅：1579—1724 耶穌會傳教團在中國》，第 198 頁。

穌會士雖然在歐洲殖民範圍之外工作，但是他們傳教事業的目標與本國的海外利益目標保持一致，統一性中存在多樣性。

The Jesuits in Royal Court from 17th to 18th Century

Hu Yaowen

The 17–18 century was a very important period in the history of Sino–Western cultural exchanges. The Jesuits in China played a very important role in promoting the cultural exchanges during this period, especially those who served in the Royal court. This paper intends to analysis the group characteristics of Jesuits, their missionary strategy and activities in the court by a statistical approach. This article is divided into four parts: Part Ⅰ, the changes in the number of Jesuits in court; Part Ⅱ, the activities of the Jesuits in court; Part Ⅲ, the competitions and tensions between Portugal and French Jesuits in the court. Part Ⅳ the conclusion. It points out that the Jesuits in China in the Qing Dynasty inherited the top–down missionary strategy of its predecessors in Ming Dynasty and they selected the most elite ones to serve in the court. It turns out its strategy was effective but also fragile. Moreover, the diversity existed in the unity since there were contradictions and competitions between the court Jesuits from different countries.

Studies of the Mongolian *Law Manuscript on Birch Bark*

Jigmeddorj Enkhbayar

Mongolians have invented different kinds of scripts and alphabets writing their sutras on the rocks, cloths, silks, birch bark and different kinds of papers. One of the Mongolian history and culture traditions is the written memorial on the Birch Bark. Source written on over thousand pieces of the birch bark found in the Khar bukh ruin (*Хар бух гол*) in Dashinchilen soum (*Дашинчилэн сум*), Bulgan aimag (*Булган аймаг*), Mongolia in 1970 is ranked highly among the written sources on the birch bark.

One of the interesting piece of the written sources on the birch bark found in the main statue ruins of the Khar bukh ruin is Mongolian *Law Manuscript on Birch Bark*. This law chosen and copied by hand of Kh.Perlee (1973: 5-139) among the written memorials on the birch bark and found in the Khar bukh ruin has attracted by researchers attention since its published version with its transcription, several explanation and name *Khalkha's Newly Found Law Memorial* (*Халхын шинэ олдсон цааз эрхэмжийн дурсгалт бичиг*)① in Ulaanbaatar in 1973. The Mongolian *Law Manuscript on Birch Bark* has not published until now in its original version and researchers have used the version published by Kh.Perlee in their works.②

The Mongolian *Law Manuscript on Birch Bark* is one of the written sources that gives possibility to study Mongolian history, law, economy, culture, belief and literature in the end of the XVI century and at the beginning of the XVII century. Therefore, we aimed to consider the Mongolian *Law Manuscript on Birch Bark* feature and Mongolian history, law, economy, culture, belief and

---

① Х.Пэрлээ. *Халхын шинэ олдсон цааз эрхэмжийн дурсгалт бичиг*. Тэргүүн дэвтэр. Монгол ба Төв Азийн орнуудын соёлын түүхэнд холбогдох хоёр ховор сурвалж бичиг. Monumenta Historica. Tom. VI. Fasc.1.Улаанбаатар: 1973. т.5-139.

② 二木博史「訳注白樺法典 (I)」『遊牧社会史探究』第49期、1976、10–19頁；二木博史「訳注白樺法典 (II)」『モンゴル研究』第12期、1981、50–63頁；二木博史「白樺法典について」『アジア・アフリカ言語文化研究』第21期、1981、49–73頁；二木博史「訳注白樺法典 (III)」『モンゴル研究』第14期、1983、12–27頁；А.Д.Насилов *Восемнадцать степных заканв памятник монгольского права XVI-XVII вв* (Монгольской текст, транслитерация монгольского текста. Перевод с монгольскогоь коемментарии и исследование А.Д.Насилова). Санкт-Петербург, 2002.

literature in the end of the XVI century and at the beginning of the XVII century in this article.

As our research results show, Mongolian *Law Manuscript on Birch Bark* consists of two parts: firstly, laws considered in the eighteen Khalkha Mongolian noblemen's sessions organized from the end of the XVI century to the middle of the XVII century[①] and secondly, *jiryuyan tűmen-i yeke tűgeliin bičig* the "Ode for Nine Chinggis khan's commanders"[②].

ONE several features of the Mongolian *Law Manuscript on Birch Bark*

The written memorial on the birch bark found in Khar bukh ruin began to be restored in the Federal Republic of Germany in 1990s thanks to the efforts of the professor Klaus Sagaster, University of Bonn and was given to National Library of Mongolia in 2012 and now it is kept in the valuable and rare book fund.

The original Mongolian *Law Manuscript on Birch Bark* kept in the National Library of Mongolia consists of 112 birch bark pages written on both sides with old Mongolian script in 4-8 lines. The surface layer of the bark was peeled out, cleaned and cut into 10 × 14 cm pages of book.

The restored Mongolian *Law Manuscript on Birch Bark* was registered in the National Library of Mongolia under the name "*Халхын үйсэн дээр бичсэн хууль цааз* (Khalkha's Law on the Birch Bark)"[③] and its picture was taken and its e-version was prepared. It consists of 80 pictures numbered from 001 to 0080 (42 of which have picture on both sides and 38 on one side).

The professor Klaus Sagaster from the University of Bonn, Federal Republic of Germany saved the Mongolian *Law Manuscript on Birch Bark* under the name *Law texts* during its restore. The Law text consists of 81 pages numbered from 001 to 0081. It seems there is difference of photo copies but all 112 pages are available.

Eight lines in the page 056 (014) of the Mongolian *Law Manuscript on Birch Bark* became unclear, the first part of the "Great Law of six khoshuns (qosiyu)" are absent and only the first page of the "Great Law confirmed in the year yellow hare" was found during the excavation. Therefore, the original copy of the Mongolian *Law Manuscript on Birch Bark* cannot be understood as completed.

Moreover, among the other birch bark memorials found in Khar bukh ruin and restore in the

---

① Э.Жигмэддорж. "Халхын үйсэн цааз" дахь ноёдын удам угсааг тодруулах асуудалд. *Historia Mongolarum*. Vol. XV. Fasc. 5. No. 474(36). Улаанбаатар: 2016. pp.67-86.

② Enkhbayar Jigmeddorj, "The Nine Paladings of Chinggis khan in the Khalkha Mongolian Law Manuscript on the Birch Bark," *Eurasian Nomadic Pastoralism: History, Culture, Environment. CNEAS Report 22*. Center for Northeast Asian Studies, Tohoku University. Sendai, 2016, pp.27-47.

③ Khalkha's Law on the Birch Bark. No. 8590. National Library of Mongolia.

FRG there are 10 small pieces of pages. Despite most of them were burnt, torn and became unclear, the pieces *yalatu kŭmŭn* - criminal (number of picture 21253: 01-06), *mori ab* - take a horse (number of picture 21313: 007-1,2), *yala bŭŭ ŏg* - do not punish (number of picture 21320: 0078-2), *nigen temege ab* - take a camel (number of picture 21320: 00713-1) and *yala-tai bolba* - became a criminal (number of picture 21320: 00798-1, 2) confirm that these pages belonged to a laws. These pieces can belong to the Mongolian *Law Manuscript on Birch Bark*, but the birch bark feature, writing manner show that they belong to another laws.

There were another written laws memorial with the Mongolian *Law Manuscript on Birch Bark* bound as a book in the Khar bukh ruin as we consider.

Mongolian *Law Manuscript on Birch Bark* with the imprint of the bind has different writing manners in the pages and lines, some writings begin in the UN torn part of the page as we investigated. It shows that during the noblemen's sessions the laws were written on the birch barks prepared previously and then clerks continued the former laws with new ones. For example:

–   On the page 041 that was torn and cut the writing of the "Law confirmed in the year of ape" begins in the uncut part of the page.

–   The lines in the pages 27a, 28b, 29a, and b were written by a same man as the manner of writing the letters *b*, *γ* (*k*) and *j*.

Picture as example. The writing begins in the uncut part of the page

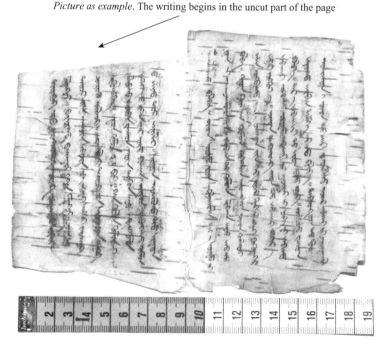

Original copy picture No. 041a

In the original copy of the Mongolian *Law Manuscript on Birch Bark* there is birγa (*бирга*) in the beginning of a new law or before the honored words (*book, um ma hum, temple, God, nobleman* and etc.). Writing birγa in the beginning of 12 laws from total 18 laws show that it was the writing standard. The following laws have birγa at their beginning:

–   "The small law in the year of water ox", "The law in the year of wooden dragon", "The small law in the year of iron pig", "The small law in the year of water ox", "The small law of four khoshuns (qosiγu) in the year of male wooden tiger", "The small law of Saikhan temple in the year of male wooden tiger", "The small law in the autumn in the year of dragon", "The law by temple man in the year of snake", "The law of book", "The Great Law in the year of ape" and "The small law".

–   There is also birγa at the beginning of the Khalkha-Oirat's "Great Law" of 1640 that published by К.Ф.Голстунский (2004: 39-71) showing the writing standard of the period.

–   As Д.Кара (1972: 50-52) considered in his "Books of the Mongolian Nomads" the birγa, dots and characters in the sources and books in the XIII-XIX centuries showing the tradition of literacy unusual development of Mongols that derives from ancient time.

Example Picture. birγa in the beginning of the text on the birch bark

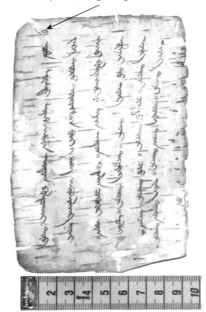

Original copy picture No. 077

If there are four kinds of characters such as [:], [::], [:: ::], [:: :: ::] after paragraph or at the end of the law, there is only [::] after the sentence or poem in the "Ode for Nine Chinggis khan's commanders". In this way, the law and poem differences are shown as our native language feature.

These kinds of dots in the end of the word or sentences in the XVI–XVII centuries were the writing standards of that period. For example:

- Khalkha-Oirat's "Great Law" of 1640 that published by К.Ф.Голстунский (2004: 39-71) there are four dots [::] after the first word, in the middle and end of the sentence.
- There are two [:] and four dots [::] after words, in the middle and end of the sentences within the texts of the alphabet "*Гали хийгээд Монголын зуун үсгүүдийн цаазыг товчлон оршуулвай* (Gali and hundred Mongolian letters' rule in brief)" by Р.Отгонбаатар, А.Д.Цэндина (2014: 22).

At the end of the sentences in the Birch Bark Law there is special word that mentions the end of the text. For example, the words *tegűsbe* (the end) or *manggalam* (good luck) are at the end of the Mongolian *Law Manuscript on Birch Bark* and the word *daγusba* (the end) at the end of the "Ode for Nine Chinggis khan's commanders". Despite the books of laws there were words *tegűsbe* or *daγusba* (the end) in the linguistics and religion books in the XVI–XVII centuries. Therefore, it was the standard of writing in that period. For example:

- There is words *tegűsbe* and *manggalam* at the end of "The small law of four khoshuns (qosiγu) in the year of male wooden tiger", "The small law in the autumn in the year of dragon", "The law in the year of fire dragon" and "The small law in the year of dragon" and the word manggalam at the end of "The Great Law in the year of ape".
- In the Mongolian written memorial found in the Olon sűme, Inner Mongolia in the XVI-XVII centuries there were written as *tegűsbe, daγusba* (Walther Heissig, 1966:57-60) confirming the writing standard of that period.

On the grammar of the Mongolian *Law Manuscript on Birch Bark* wrote Kh.Perlee (1978:7) "The suffixes were connected to the root of words without the consideration of the masculine and feminine vowel also consonant feature and suffixes -*iin*, -*iig*, *du*, *tu* were sometimes written separately and sometimes together with the word root".

In the Mongolian *Law Manuscript on Birch Bark* suffixes are connected to the root of words without the consideration of the masculine and feminine vowels as *yin*, *yi*, *i*, *ni (yala-yin, mala-yin, sara-yin, noyan*-Isometimes separately and sometimes together. Some grammar features in the Law can be mentioned:

- A word is written in two different ways. For example, *yesűn, yisűn* (nine).
- Instead of tu it was written du, but instead of *du-tu* in the Mongolian *Law Manuscript on Birch Bark.*
- Also it was written *tasa* instead of aca. It was written *noyad-ṭasa* in the on the birch bark found in the Khar bukh ruin.

– There are cases that letter [n] was connected to the words *kele, jaqasa, baitala, gekűle* (*kelen, jaqasan, baitalan, gekűlen*).

Example picture. The last word and dot

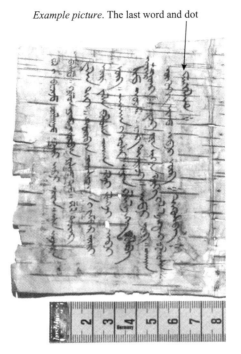

Original copy picture No. 046a

The text features of the Mongolian *Law Manuscript on Birch Bark* can show the writing standard and Mongolian law stylistics in the XVI–XVII centuries.

TWO several history information and facts in the Mongolian *Law Manuscript on Birch Bark*

The information and facts on Mongolia in the *Law Manuscript on Birch Bark* are connected with history, jurisprudence, literature, economy, culture and religion of Mongolia in the XVI–XVII centuries.

The Mongolian *Law Manuscript on Birch Bark* consists of laws considered in the 18 big and small sessions organized by Khalkha Mongolian noblemen in the XVI–XVII centuries. Possessing lands, war and fight regulation, sending messengers, problems of deserters, heritage, claims and many other issues were considered, solved and connected laws were issued in the Khalkha Mongolian noblemen session.

The Mongolian *Law Manuscript on Birch Bark* is one of the core sources to study Mongolian noblemen's genesis, biography and activities in the XVI–XVII centuries. It was standard to write the noblemen's names according to the genesis and ages sequences as the Mongolian *Law Manuscript on Birch Bark* and "Khalkha-Oirat's Great Law" of 1640 show.

As was written in the Mongolian *Law Manuscript on Birch Bark* noblemen who consider the problems and issues were named as *jasaɣ bariɣsan noyan* (administrating noblemen), *jasaɣ-un tayiji* (administration earls). From the end of the XVI century and to the beginning of the XVII century Khalkha Mongolian administrating noblemen played the main role in consideration of possessing lands, war and fight regulation, sending messengers, problems of deserters, heritage, claims and many other issues.

As the titles and names of the noblemen who considered the Mongolian *Law Manuscript on Birch Bark* the jasaɣtu qaɣan was leading man in the Seven Khalkha's khoshun (qosiɣun) and tüsiyetü qaɣan in the four khoshuns.

The genesis of the administrating noblemen was derived from the geresenče jalair qung tayiji. This shows that only Chinggis khan's Golden genesis noblemen got the title *jasaɣ* (administrating). The administrating noblemen tümenken kőndelen čőgekűr noyan, tüsiyetü qung tayiji (Gombo tüsiyetü qaɣan), dalai sečen qung tayiji (Sečen qaɣan) and dayičing qung tayiji (Angɣaqai mergen noyan) are the noblemen who lived before the Four Khalkha's jegűn ɣar's jasaɣ in 1655. Clearly, the inheritors of these administrating noblemen about whom written in the Mongolian *Law Manuscript on Birch Bark* took the title jasaɣ from the Qing dynasty[1]. The relations of the administrating noblemen and their inheritors with Qing dynasty the jasaɣ's appointed as khoshun's administrating noblemen but jasaɣ's earls seems to be the vacant wang's and ɣungs.

In the Mongolian *Law Manuscript on Birch Bark* three different writings of noblemen as writing in their names, in their titles and in their name and titles together. The sequences of the noblemen's names can give information on their genesis. For example, in the preface of the *Autumn Law in the year of wooden tiger* (1614) there are names of 24 noblemen that were listed according to their genesis and ages: at the top of the branch there are names of

- tüsiyetü qaɣan, the oldest son of nonuqu űyijeng nobleman, thirdly, inheritor of the Abtai's genesis;
- fourth son tümenken kőndelen čőgekűr noyan;

① Enkhbayar Jigmeddorj, *The Political Relationship between Khalkha Mongolia and Qing dynasty in XVII century*, Ulaanbaatar, 2008; Enkhbayar Jigmeddorj, "Did the Manchus divide the Khalkha into a left and a Right Wing in 1655? A Comparison between the Iledkel shastir and archive material," *Quaestiones Mongolorum Disputatae*. Tom. Ⅶ. Tokyo, 2011. p.118; Enkhbayar Jigmeddorj, "Did Khalkha Mongolian noblemen give their sons and brothers to Qing in 1655 as the 'Hostages'?" *CNEAS Report 2. Mongolian History Study and Source*, Center for Northeast Asian Studies, Tohoku University. Sendai, 2011, pp. 231-239.

-   dayičing qung tayiji, the oldest son of the second son of Abuqu mergen;

-   dalai sečen qung tayiji, the grandson of Amin dural;

-   čoγtu qung tayiji, the oldest son of baqarai qosiγuči, the fifth son of the nobleman nonuqu űyijeng.

Other earls and noblemen's names are written after the above mentioned nobleman's name[1].

There are valuable information on the Mongolian society in the XVI–XVII centuries, master and subordinates relations, noblemen, clerks, titles and duties, religion degrees and local organization in the Mongolian *Law Manuscript on Birch Bark*.

In the Law people are divided by their classes, jobs and titles as noblemen, *borjigin* (with subordinates and without subordinates), *yamut kűműn, tabunung, šigeč*in, qosiγun's darqads, clerks responsible for the seven khoshuns' administration and for khoshuns' manner, clerks responsible for the noblemen's manner, queen, ladies, armored men, poor people, temple men and monks, also people are divided as *qan, yamut, em-e* (women), *er-e* (men), *ken kűműn*, and *isele kűműn*.

The paragraphs of the Mongolian *Law Manuscript on Birch Bark* can show the differences of the Mongolian society classes and their features. For example In the Great Law of six khoshuns the rights of the khans and their queens as the higher class representatives as "*kűműn: qan kűműn abaqai qoyari daγariju donγodbasu bey-e-i alay-a malini talay-a: noyad-tu šigűsű ese őgbesű γurban yisűn boda*", "*abaqai-tu sigűsűese őgbesű nigen yisűn boda-tu tabunang-tu sigűsű ese őgbesű tabun boda-tu*".

Women in Mongolian society in the XVI–XVII centuries divided into queens, misses and women. Queens are the noblemen's wives, misses are the noblemen's daughter and women are the poor people's wives without any special genesis.

Queens and misses in the XVI–XVII centuries had special authority and belonged to the high class of the society. The case connected with the Queen šečen and queen qotaγur were mentioned in the Birch Bark. qotaγur qatun considered with dalai šečen qung taiyji before the temple the Small Law of the Wooden Tiger on which it was written as meat has to be given to misses and person who offended the misses must punished in the way of "being killed and confiscation of his/ her livestock". This case shows authority and position of the queens and misses in the society. For example, "In the Great Law of six khoshun (*qosiγun*)" it was written as "Person embraced khan or miss will be killed and his/her livestock will be confiscated", "Person who did not give the miss meat takes punishment of a ninth" and in the "Law in the year of water hare" it was written as "If

---

[1]　Э.Жигмэддорж. "Халхын үйсэн цааз" дахь ноёдын удам угсааг тодруулах асуудалд. *Historia Mongolarum.* Vol. XV. Fasc. 5. No. 474(36). 2016. т.69.

person lies that noblemen said him/her something, some of his/her livestock will be confiscated".

In the XVI–XVII centuries *šigečin*, feeding mother, flag carrier, tayisi, darqad, qonjin, bird fancier, monks and adjutant seem to be included in a same social group. It was written in the "Great Law of six khoshuns" as *"...šigeč̌in őrlőγ tuγči bűregeči darqad šabi nar tayisi nar ede qulaγaikibesű qoyar yesűn dutayun ab"* and in the "Great Law in the year of ape" - *"... šigeč̌in őrlűg tuγčin bűregeč̌in tayisi darqad qonič̌in sibaγučin sabi nar kiy-a nar edűn bűgűde qulaγai kibesű čaγaja-ni nigen bolba"*.

As was written in the Birch Bark Law like er-e (*er-e kűműn*), em-e (*em-e kűműn*) it has meaning the groups in the society except the meaning sex. Clearly, *er-e kűműn, em-e kűműn* means the people who did not belong to the noblemen genesis and em-em it menthe wife of a poor man. It can be confirmed with that in the "Great Law" of Khalkha and Oirat in 1640 the cases connected with men and women differs with its sex and belonging to a definite group in the society.

The special paragraph on the *bosqaγuli* (deserter) in the Birch Bark Law in which the hard punishment of deserter and money for his catch were described not only show the Mongolian master and his subordinates relations but also show the immigration of the people because of the Khalkha, Oirat and Qing dynasty and Russian Empire conflicts. For example, in the Six khoshuns' law (in the second half of the XVI century) it was written as *šigečin, őrlűg, tuγči, bűregeči, darqad, sabinar, tayisi* and in the Small law in the year of water ox (in 1616) it was written like *yamutan, gűűsi, qonjin, sanjan (senjen?), siregetű, őrlűge, kőkelten, kiy-a, daruγa, darqad.*

As was written in the Birch Bark Law nobody cannot leave a man or horse in the enemy place, caught enemy cannot be killed, a single khoshun (*qosiγu*) cannot go to fight officially and this situation shows that the internal and foreign political conditions of Mongolia in that period were complicated. There are over ten paragraphs on enemy (dayisun) in the law. For example, *"dayisun-tu kűműn-i orkiji irebesű quyaγ temege qoyar kől morin-i ab"*, *"γar-tur oroγsan dayisun kűműn-i bűű ala"*, *"γaγča qosiγun-bar dayisun-tur mordaju idebes[ű] arban temege jaγun aduγun ab: noyad-yin γool-un tus-tu dayisun-u tus-tu: ulaγan ese őgbesű jaγun mal arban berke ab"*. In addition to it, writing as *"mongγol oyirad-du dayisun irebesű kele őg. tere kele sonosču bayiji jaq-a-yin yeke noyad ese irebesű jaγun quyaγ jaγun temege mingγan aduγu abqu. baγ-a noyad ese irebesű arban quyaγ arban temege jaγun aduγu abqu bolba"* (*mongγol oyirad-un čaγaja-yin bicig.* 2000:23) confirms conclusion.

Therefore, the Mongolian *Law Manuscript on Birch Bark* is a unique history source that describes master and subordinate relation, class and group differences in the society and internal and foreign political conditions of Mongolia in the XVI–XVII centuries.

The Mongolian *Law Manuscript on Birch Bark* is the core Mongolian state and jurisprudence source in the XVI–XVII centuries. The custom of Mongols to respect their state is shown by the sentence in the Birch Bark Law as "Let the great balanced state and my person is peaceful".

As was written in the Birch Bark Law the law confirmed by the administrating noblemen is called "Great Law" and the law confirmed by clerks called "Small Law". The law considered by the noblemen of seven khoshuns (*qosiγu*) was noted as the "Great Law" and laws considered by the noblemen of four and six khoshuns (*qosiγu*) were called "Small Law".

The paragraphs on the "seven khoshuns", "six khoshuns" and "four khoshuns" in the Mongolian *Law Manuscript on Birch Bark* and also the names and genesis of the noblemen who considered the laws and toponyms show the law usage limitations.

As the content of the Birch Bark Law shows Mongolians were responsible for all state activities and worked hard according to the laws. For example, *"yosun bariγsan tüsimed jaγalduqu-du soγtaji buruγu qaγalbasu aldanggitai bui"* says that "If the messenger comes to the nobleman drunk his horse will be confiscated".

In the XVI–XVII centuries the person who is responsible for the decision on the crimes and jarγa in Mongolia called as the "custom clerk". The custom clerk has to have a messenger (witness) in clarification of the crime process and he will be punished if he makes decision and solutions when he is drunk or alone. It shows the Mongolians have had tradition to follow the law and rules strictly and be responsible for the determination of the punishment for the guilty people. For example, as was written in the *Law of six khoshuns* "clerk who made mistake in the decision on the crime alone must give five domestic animal including a camel" and in the *Great Law in the year of ape-* "a guilty person has to come with his/her messenger and if he/she comes alone the problem cannot be solved" and "a drunk custom clerk who made mistake will pay fine".

The sentences about the beginning of a new law's valid term and annulling the previous term in the Khalkha Birch Bark Law show the law tradition, heritage and development by Mongolians. For example, "In the Law of six khoshuns" it was written as "The former in the Saikhan session was annulled".

There are following convictions in the XVI–XVII century Mongolia as was written in the Mongolian *Law Manuscript on Birch Bark*:

- Killing: (*biy-e inü alay-a: mali-ni talay-a*-the body will be killed and the livestock will be confiscated)
- Fine: fine with nine, anju or confiscating the riding horse. As was written in the Mongolian *Law Manuscript on Birch Bark* there are fine with definite number of livestock *nigen yisü* (a nine), *γurban yisü* (three nines), *tabutu* (five nine), *jirγuγan yisü* (six nine) and *yesütü* (nine nine) in other words, from nine to forty nine livestock. anju means number

of livestock from one to nine as was written in the Mongolian *Law Manuscript on Birch Bark* in the XIV-XVIII centuries. The *kŏl morin-i ab* means the riding horse.

- *Sacrifice* (joliγ) taking (As was written in the Mongolian *Law Manuscript on Birch Bark* for the woman, livestockor crime takes a person or livestock).

- *Beating* [As was written in the Birch Bark Law it was beaten with thing with sharp end 3×9 times (third), with stone or wooden things 1×9 times and with whip or fist 5×9 times (fifth)].

- *Reprimanding* (As was written in the Birch Bark Law somebody embarrasses the *borjigin* tribe person he/she will be punished with fifth and if a messenger - with single nine).

The tradition to follow the oral costumed laws was that was seen in several paragraphs in the Mongolian *Law Manuscript on Birch Bark* show the development of laws from the ancient times to the Middle Ages. For example, in the Law of Six khoshuns it was written: "*tŏrŏgsen jegege naγaču-ača bisi qulaγai-tai bolba*", "*nayiji kŭmŭn-i arakilaji γunilaji irejŭ abuγsan ŏri ŭgei bolba*", "*tabunang-yi qariyabasu nigen yesŭn boda aqas noyaqan-i qariyabasu tabutu bolba: albatu kŭmŭn-i ekeneri qariyabasu nigen mori ab*".

The Mongolian *Law Manuscript on Birch Bark* is one of the literature memorials of Mongolia in the XVI–XVII centuries. When we compared original copy of the Mongolian *Law Manuscript on Birch Bark* kept in the Mongolian National Library with the copy published by Kh.Perlee and made its transcription in Latin it became clear that the part with the "Ode for Nine Chinggis khan's commanders" were was not published.

In the preface of the "*Khalkha's Newly Found Law Memorial*" Kh.Perlee (1973:5) noted that "…there ode of commanders and others here…". Therefore, he knew about this ode and he might leave it to study later.

In the pages 001, 002, 004, 0023(a), 0024(b), 0026(b)[①] in the Mongolian *Law Manuscript on Birch Bark* contain the "Ode for Nine Chinggis khan's commanders" within the Chinggis khan's "yeke tŭgel". As was written in the first line in the page 004 of the Birch Bark Law it was named like *jiryuγan tŭmen-i yeke tŭgeliin bicig* (The Ikhtugel of sixty thousand people).

In the "yeke tŭgel of sixty thousand people" on Birch Bark the bravery of nine Chinggis khan's commanders was described. The following names of commanders were written in the ode:

1. jalayirdai muqulai   (fifth line in the page 001)

2. boro[qu]l   (seventh line in the page 001)

---

①   These numbers are written by the professor Klaus Sagaster, Bonn University, FRG after the restore of the Birch Bark Law, but number in//is the number by Kh.Perlee on the Birch Bark Law published by him.

3. tataridai siri qutuɣ   (forth line in the page 002)

4. boɣarči   (eight line in the page 004)

5. torɣan sira   [second line in the page 0023(a)]

6. jarčidai čuu mergen   [sixth line in the page 0023(a)]

7. jebe   [first line in the page 0024(b)]

8. uriyanɣqadai jelme   [sixth line in the page 0024(b)]

9. oyiradai qara kiruɣu   [forth line in the page 0026(b)]

And it was written in the page 0026(b) as yisŭn ŏrlŭg-ŭŭd-i daɣusba.

Odeon nine Chiggis's commanders in the Mongolian *Law Manuscript on Birch Bark* named as "yeke tŭgel of sixty thousand people" shows the special place of the understanding of sixty thousand in the Mongolian state tradition.

The Mongolian *Law Manuscript on Birch Bark* is one of the sources that makes opportunity to study the Mongolians economy and culture. Paragraphs on the nomadic livestock breeding, pasture protection, place with wooden sticks, white state livestock herd and forbidding the sending the animals off six khoshuns show the nomadic economy unusual way and tradition. For example, *place with wooden stick* means the new precisely chosen good pasture determined before the move from the former place.

In the Birch Bark Law the names of livestock as horse, cow, camel and sheep were included in the punishment part of the paragraphs. In addition to it there are names of nomadic economy as *araɣ* (basket for dung), *sabar*, firewood and etc. These nouns can be the important objects in study of the nomadic livestock breeding techniques and tradition of Mongols. For example, araɣ that was written in the Burch Bark Law has been an object of big importance as a tangible and intangible heritage of Mongolian culture for many centuries and has used in the everyday life[1].

As was written in the Birch Bark Law it was prohibited to take out livestock from the territory of Khalkha Mongolia in the XVI–XVII centuries. For example, it was written in the "Law of six khoshuns" as "*ene jirɣuɣan qosiɣun-ača aduɣusun ɣadaɣsi ɣarɣaji ŏgbesŭ nigen yesŭtŭ bui*" (if somebody takes out livestock he/ she will be punished by one nine). It also shows the complicated domestic and foreign conditions in Khalkha Mongolia.

The *čaɣajai-in čaɣan sŭrŭg* (state white herd) mentioned in the Law issued *in the year of the Male Wooden Tiger* might be the herd used during the session by noblemen in that period.

During the livestock breeding Mongols made harnesses that were used for horse, ox and camel

---

riding and using as a transport meaning. The names of harnesses as leather bridle, wooden saddle, leather hip straps, whip, rope, rein, lunge, hobble, girth-web, trough, wooden stirrups, silver bridle, silver hip straps, horse cloth and etc. were mentioned in the Birch Bark Law.

The precise and detailed explanation of the "harnesses of the riding horse - bridle, rein, lunge for regulating the horse, also saddle, different kinds of stirrups, fender, seat, billet straps, saddle blanket, race horse harness, riding camel harness - regulating built, rein, felt saddle blanket, riding ox harness" by Ч.Сонгино and В.Бүнчин (2005:75-160) in the chapter "Riding horse harness" of their book "Care and usage harnesses and objects of all kinds of livestock" and saddle, stirrups, bridle, curb, bit, hip straps, collar, tie strap, billet strap, rein, hobble, uurγa, lasso, rope for tying livestock, whip, paddle [for removing the foam (qusaγur-small in size)], cart, horse standing and over 10 harnesses mentioned in the "Mongolian Horse Encyclopedia" [1] confirms the value of the information in the Birch Bark Law.

The types of the livestock harnesses mentioned in the Mongolian *Law Manuscript on Birch Bark* show the nomadic economy feature, nomads' intelligence and heritage.

Mention of the bow, arrow, spear and bow arc as the main nomadic fight and hunt gears in the Mongolian *Law Manuscript on Birch Bark* gives opportunity to study types of Mongolian hunts and tradition connected to it.

Hunting by Mongolians is divided as "animal hunting", "fishing" and "bird hunting" depending on the animal types and hunting way[2].

The names of the animals as vulture (tas), hawk (qarčaγai), eagle (bürgüd), sparrow, sable, lynx (silegüsü), otter (qaliγu), marmot, dog, snake, frog, mandarin duck and goose are written in the Mongolian *Law Manuscript on Birch Bark*.

The paragraph in the "Law in the year of ape" it was written as "···person who killed snake, frog, sparrow, goose and dog will be pay fine of a horse" shows the Mongolian tradition to protect animals, tradition to use of natural sources properly and precise knowledge of animal types by Mongolians.

As the Mongolian *Law Manuscript on Birch Bark* shows in the end of the XVI century and in the beginning of the XVII century among the Mongols (in seven khoshuns of Khalkha Mongolia) the Bird Hunting had kept and the hunters were called bird hunters.

Notes in the Mongolian *Law Manuscript on Birch Bark* about vulture, hawk, eagle and other carnivorous birds and also about *sibaγucin* (bird hunter) confirms the presence of bird hunters in

---

① Д.Баянбат. *Монгол адууны нэвтэрхий толь*. Боть I. Улаанбаатар: "Мөнхийн үсэг" ХХК, 2016, т.316-367.

② Х.Сампилдэндэв. *Малчин ардын зан үйлийн уламжлал*. Улаанбаатар: 1985, т.160; Б.Батмөнх. *Монголчуудын уламжлалт ан ав*. Улаанбаатар: 2005, т.23.

that period. For example, in the Six khoshuns' Law it was written as "*tas bǔrgǔd qarčaγai-yin uraqa toor γurban yisǔtǔ bui: qarbaji gegsen yola tabutu bui*" and in the Law in the year of ape- "*tas bǔrgǔd qarčaγai-yin tour γurban yisǔ-tǔ* ".

Bird hunting in that period had meaning to train carnivorous birds as hawk, falcon and eagle and sending them for hunting[①] and the suffix *čin* in the word *sibaγučin* has many meanings.

Д.Төмөртогоо (2011:88,124) in his book *Word structure comparison using the Mongolian language writing memorials* wrote: "The word that represent the subject of an action formed by adding the suffix *či* to the verb root" and the suffix *čin* had many meanings, for example, аγtačin [=аγta+čin] - special horse breeder, qoničin [=qoni+čin] sheep breeder, ada'u:čin [<adu'u: + čin]- horse breeder. Therefore, *sibaγučin* was the man who hunt using a bird.

The information in the Mongolian *Law Manuscript on Birch Bark* shows that in the XVI–XVII centuries the tradition to make animal hunting and bird hunting had kept in addition to the nomadic livestock breeding and there were animal hunters and bird hunters.

The Mongolian *Law Manuscript on Birch Bark* is one of the sources that reflects the tangible heritage as clothes, accessors and intangible heritage as life style of Mongols in the XVI–XVII centuries as:

Clothes and accessory: half armor, armor, marmot fur coat, sheep skin coat, sheep skin long jacket, sheepskin boat, silver belt, leather belt, snuff box, cloth bag for snuff box, lamb skin, sheep wool.

Household things: rucksack, bag, ǔkeg (box for carrying the child), chest, knife, comb, cup, scissors, needle and other everyday use objects. Therefore, we can say with no hesitate that Mongolians used the above mentioned objects in that period.

Х.Нямбуу (2002:24) noted in his book "History of Mongolian clothes": "Mongolian clothes has fashion that includes elements from the Asian nomadic people clothes and differences from them". Thus information of the clothes in the Mongolian *Law Manuscript on Birch Bark* expresses the unusual feature of nomadic culture.

Despite the types of the rucksack, bag, ǔkeg, chest, knife, comb, cup, scissors and needle were not written in the Birch Bark Law these objects have used by Mongolians every day until now having different types. For example, there are chest (made of: wood, leather and belonged to the God, to the husband or wife), scissors (for clothes, metal, hair and fire and etc.)[②] and comb (for human hair and for livestock).

---

① У.Эрдэнэбат. *Монгол шувуулахуй*. Улаанбаатар: Mongolica Publishing, 2014. т.8, 54.

② *Монгол нүүдэлчдийн тайлбар толь*. Улаанбаатар: Монсудар хэвлэлийн газар, 2014. т.168, 174, 204.

The written memorial on the Birch Bark found in the Khar Bukh ruin is closely connected to the book and script history of Mongolia. The Mongolian *Law Manuscript on Birch Bark* is sometimes called as the "Birch Bark Book"①. Because it is bind book as one of the Mongolian book types.

Mongolian books were divided as *sutra, saddle-stitched* or *perfect bound, folded* and *scrolled* and religion books were created in sutra type and saddle-stitched or perfect bound book were published in the political and civil fields②.

However, among the books on the birch barks found in the Khar Bukh ruin there are saddle-stitched religion books. Therefore, saddle-stitched books were common in that period. Despite birch bark as a stationary the board covered with ash that was used as the note board or draft board in the central part of Khalkha Mongolia in the XVII century③.

The Mongolian *Law Manuscript on Birch Bark* was written with black ink using bamboo pen as the writing manner shows. Mongolians used bamboo pen, wooden pen and had unusual technique to extract ink. Kh.Perlee considered that "the law was written with processed soot and black ink and with bamboo pen". Ж.Цэзэн (1999:119) wrote on the ink processing technique: "Gold, silver, copper and steel are rubbed by and the remaining in the grinding stone is put into water, hard parts sat on the bottom of the container, the mixture is filtered several times and is boiled until it is evaporated".

Mongolian and Soviet Union (former name) archeologists found Mongolian *Law Manuscript on Birch Bark* in the ruined stupa, Khar Bukh ruin④. Therefore, the Birch Bark Law is one of the facts how Mongolians have kept and saved books and written sources.

The Mongolian *Law Manuscript on Birch Bark* (*Book on the Birch Bark*) is the source that can show the inheritance and development of the Mongolian books in the XVI–XVII centuries.

As the researchers wrote custom and tradition of the ethnos are developed, changed and fixed in a defined condition depending on the ethnos life and activity history and society condition. In the process of the history several traditions and custom are appeared, several of them are disappeared and third of them have new content keeping old feature⑤. If it is considered in the methodology field the information of custom and rituals written in the Mongolian *Law Manuscript on Birch Bark* is significant in the research of Mongolian economy, genesis and culture.

---

① Х.Пэрлээ (1973: 6).

② Ц.Шагдарсүрэн. *Монголчуудын утга соёлын товчоон.* Улаанбаатар: 1991, т.160.

③ Х.Лувсанбалдан. Модон дэвтэр. *Studia Museologica.* Tom. Ⅱ. Fasc.5. Улаанбаатар: 1974. т.40.

④ Х.Пэрлээ (1973: 5).

⑤ Г.Цэрэнханд. *Монгол ахуй, угсаа, соёлын судалгаа.* Улаанбаатар: 2014, т.27.

There is interesting information on the Mongolian customs, genesis and wedding ceremony in the Mongolian *Law Manuscript on Birch Bark*.

As was written in the Mongolian *Law Manuscript on Birch Bark* in the XVI–XVII century there were procedure to have witness in the wedding, give the daughter as wife before her age of 20, get permission to organize wedding from the khoshun's chief, to give the right to the chief to bring the young woman to the bridegroom in his person, giving the daughter as a wife ignoring her wish, give dowry, taking the dowry back, punish the womanizer and be honest as a wife/husband. For example, in the Law of six khoshun it was written: "the wedding without witness is ignored, have the witness, the chief of the kinship where the fiance belongs takes to the chief of the kinship where the bridegroom belongs" and the "Great Law in the year of ape" it was written: "man who lured a woman must be punished by single ninth", "a wedding has to have the witness, the wedding without witness will be ignored", "if your daughter already 20 years old she has to be a wife" and "if woman steps out of her husband she will be punished by three ninth".

The Khalka ethnos formation began in the XVII century, in other words, the integration of the territory, economy, inheritance, intelligence and culture was made in connection with the establishment of "Khalkha khanate" and "Seven Khalkha khoshuns" in period of the geresenče jalair qung tayiji's next generations[1]. Therefore, the Birch Bark Law can be considered as a document that shows integrity of the intelligence culture and common manners of the Khalkha ethnos group.

Several customs and traditions noted in the Mongolian *Law Manuscript on Birch Bark* have inherited until now. For example, it was common among the Khalkha people to let son be married in the ages from 18 to 25, daughter-from 17 to 21 giving them definite property making them separate family. Generally, Mongolians consider that their daughters get "full blood power" in the age of 17 and sons get "full blood stuffing" in their age of 18 and therefore they take care of their marriage and formation of a new separate family[2].

In the Law issued in the autumn, the year of wooden tiger there is note: "If the nobleman or *tabunung* has the second wife the first wife returns to her native home with her dowry. Do not give dowry to her. If somebody gives her dowry he will be punished with hundred horses and camels". The presence of the tradition to give dowry and return the dowry in the wedding rituals in that period is confirmed in this way.

---

[1] Г.Цэрэнханд. *Монгол ахуй, угсаа, соёлын судалгаа.* Улаанбаатар: 2014, т.13.

[2] Халхын угсаатны зүй. XIX-XX зууны зааг үе. Улаанбаатар: Улсын хэвлэлийн газар, 1987. т.275.

The Conclusion

The Birch Bark Law is a unique source that includes master and subordinates' relations in the society, differences of classes, class feature, domestic and foreign conditions in Mongolia in the XVI–XVII centuries.

It is also one of the sources that shows state respect by Mongols, law and jurisprudence tradition and development of Mongols. As was written in this source the law issued by the *jasaγ bariγsan noyan* (noblemen) was called the "Great Law", but the law issued by *jasaγ taiyji* "Small Law". Moreover, the law considered by noblemen from seven khoshuns was called the "Great Law" and the law considered by the noblemen from six khoshuns-the "Small Law".

As was written in the Birch Bark Law the tradition of animal hunting, bird hunting and hunters were kept in addition to the nomadic livestock breeding in Mongolia in the XVI–XVII centuries.

There is interesting information on the Mongolian customs, genesis and wedding ceremony in the "Khalkha Birch Bark Law". For example, in the XVI–XVII centuries witness had to be determined during the wedding, daughter could be married before her age of 20 with the permission by the chief of the khoshuns, girls were brought to the bridegrooms family by the chief of the khoshun, dowry was given and returned, person who attracted a woman was punished and improper relations between woman and man were prohibited.

The "Birch Bark Law" shows that Khalkha Mongolia was an independent state with noblemen, common people, and territory, session as the state head organization, laws, unusual culture, customs and nomadic life style in the XVI–XVII century.

References

In Mongolian

Б.Батмөнх. *Монголчуудын уламжлалт ан ав*. Улаанбаатар: 2005.

Д.Баянбат. *Монгол адууны нэвтэрхий толь*. Боть I. Улаанбаатар: "Мөнхийн үсэг" ХХК, 2016.

Э.Жигмэддорж. *Халх-Манжийн улс төрийн харилцаа*. Улаанбаатар: Гэрэгэ принт, 2008.

Э.Жигмэддорж. "Халхын үйсэн цааз" дахь Чингис хааны 9 өрлөгийн магтаал. *Eurasian Nomadic Pastoralism: History, Culture, Environment*. CNEAS Report 22. Center for Northeast Asian Studies, Tohoku University. Sendai, 2016. pp.27-47.

Э.Жигмэддорж. "Халхын үйсэн цааз" дахь ноёдын удам угсааг тодруулах асуудалд. *Historia Mongolarum*. Vol. XV. Fasc. 5. No. 474(36). Улаанбаатар: 2016. т.67-86.

Х.Лувсанбалдан. Модон дэвтэр. *Studia Museologica*. Том. II. Fasc.5. Улаанбаатар: 1974.

т.40.

Монгол нүүдэлчдийн тайлбар толь. Улаанбаатар: Монсудар хэвлэлийн газар, 2014.

Х.Нямбуу. *Монгол хувцасны түүх.*Улаанбаатар: Адмон ХХК, 2002.

Р.Отгонбаатар, А.Д.Цэндина. *Монгол үсэг бичгийн дээж.* Цагаан толгой, галиг зэрэг дурсгал (XVI зууны эцсээс ХХ зууны эхэн үе). Москва: Наук-Восточная литература, 2014.

Х.Пэрлээ. Халхын үйсэн ном. *Шинжлэх ухаан амьдрал.* Улаанбаатар: 1972. No. 4, т.67-79.

Х.Пэрлээ. *Халхын шинэ олдсон цааз эрхэмжийн дурсгалт бичиг.* Тэргүүн дэвтэр. Монгол ба Төв Азийн орнуудын соёлын түүхэнд холбогдох хоёр ховор сурвалж бичиг. Monumenta Historica. Tom. VI. Fasc.1.Улаанбаатар: 1974.

Х.Пэрлээ. Үйсэнд бичсэн цаазын өөдөс. *Монголын судлал (Studia Mongolica).* Tom. IV(12). Fasc.7. Улаанбаатар: 1976. т.291-293.

Х.Сампилдэндэв. *Малчин ардын зан үйлийн уламжлал.* Улаанбаатар: 1985.

Ч.Сонгино, В.Бүнчин. *Бүх төрлийн малын арчилгаа, эдэлгээний тоног хэрэгсэл.* Улаанбаатар: Адмон, 2005.

Д.Тангад. Г.Ариунтунгалаг. Монголын уламжлалт соёлыг судлах нэгэн оролдлого (араг саврын жишээн дээр). *Studia Museologica.* Tom. XVIII-I. Fasc. 9. Улаанбаатар: 2017. т.80-87.

Д.Төмөртогоо. *Монгол хэлний бичигийн дурасхалуудын үгийн бүтэцийн харьцуулсан судалгаа (Уйгуржин монгол, дөрвөлжин, араб, хитад үсгээр тэмдэглэсэн монгол хэлний дурасхалууд).* Улаанбаатар: 2011.

Халхын угсаатны зүй. XIX-XX зууны зааг үе. Улаанбаатар: Улсын хэвлэлийн газар, 1987.

Ж.Цэзэн. *Монгол ном.* Улаанбаатар: "Урлах эрдэм" хэвлэлийн газар, 1999.

Г.Цэрэнханд. *Монгол ахуй, угсаа, соёлын судалгаа.* Улаанбаатар: Адмон, 2014.

Ц.Шагдарсүрэн. *Монголчуудын утга соёлын товчоон.* Улаанбаатар: 1991.

У.Эрдэнэбат. *Монгол шувуулахуй.* Улаанбаатар: Mongolica Publishing, 2014.

In English

Enkhbayar Jigmeddorj, "The Nine Paladings of Chinggis khan in the Khalkha Mongolian Law Manuscript on the Birch Bark," *Eurasian Nomadic Pastoralism: History, Culture, Environment. CNEAS Report 22.* Center for Northeast Asian Studies, Tohoku University. Sendai, 2016, pp. 27-47.

Enkhbayar Jigmeddorj, "Did the Manchus divide the Khalkha into a left and a Right Wing in 1655? A Comparison between the Iledkel shastir and archive material," *Quaestiones Mongolorum Disputatae.* Tom. VII. Association for International Studies of Mongolian Culture, Tokyo, 2011, pp.117-136.

Enkhbayar Jigmeddorj, "Did Khalkha Mongolian noblemen give their sons and brothers to Qing in 1655 as the 'Hostages'?" *CNEAS Report 2. Mongolian History Study and Source,* Center for Northeast Asian Studies, Tohoku University. Sendai, 2011, pp.231-239.

Chiodo, Elisabetta, "History and Legend: The Nine Paladins of Chinggis (yisŭn ŏrlŭg) According to the 'Great Prayer' (yeke ŏčig)", In: *Ural-Altaische Jahrbŭcher* 13 (1994), pp.175-225.

Chiodo, Elisabatte, and Klaus Sagaster, "The Mongolian and Tibetan Manuscripts on Birch Bark From Xarbuxyn Balgas: A Preliminary Report", In: *Zentralasiatische Studien* 25 (1995), pp.28-42.

Chiodo, Elisabetta, "Die mongolische Manuskripte auf Birkenrinde aus Charbuchyn Balgas", In: Dschingis Khan und seine Erben: *Das Weltreich der Mongolen*. Exhibition Catalogue. MUnchen, 2005, pp.112-116.

Chiodo, Elisabetta, *The Mongolian Manuscripts on Birch from Xarbuxyn Balgas in the Collection of the Mongolian Academy of Sciences*, Part 1, Wiesbaden, 2000.

Chiodo, Elisabetta, *The Mongolian Manuscripts on Birch from Xarbuxyn Balgas in the Collection of the Mongolian Academy of Sciences*, Part 2, Wiesbaden, 2009.

In Germany

Sagaster, Klaus, *Die Weisse Geschichte* (čaɣan teŭke). *Eine mongolische Quelle zur Lehre von den Beiden Ordnungen Religion und Staat in Tibet und der Mongolei*. Herausgegeben, ŭbersetzt und kommentiert. Wiesbaden, 1976.

Walther Heissig, *Die mongolischen Steininschrift und Manuskriptfragmente aus Olon sŭme in der Inneren Mongolei*. Gŏttingen, 1966.

In Russian

Монголо-Ойратскіе законы 1640 года, Дополнителные указы Галданъ-Хунъ-Тайджія и законы, составленные для волжскихъ Калыковъ при Калмыцкомъ ханъ Дондукъ-Даши. Калмыцкій текстъ съ русскимъ переводомъ и примъчаніями. И.д. Экстра-ординарного Профессора въ С-Петербургскомъ Университеть К.Ф.Голстунского. Санктпетербургъ, 1880. Эрхлэн хэвлүүлсэн Н.Лүндэндорж., Б.Баярсайхан. УБ., 2004.

А.Д.Насилов *Восемнадцать степных заканв памятник монгольского права XVI-XVII вв* (Монгольской текст, транслитерация монгольского текста. Перевод с монгольскогоь коемментарии и исследование А.Д.Насилова). Санкт-Петербург, 2002.

In Japanese

二木博史「訳注白樺法典（Ⅰ）」『遊牧社会史探究』第 49 期、1976、10—19 頁。

二木博史「訳注白樺法典（Ⅱ）」『モンゴル研究』第 12 期、1981、50—63 頁。

二木博史「白樺法典について」『アジア・アフリカ言語文化研究』第 21 期、1981、49—73 頁。

二木博史「訳注白樺法典（Ⅲ）」『モンゴル研究』第 14 期、1983、12—27 頁。

印度、中亞與中國新疆的"燃燈佛授記"圖像研究

廖志堂

"燃燈佛授記"（Dīpaṃkara Jātaka）是最早涉及"授記"（vyākaraṇa）的佛教故事之一，主要講述了佛前生轉生為儒童[1]精進修行，通過向燃燈佛供養蓮花等行為證明自己成佛的決心，最終得授記而成釋迦牟尼的故事。

據中國古代僧人的遊記、傳記記述，這一故事"發生"在古代犍陀羅[2]（Gandhāra）的那揭羅國（Nagarahāra），大致相當於今阿富汗賈拉拉巴德。[3]然而，歷史上佛陀主要活動於恒河中下游一帶，其本人從未到過此地，"燃燈佛授記"故事很可能是古代犍陀羅地區在其成為新的佛教中心時，"通過與佛的前生、舍利和其他崇拜物諸如佛鉢的關係"再造佛教聖迹，證明其佛教傳承神聖合法性的創造。[4]

多種語言的佛典中都涉及了"燃燈佛授記"，而隨著佛教的傳播和發展，"燃燈佛授記"逐漸成為印度、巴基斯坦、阿富汗、中國等地佛教美術的重要母題。中亞、中國新疆地區部分可攜帶的佛教藝術品流失海外各地，使"燃燈佛授記"圖像的研究具有國際性。本文廣泛搜集印度、中亞、中國新疆三地筆者能見的所有"燃燈佛授記"圖像，在前人研究基礎上，具體分析相關佛教經典，對這一主題圖像進行跨區域的對比研究，嘗試從圖像學角度考察這一圖像在歷史上的流變，捕捉圖文關係背後佛教發展的一些階段性特徵和綫索。

---

[1] "儒童"指年輕婆羅門，梵文作 māṇava 或 māṇavaka，漢文音譯為"摩那婆"等。參見 William E. Soothill, Lewis H.ed., *A Dictionary of Chinese Buddhist Terms: with Sanskrit and English Equivalents and a Sanskrit-Pali Index*, London: Routledge Curzon Press, 1995, pp.372, 446；白化文《"儒童"和"儒童菩薩"》，《文史》2001 年第 2 輯，第 245—252 頁。

[2] "犍陀羅"有廣義和狹義之分，狹義"犍陀羅"指古犍陀羅國，即今巴基斯坦北部白沙瓦谷地（Peshawar Valley）一帶，廣義的犍陀羅文化圈（Proper Gandhāra）則包括今巴基斯坦西北部和阿富汗東部。本文的"犍陀羅"均指後者。

[3] 《大慈恩寺三藏法師傳》（T.2053）、《高僧法顯傳》（T.2085）、《大唐西域記》（T.2087）中均有敘述。

[4] 有關"燃燈佛授記"起源地的討論，主要參見定方晟「然燈仏の起源とナガラハーラ」『印度學仏教學研究』通號 37、1970、93—98 頁；孫英剛《艾娜克佛教浮雕中的觀念和政治》，《讀書》2017 年第 8 期，第 62—70 頁；Sharma R. C., *Buddhism and Gandhāra Art*, New Delhi: Aryan Books International, 2004, p.116；李建欣《中古時期中國的佛鉢崇拜》，《中古中國研究》第一卷，中西書局，2017，第 192、204 頁；孫英剛、何平《犍陀羅文明史》，三聯書店，2018，第 8、275 頁。

一　"燃燈佛授記"的相關文本

"燃燈佛授記"一般作為佛傳故事或佛本生故事散存在三藏經典中，[①] 主要分布在經、律二藏中。現將巴利文、梵文、漢文經典中對"燃燈佛授記"故事主要情節記載較完整、對圖像研究較有參考價值的文本進行羅列和分析（詳細情況見表1）。

巴利文文本

Ap[②]：Apadāna。作者不詳，一般認為成書於公元前 1—2 世紀。[③] 其中 Therī-Apadāna 的第 28 個故事《耶輸陀羅》（Yasodharā）從釋迦牟尼妻子的角度出發敘述了"燃燈佛授記"故事。[④]

Ap-a：Apadāna-aṭṭhakathā（=Visuddhajanavilāsinī）。一般認為成書年代可晚至公元 13 世紀，其中《遠因緣》（Dūre-nidāna）中的《善慧論》（Sumedhakathā）涉及"燃燈佛授記"的故事，[⑤] 內容與 Ja 基本一致。

Cp-a：Cariyāpiṭaka-aṭṭhakathā。一般認為由法護（Dhammapāla）作於公元 6 世紀，其中 Akittipanditacariyam 部分涉及"燃燈佛授記"故事。[⑥]

Ja：Jātaka-nidānakathā。Nidānakathā 是附在 Jātaka-aṭṭhakathā 注釋部分前的長篇序言，一般認為由覺音（Buddhaghōsa）作於公元 5 世紀，其第一部分《遠因緣》（Dūre-nidāna）中有《善慧論》（Sumedhakathā）專門敘述"燃燈佛授記"故事，[⑦] 部分內容直接引自 Bv。

---

① 有學者認為，"燃燈佛授記"故事中的儒童作為釋迦牟尼的無數轉生之一而被授記成佛，符合佛教對"本生"的定義；也有學者認為，犍陀羅地區出土的很多"燃燈佛授記"圖像與其他佛傳故事一起連續分布在同一畫面空間內，"燃燈佛授記"當是釋迦牟尼一生的"開端"，應被歸為"佛傳"——至少可以說源於"佛傳"。參見 Krishan Y., "Was Gandhāran Art a Product of Mahāyāna Buddhism," *Journal of the Royal Asiatic Society of Great Britain and Ireland*, Cambridge: Cambridge University Press, 1964, No.3/4, p.111；阿·福歇《佛教藝術的早期階段》，王平先、魏文捷譯，甘肅人民出版社，2008，第 26—46 頁。

② 除特別注明外，本文巴利文、梵文文獻名稱縮寫均來自 Andersen D., Smith H. ed., *A Critical Pali Dictionary* (begun by Trenckner V., Published by The Royal Danish Academy), Copenhagen: Andr. Fred. Høst&Søn, Kgl. Hof-Boghandel, Blanco LunosBogtrykkri, 1924。

③ Oskar von Hinüber, *A Handbook of Pali Literature,* Berlin, New York: de Gruyter, 1996, p.61.

④ Lilley M.E. ed., *Apadāna*, 2 vols., Part II, Lancaster: Pali Text Society, 2006, pp.584-592; [Eng.tr.] Matsumura Atsuko, "The Sumedhakathā in Pali Literature: Summation of Theravada-tradition Versions and Proof of Linkage to the Northern Textual Tradition," *Journal of Indian and Buddhist Studies*, Vol.56, No.3, 2008, p.55.

⑤ Godakumbura C.E. ed., *Apadāna Commentary (Visuddhajanavilāsinī)*, Oxford: Pali Text Society,2008, pp.2-31.

⑥ Barua D.L. ed., *Achariya Dhammapāla's Paramatthadīpanī: Being the Commentary on the Cariyā-piṭaka*, London: Pali Text Society, 1979, pp.10-28.

⑦ Fausböll M. ed., *The Jātaka: Together with its Commentary, Being Tales of the Anterior Births of Gotama Buddha*, 7 vols., 2000, Oxford: Pali Text Society, Vol. I, pp.2-47; [Eng.tr.] Davids T. W. Rhys, *Buddhist Birth-stories (Jātaka tales): The Commentarial Introduction Entitled Nidāna-kathā (The Story of the Lineage)*, London: G. Routledge & Sons Ltd., 1925, pp.82-128; Jayawickrama N.A., *The Story of Gotama Buddha: the Nidānakathā of the Jātakaṭṭhakathā*, Bristol: Pali Text Society, 2011, pp.3-35.

Dhp-a: Dhammapada-aṭṭhakathā。作者、成書時間不詳，其中 Aggasāvaka-vatthu 部分以 "燃燈佛授記" 故事作為佛陀一生事迹的起點，内容記敘比較簡略。①

Dhs-a: Dhammasaṅgaṇī-aṭṭhakathā（=Atthasālinī）。一般認為由覺音（Buddhaghōsa）作於公元 5 世紀，其第 68 小節涉及 "燃燈佛授記"②，但該部分在說明其出處是 Ja 後便省略了故事内容。

Bv: Buddhavaṃsa。一般認為此經成於公元前 1—2 世紀，③ 與《譬喻經》和《所行藏經》同出於《小部》形成的最後階段，是早期大乘佛教思想的重要來源。④ 其第二品《燃燈佛史》（Dipankara-buddhavaṃsa）在燃燈佛的傳記前敘述了 "燃燈佛授記" 故事。⑤

Bv-a：Buddhavaṃsa-aṭṭhakathā（=Madhuratthavilāsinī）。是以 Buddhavaṃsa 的偈頌部分為綱寫成的注釋，一般認為由佛授（Buddhadatta）作於公元 5 世紀。第二品《燃燈佛史》的注釋中敘述了較原文更為詳細的 "燃燈佛授記" 故事。⑥

Jina-c: Jinacarita。作者為梅坦迦羅（Medhamkara），成書年代為公元 13 世紀，主要以詩歌形式敘述了佛陀的生平事迹。故事敘述的起點即是 "燃燈佛授記"，⑦ 這部分内容明顯來自 Bv。

Thūp: Thūpavaṃsa。是一部史傳著作，由伐耆沙羅（Vācissaratthera）作於公元 13 世紀。其第一部分 abhiniharakatha 即以 "燃燈佛授記" 故事引入對佛陀的介紹，⑧ 内容與 Bv 相近，故事末尾還引用了 Bv 中燃燈佛對儒童進行授記的内容。

Mhbv: Mahābodhivaṃsa。是一部巴利文史傳著作，作者為烏波帝莎（Upatissa），成書年

---

①　Smith H. ed., *The Commentary on the Dhammapada (Dhammapadatthakathā)*, Vol. I, Part I, Lancaster: Pali Text Society, 2007, pp.68-96; [Eng.tr.] E.W. Burlingame, *Buddhist Legends (Dhammapada Commentary)*, Part I, Oxford: Pali Text Society,2009, pp.193-198.

②　Müller E. ed., *Atthasālinī:Buddhaghōsa's Commentary on the Dhammasaṅganī*, 1897, London: Pali Text Society, p.32; [Eng.tr.] PeMaung Tin, *The Expositor (Atthasālinī): Buddhaghosa's Commentary on the Dhammasanganī the First Book of the Abhidhamma Pitaka*, Vol.1, London: Oxford University Press, 1920-1921, pp.90-91.

③　Oliver Abeynayake, *A Textual and Historical Analysis of the Khuddaka Nikaya*, Ph. D., Colombo, 1984, p.113.

④　釋印順：《原始佛教聖典之集成》（下），中華書局，2011，第 683 頁。

⑤　Jayawickrama N.A. ed., *The Buddhavaṃsa and the Cariyāpiṭaka*, Oxford: Pali Text Society, 1995, pp.9–25; [Eng. tr.] Horner I.B., *The Minor Anthologies of the Pali Canon: Chronicles of Buddhas (Buddhavaṃsa) and Basket of Conduct (Cariyāpiṭaka)*,Bristol: Pail Text Society, Vol. III , 2013, pp.9–29.

⑥　Horner I.B. ed., *Madhuratthavilāsinīnāma Buddhavaṃsaṭṭhakathā of Bhadantâcariya Buddhadatta Mahāthera*, London: Pali Text Society, pp.64-119; [Eng.tr.]Horner I.B., *The Clarifier of the Sweet Meaning (Madhuratthavilāsinī): Commentary on the Chronicle of Buddhas (Buddhavaṃsa) by BuddhadattaThera*,Oxford: Pali Text Society, 2008, pp.96-170.

⑦　Rouse W.H.D.ed.&tr., "Jinacarita," *The Journal of the Pali Text Society*,1904/5, pp.1-4, 33-37.

⑧　Jayawickrama N.A. ed.&tr., *The Chronicle of the Thūpa and the Thūpavaṃsa: Being a Translation and Edition of Vācissaratthera's Thūpavaṃsa*, Oxford: Pali Text Society, 1999, pp.1-7, 147-152.

代約為公元 10 世紀。該史傳開頭部分便是"燃燈佛授記"故事。①

梵文文本

Av-klp：Bodhisattvavadānakalpalatā（=avadānakalpalatā）。約成書於公元 11 世紀。②其中第 89 個故事 Dharmarucyvadana 保存了"燃燈佛授記"故事，其情節安排與 Divy 類似。③

Divy：Divyāvadāna。約形成於公元 3 世紀。④其中第 18 個故事 Dharmarucyavadana 中涉及"燃燈佛授記"故事。⑤故事框架與 Mvu 類似，"燃燈佛授記"的内容被穿插在 Dharmaruci 的回憶中。

Mvu：Mahāvastu。一般認為，該經的核心部分成書於公元前 2 世紀，晚出部分可晚至公元 4 世紀，是小乘、大乘佛教過渡時期的作品。⑥其故事的記敘以"燃燈佛授記"作為起點，有 Megha and Meghadatta（即下文的 Dharmaruci）一節專門記述這一故事。⑦

漢文文本

T.125⑧：《增壹阿含經》，東晉罽賓三藏僧伽提婆改譯於公元 384—385 年。卷 11、卷 38 都記載有較為細緻的"燃燈佛授記"故事，前者與 Divy 版本相近。

T.143⑨：《僧伽吒經》，北魏優禪尼國王子月婆首那譯於公元 538 年。卷 2 涉及"燃燈佛授記"故事的部分情節。

T.152⑩：《六度集經》，三國時期吳國康僧會譯於公元 251—280 年。卷 8 中有"儒童受決

① Strong S. Arthur ed., *The Mahābodhivaṃsa*, Oxford: Pali Text Society, pp.2-10; [Jp.tr.] Minami Kiyotaka, "An Annotated Translation of the Mahābodhivaṃsa (I)," *Bulletin of Kachō Junior College*, No. 32, 1987, pp.31-44.
② 郭良鋆：《佛教譬喻經文學》，《南亞研究》1989 年第 2 期，第 66 頁。
③ Vaidya P. L., *Avadānakalpalatā*, Darbhanga: The Mithila Institute of Post Graduate Studies and Research in Sanskrit Learning, 1959, Vol.2, pp.774-821; Chattopadhyay, Jayanti., *Bodhisattva Avadanakalpalata: A Critical Study*, Calcutta: Sanskrit PustakBhandar, 1994, pp.222-231; Silk A. Jonathan, "The Story of Dharmaruci, in the Divyāvadāna and Ksemendra's Bodhisattvavadānakalpalatā," *Indo-Iran* (51), 2008, pp.137-185.
④ Winternitz M., *A History of Indian Literature,* Vol. Ⅱ, Buddhist and Jaina Literature, Delhi: Motilal Banarsidass Publishers Private Limited, 1999, p.273.
⑤ Cowell and Neil ed., *The Divyāvadāna*, in *A Collection of Early Buddhist Legends*, Cambridge: University Press, pp.246-254; [Eng.tr.] Rotman, Andy, *Divine Stories: Divyāvadāna*, Wisdom Publications, Part Ⅱ, 2008; Silk A. Jonathan, "The Story of Dharmaruci: In the Divyāvadāna and Ksemendra's Bodhisattvavadānakalpalatā," *Indo-Iran*(51), 2008, pp. 137-185.
⑥ 郭良鋆：《梵語佛教文學概述》，《南亞研究》1988 年第 2 期，第 18 頁。
⑦ Senart E., *Le Mahāvastu*, Paris: Impr.Nationale, Vol.Ⅰ, 1882, pp.193-248; [Eng.tr.] Jones J.J., *The Mahāvastu* (3 vols.), Vol.Ⅰ, Lancaster: Pali Text Society, 2007, pp.188-203.
⑧ CBETA, T.125: 2.597b15-599c04. 除特別說明外，本文所引漢文佛典及文獻均來自 CBETA《大正新修大藏經》電子版。
⑨ CBETA, T.143: 13.966a38-966b08.
⑩ CBETA, T.152: 3.47c21-48b24.

經" 一節記敘了 "燃燈佛授記" 的故事。

T.184①:《修行本起經》,後漢西域三藏竺大力、康孟詳譯於公元 197 年,異譯本有《太子瑞應本起經》《異出菩薩本起經》。② 卷 1 中記載有 "燃燈佛授記" 事。

T.185③:《佛說太子瑞應本起經》,三國時期吳國月氏優婆塞支謙譯於公元 222—228 年。卷 1 中涉及 "燃燈佛授記" 故事,故事情節十分詳細。

T.188④:《異出菩薩本起經》,西晉居士聶道真譯於公元 280—313 年。卷 1 涉及 "燃燈佛授記" 故事。

T.189⑤:《過去現在因果經》,劉宋天竺三藏求那跋陀羅譯於公元 435—443 年。卷 1 中記載有 "燃燈佛授記" 故事。

T.190⑥:《佛本行集經》,隋代天竺三藏闍那崛多譯於公元 587—591 年。卷 3 中記載有 "燃燈佛授記" 故事。

T.193⑦:《佛本行經》,南朝宋涼州沙門釋寶雲譯於公元 424—453 年。卷 5《歎定光佛品第二十四》中記載有 "燃燈佛授記" 故事。

T.310⑧:《大寶積經》,唐代三藏法師菩提流支譯於公元 693 年。卷 54《菩薩藏會》中記有 "燃燈佛授記" 故事。

T.316⑨:《佛說大乘菩薩藏正法經》,西晉沙門法護等譯於公元 11 世紀,是《大寶積經》中《菩薩藏會》的異譯。⑩ 卷 4 中記載有 "燃燈佛授記" 故事。

T.384⑪:《菩薩從兜率天降神母胎說廣普經》,姚秦涼州沙門竺佛念譯於公元 350—417 年。卷 7 中記載有 "燃燈佛授記" 故事。

T.1428⑫:《四分律》,姚秦罽賓三藏佛陀耶舍、竺佛念等譯於公元 408—410 年。卷 31 中記載有 "燃燈佛授記"。

T.1509⑬:《大智度論》,印度龍樹菩薩造,後秦龜茲國三藏鳩摩羅什譯於公元 344—413 年。卷 4、卷 35 中均有 "燃燈佛授記" 故事,兩者故事情節在一定程度上可互為補充。

---

① CBETA, T.184: 3.461c17-462b27.

② Nattier J., *A Guide to Earliest Chinese Buddhist Translations*, Tokyo: Soka University, 2008, p.135.

③ CBETA, T.185: 3.472c18-473b20.

④ CBETA, T.188:3.617b19-617c28.

⑤ CBETA, T.189:3.621b15-622c09.

⑥ CBETA, T.190:3.665a07-668c09.

⑦ CBETA, T.193: 4.92c02-93c07.

⑧ CBETA, T.310:11.317b21-319a17.

⑨ CBETA, T.316: 11.883c09-883c29.

⑩ 王文顏:《佛典重譯經研究與考錄》,臺北:文史哲出版社,1993,第 99 頁。

⑪ CBETA, T.384: 12.1048b19-1049b20.

⑫ CBETA, T.1428: 22.784a16-785c04.

⑬ CBETA, T.1509: 25.87a13-91c25.

T.2053①:《大慈恩寺三藏法師傳》，唐代沙門慧立本、釋彥悰箋於公元 688 年。卷 2 "那揭羅喝國" 部分涉及 "燃燈佛授記" 故事。

T.2085②:《高僧法顯傳》，東晉沙門釋迦法顯作於公元 399—418 年。卷 1 對 "那竭國城" 的記敘中涉及 "燃燈佛授記" 的内容。

T.2087③:《大唐西域記》，唐代三藏法師玄奘、辯機作於貞觀二十年（646）。卷 2 "那揭羅曷國" 一節中涉及 "燃燈佛授記" 故事。

T.2121④:《經律異相》，梁沙門僧旻、寶唱等集於公元 516 年，其中梵志部卷 40 中的 "超術師又從定光佛請記" 一節敘述了 "燃燈佛授記" 的故事，文末直接注明該部分對《修行本起經》的徵引。

這些文獻中，年代最早的應是以偈頌（gāthā）形式簡單記敘 "燃燈佛授記" 的 Bv，其主體内容在其他巴利文文本中多次出現—或直接或間接被徵引，梵文、漢文版本大多應該是在對 Bv 闡釋、加工的基礎上逐漸形成的。現將 Bv 版本概述如下。

1. 釋迦牟尼過去一世轉生為儒童。一日，見城中眾人在整修道路，得知燃燈佛即將降臨。為供養燃燈佛，他請求修理一部分道路。（下文作 "修路"）

2. 修路工作未完成，為避免燃燈佛雙足沾染泥濘，儒童解開頭髮覆蓋路面。（下文作 "布髮掩泥"）

3. 儒童將獸皮衣脫下，鋪在泥濘處，俯身讓燃燈佛踏過。（下文作 "布獸皮衣"）

4. 儒童對燃燈佛發願成佛。（下文作 "發願"）

5. 燃燈佛預言儒童將成釋迦牟尼佛。（下文作 "授記"）

6. 儒童聽後十分欣喜，雙手合十（añjalimudrā）禮拜燃燈佛。（下文作 "禮拜"）

為探討故事的發展情況，現根據情節内容的相近程度，將上述文本分類如下。

A 組：Bv、Bv-a、Ja、Cp-a、Dhp-a、Dhs-a、Mhbv、Thūp、Jina-c。該組均為巴利文文本，主要記敘了 "修路" "布髮掩泥" "布獸皮衣" "授記" 四個情節，結構相對簡單。

B 組：Ap、Ap-a、增-11。故事發展到 B 組，開始出現儒童從賣花女（身份多為婆羅門女）處得到青蓮花（下文作 "買花"），然後拋出蓮花供養燃燈佛（下文作 "拋花"）兩個情節，但該組文本故事框架未完全繼承 A 組。

C1 組：Divy、Av-klp、增-38、大智 4。故事發展到 C1 組，"買花" "拋花" 情節愈加豐富，開始出現儒童得 "授記" 後上升虛空的情節（下文作 "升空"）。

C2 組：Mvu。這也是出現 "升空" 情節的文本，但該版本中的儒童並未 "布髮掩泥" 而是直接用頭髮擦拭 "蓮花似的" 燃燈佛足。

---

① CBETA, T.2053: 50.229b11-229b24.

② CBETA, T.2085: 51.858c25-858c26.

③ CBETA, T.2087: 51.878b26-879b21.

④ CBETA, T.2121: 53.210b08-211a27.

C3 組：僧伽、大寶、異出、四分、菩薩、六度、佛說大乘、佛說太子。故事發展到 C3 組，"買花""拋花""布髮掩泥""升空"四個情節已基本固定。同時，A 組、B 組涉及的"修路"情節逐漸淡化。

D 組：過去、修本、佛本行、佛本行集。"燃燈佛授記"發展到 D 組，故事情節已十分豐富，還出現儒童"升空"落地後，鬚髮自落（一說"髮仍在地"），自成沙門的情節（下文作"成僧"）。

綜上所述，巴利文文本 Bv 簡單的故事框架被後來的很多注釋類、史傳類巴利文文本繼承，其中 Ja 可能因其散文行文的連貫性而被 Ap-a、Dhs-a 等文本徵引。其間，"燃燈佛授記"故事逐漸發展出儒童"買花""拋花"這兩個幾乎同時出現的情節，淡化了巴利文文本普遍提及的"修路"情節。雖然不同文本中儒童所散蓮花的數目不同，但"買花""拋花"情節在梵文、漢譯文本中的普遍出現說明這很可能是北傳佛教系統"燃燈佛授記"故事的一個特色。梵文本 Divy、Mvu、Av-klp 版本故事框架相似，"燃燈佛授記"均作為插敘被安排在了 Dharmaruci 或 Meghadatta 的回憶中，但因相關梵文文本數量有限，其內部關係較為模糊。相比之下，數量較多的漢文譯本"燃燈佛授記"故事系統內部呈現出由簡到繁的發展趨勢，對儒童奉獻行為的敘述所占比重越來越大，對儒童的神通能力的表現也越來越豐富，這應與大乘佛教對"供養""布施""成佛""誓願"等思想的重視及對佛陀的神化的偏好有關，這既符合佛教的發展趨勢，也切合當時佛教信眾的信仰需求。

值得注意的是，巴利文文本 Ap-a 出現了儒童與賣花女共分"八莖蓮花"的情節，這在其他文本中均未涉及，考慮到該文本是上述巴利文文本中唯一出現"散花"情節的文本，且經典形成時間較晚，推測 Ap-a 的"燃燈佛授記"可能另有來源，很可能受到北傳佛教相關文本——尤其是較早出現"散花"情節的梵文文本——的影響。

二　"燃燈佛授記"的相關圖像

（一）印度 [①]

印度的阿旃陀石窟、坎赫里石窟、那爛陀佛寺、龍樹窟等古代佛教遺迹中均發現了"燃

---

① 部分學者曾提及印度的巴爾胡特、桑奇、阿馬拉瓦蒂三地均發現有"布髮掩泥"情節的"燃燈佛授記"故事浮雕，但他們並未提供這些圖像，筆者在相關考古報告和圖冊中也未能找到，故暫不討論。參見 Ghosh B., "Buddha Dipankara Twentyfourth Predessor of Gautama," *Bulletin of Tibetology* II, 1987, pp.33-38；賈應逸、祁小山《印度到中國新疆的佛教藝術》，甘肅教育出版社，2002，第 35 頁；蔡楓《犍陀羅本生雕刻的印度文化母題》，《深圳大學學報》2012 年第 1 期，第 18—23 頁；孫英剛、何平《犍陀羅文明史》，第 275 頁；Ranajit Pal, "Gaumata and Smerdis in the Dipankara Jataka and the Date of the Buddha," http://www.ranajitpal.com/smerdis-Maga.htm, note 48（"This scene has been depicted in many Buddhist monuments in India, Afghanistan and Central Asia including the Stupa at Bharhut"）。

燈佛授記"圖像。杉山二郎①、福山泰子②、Surent Vasant③、宮治昭④等學者曾對阿旃陀石窟的個別圖像進行過簡單說明。就筆者搜集的材料而言，印度現存至少7件"燃燈佛授記"佛教圖像（詳細情況見表2），其中雕刻5件，壁畫2件，現按分布地點依次羅列分析。

阿旃陀石窟第17窟為僧房窟，約開鑿於公元500年，現存兩幅"燃燈佛授記"主題壁畫，分別位於洞窟入口門廊左窗左側壁和佛殿前室右後壁，均與"阿育王施土"主題壁畫對稱分布。門廊左窗左側壁的壁畫破損嚴重，僅可以辨認出中央立佛的頭部和脚部，立佛帶橢圓形身光，周圍有花冠痕迹，其左側有一持明（vidyādharī）舉著傘蓋，上有花瓣雨灑落。該立佛應為燃燈佛。⑤

阿旃陀石窟第26窟為僧房窟，開鑿於公元600—642年，其右列柱橫梁佛龕內現存一處"燃燈佛授記"浮雕，與"阿育王施土"浮雕對稱分布在中央坐佛浮雕兩側。畫面中，高大的立佛呈"三屈式"站立，螺髮整齊，頭部上方有對稱的兩位持物的天人，立佛左手上揚抓住衣角，右側從上往下依次刻有升在半空的男性、雙手合十禮拜的男性和左手持净瓶、右手上揚的女性，立佛左下方是一雙手向前觸地、跪在地上的人物，其頭髮披散在立佛脚下。此跪拜、升空禮拜者均是儒童，手持净瓶者則為賣花女。

坎赫里石窟第67窟約開鑿於公元6世紀，其內發現一處"燃燈佛授記"主題浮雕。⑥畫面中央是螺髮整齊的立佛，身著通透側通肩僧衣，左手掌心向外下垂，右手上揚握住僧衣，兩側刻有對稱的飛天，其頭部周圍可辨認出四朵漂浮的蓮花，立佛左側是左手摟抱一束蓮花、右手下垂的女性形象，右側是以站姿、跪姿在同一畫面中出現兩次的同一男性——其站立時右手上揚，但殘缺，左手似持蓮花；跪拜時面向立佛披散頭髮於佛足下。該男性即為儒童，持花女性為賣花女，立佛為燃燈佛。

那爛陀寺佛塔東側面上發現一處"燃燈佛授記"主題浮雕，約創作於公元6世紀。畫面中央是螺髮整齊、帶有圓形頭光的立佛，其目光下垂，左手上揚輕握衣角，殘缺的右手下垂，立佛左側是雙手合十禮拜立佛的站立男性，其臉部殘損，與立佛之間刻有一多頭"蛇怪"佇立在波紋狀水面，立佛右下方是俯身跪地、披散頭髮在佛足下的同一男性，其雙手似在觸摸

---

① 杉山二郎「錠光佛本生圖と施無畏印の起源について——インド佛教にみられる西アジア的要素の研究（一）」『MUSEUM』第232號、1970、4—13頁。
② 福山泰子「アジャンター石窟寺院にみる授記說話図について」『仏教芸術』通號304、2009、9—36頁；『アジャンター後期壁畫の研究』中央公論美術出版、2014、318—344頁。
③ Surent Vasant, "The Cult of Dipankara Buddha at Ajanta," in Ratan Parimoo et al. ed., *The Art of Ajanta: New Perspectives*, Vol.1, New Delhi: Books & Books, 1991, pp.151-155. 該文還提及一篇1984年1月於那家浦爾大學（The University of Nagapur）召開的有關伐卡陀迦時代（The Age of Vakataka）的研討會上宣讀過但尚未發表的文章《阿旃陀石窟中的燃燈佛》（"Dipankara Buddhas at Ajanta"）。
④ 宮治昭「カⅠピシⅠの『燃燈仏授記』浮彫」『インド仏教美術史論』中央公論美術出版、2010、94頁。
⑤ Yazdani, G., *Ajanta: the Colour and Monochrome Reproductions of the Ajanta Frescoes Based on Photography*, London: Oxford University Press, Part 4,1955, p.71, note 2.
⑥ 村上真完『西域の仏教——ベゼクリク誓願畫考』第三文明社、1984、插図46。

立佛的右足。該跪拜人物即為 "布髮掩泥" 的儒童，立佛即為燃燈佛。

龍樹窟中曾發現一處 "燃燈佛授記" 主題的浮雕，^①現藏龍樹窟考古學博物館，年代為公元 3—4 世紀。畫面中央是帶頭光的高大立佛，周邊漂浮著蓮花，蓮花數目已不可辨認，立佛左手上揚輕握僧衣，右手似作 "無畏印"，立佛右側殘存兩個身穿圍腰布的婆羅門形象，身後似還刻有兩個人物；立佛左側是身穿圍腰布的一男一女婆羅門形象，其中女性人物右手似持某物伸向立佛，靠近立佛的男性人物右手中似持蓮花，下方是身材矮小的於其頭頂合十禮拜的女性形象，再往下是俯身低頭的跪拜人物。該跪拜的人物形象應為儒童，立佛即為燃燈佛。

綜上，印度地區 "燃燈佛授記" 多發現於西印度中部地區的石窟內，石窟開鑿年代多為公元 5—6 世紀，約相當於當時印度次大陸南部的瓦卡塔卡王朝時期。畫面構成元素相對簡單，多為豎式 "立佛式" 構圖，畫面構成模式高度一致——畫面中央是身材高大的 "燃燈佛" 施無畏印，其下方表現為 "布髮掩泥" 的儒童，畫面一側通常還出現一手提淨瓶的人物形象，推測應該是除了畫面中的 "過去佛" 燃燈佛、"現在佛" 釋迦牟尼（以儒童形象出現）以外的 "未來佛" 彌勒菩薩。龍樹窟出土了印度目前唯一一件橫向構圖的 "燃燈佛授記" 圖像，也是目前印度範圍內發現的年代最早的 "燃燈佛授記" 圖像。畫面中的人物、情節較複雜，是連續性的佛傳故事浮雕的一部分，構圖模式與其他豎式簡單構圖的圖像明顯不同，可推測圖像來源不同。從公元 3 世紀到 6 世紀，印度 "燃燈佛授記" 圖像系統內部呈現出從繁到簡的發展趨勢，換言之，這些圖像發展到公元 5—6 世紀時已經形成了 "模式化" 的表達，以 "組合" 的形式與 "阿育王施土" 主題圖像一起對稱出現。^②值得注意的是，"觸摸佛足" 這一行為與佛教藝術中表現涅槃時大迦葉觸摸佛祖足部的行為類似，可能與古代印度本土習俗有關，此處象徵著儒童傳承燃燈佛的衣鉢，類似於大迦葉傳承釋迦牟尼佛的衣鉢。

（二）中亞

中亞地區目前發現的 "燃燈佛授記" 圖像很多，均出自巴基斯坦、阿富汗——兩地均為古代犍陀羅文化圈的核心地區。據筆者初步統計，中亞地區至少發現 67 件 "燃燈佛授記"

---

① Shanti lal Nagar, *Buddha in Gandhara Art and Other Buddhist Sites*, Delhi: Buddhist World Press, 2000, p.284, plate 308; Longhurst A. H., *The Buddhist Antiquities of Nagarjunakonda Madras Presidency*, Archaeological Survey of India, 1999, pp.34-35.

② 中國的雲岡石窟則出現了這兩個圖像配置 "混淆" 的情況。參見趙昆雨《雲岡的儒童本生及阿輪迦施土信仰模式》，《佛教文化》2004 年第 5 期，第 74—76 頁；潘亮文《有關雲岡石窟中所見本生、因緣故事之相關問題——以儒童本生、阿育王施土與羅睺羅因緣為主》，《南藝學報》2011 年第 2 期，第 101—140 頁。但這一對稱配置圖像的現象在佛教初傳中國的新疆地區尚未發現，表明兩地的圖像來源很可能不一致，有待進一步討論。

雕刻，[①] 這些圖像都是殘缺的石雕，主要保存在阿富汗、巴基斯坦、印度、英國、法國、美國、日本等地的博物館及研究機構中，部分藝術品被私人收藏（詳細情況見表3）。

　　因出土數量多、分布範圍廣，中亞地區的"燃燈佛授記"圖像遂成為各國學者的關注重點，尤其成為日本學者的重要研究對象，[②] 耿劍[③]、孫英剛[④] 等中國學者也利用國內圖像材料對部分圖像進行了分析，[⑤] Anusua Das[⑥] 也在這一領域發表過重要成果。現依據畫面構圖將這些圖像進行大致分類，並對圖像特徵及發展狀況進行考察。

　　第一類，豎式碑狀構圖的"燃燈佛授記"（表3第1、2、6、28、38、40、42號）。這類圖像數量較少，但構圖高度一致：浮雕平面呈橢圓形，邊緣處刻有鋸齒狀的火焰紋，畫面中央雕刻高大立佛，其身穿通肩僧衣，髮髻呈杏仁狀排列，雙肩起舌狀或三角狀火焰，揚起碩大的右手施"無畏印"，左手於左腿膝蓋處握住僧衣。立佛頭部上方通常有"漂浮"的五朵蓮花的痕跡，蓮花花莖向上、花朵向下形成"花蓋"，頭部兩側通常還各刻有一懸空的人物：左側一般為帶頭光的菩薩形象，右側一般為年輕的男性婆羅門，有的帶頭光，有的不帶，兩者均面向立佛單膝跪地、雙手在胸前合十禮拜。立佛右下方雕刻著左手持净瓶、右手持束狀蓮花、身穿短裙的同一婆羅門形象，立佛一側再次出現在鋪地的衣裳上雙手觸地、向立佛披散頭髮、呈跪拜姿勢的同一婆羅門，個別雕刻還會在畫面一側雕刻出該男性婆羅門與一女子面對面似在交談的場景（表3第42號），立佛左下方偶爾會刻畫一尊站立在臺座上的菩薩形象（表3第1號）。畫面中的高大立佛即為燃燈佛，重復出現多次的婆羅門形象當為儒童，女子即為賣花女，臺座上的菩薩形象很可能是未來的釋迦菩薩，與另一側前世的釋迦牟尼（即

①　筆者搜集到很多來自犍陀羅地區的"燃燈佛授記"佛教藝術作品的拍賣品，但由於具體信息不詳，本文暫不予討論。

②　モタメディ遙子「アフガニスタン出土の燃燈仏本生譚の諸遺例」『仏教芸術』通號117、1978、20—40頁；安田治樹「ガンダーラの燃燈仏授記本生図」『仏教芸術』通號157、1984、66—78頁；宮治昭「ガンダーラの『燃燈仏授記』浮彫」『インド仏教美術史論』中央公論美術出版、2010、92—100頁。

③　耿劍：《犍陀羅遺迹與中國早期佛教遺迹的關係——以犍陀羅與克孜爾佛傳經像為例》，博士後出站報告（未刊），北京大學，2003；《從定光佛造像看克孜爾與犍陀羅的佛教關係》，《藝術學研究》第2卷，2008，第232—249頁；《"定光佛授記"與定光佛——犍陀羅與克孜爾定光佛造像的比較研究》，《中國美術研究》2013年第2期，第1—10頁。其中，耿劍將上文坎赫里石窟第67窟中的"燃燈佛授記"雕刻歸於其"犍陀羅燃燈佛造像分類表"中，有誤；此外，表格中還錯將一幅"提婆達多傷佛"雕刻歸於"燃燈佛授記"雕刻組內。此類錯誤的題材判定還見於穆罕默德·瓦利烏拉·汗《犍陀羅：來自巴基斯坦的佛教文明》，陸水林譯，五洲傳播出版社，2009，第106頁圖8—19。

④　孫英剛：《艾娜克佛教浮雕中的觀念和政治》，《讀書》2017年第8期，第62—70頁；孫英剛、何平：《犍陀羅文明史》第三節"燃燈佛授記：文本與圖像"，第270—277頁。

⑤　主要參見苗利輝《龜茲石窟中的〈燃燈佛授記〉佛傳故事畫》，《新疆文物》2004年第2期，第51—58頁；苗利輝《龜茲燃燈佛授記造像及相關問題的探討》，《西域研究》2007年第3期，第53—63頁；廖暘《克孜爾石窟壁畫年代學研究》，社會科學文獻出版社，2012，第218—223頁。

⑥　Anasua Das, "Dipankara Jataka in Gandhara Art," in C. Sharma and Pranati Ghosal, *Buddhism and Gandhara Art*, New Delhi: Aryan Book International, 2004.

儒童）形成呼應。

第二類，豎式龕狀構圖的"燃燈佛授記"（表 3 第 8、14、15、21、30、33、47、51、52、61 號）。這類圖像通常不獨立存在，多與另外數幅浮雕形成不固定的組合分布於龕內，比如與"帝釋窟說法""五比丘會合""阿育王施土""阿難皈依""奉獻芒果樹"等佛傳、因緣故事同龕。就龕內的"燃燈佛授記"圖像而言，它們的畫面構成元素較為一致，畫面通常為長方形（個別為正方形），位於畫面中央的高大立佛身著通肩僧衣，帶圓形頭光，有的刻有"漂浮"的蓮花，蓮花數目不固定，立佛左手握住僧衣，右手掌心向前施無畏印，面前一般是懸浮於空中的身穿短裙的年輕男性婆羅門，往下是左手持净瓶、右手持束狀蓮花向後作抛花狀的同一婆羅門形象，其下方是第三次出現的同一婆羅門，他雙手觸地（有的表現為"觸摸佛足"）、雙膝跪地、披散其頭髮在立佛足下。立佛身旁一般還雕刻有手持金剛杵的人物形象，個別畫面中還表現出該男性婆羅門和一女子相對的場面，立佛身後刻有隨行禮贊的天人、比丘。這些圖像中重復出現多次的婆羅門即為儒童，與之交談的女子即為賣花女，手持金剛杵的人物即為佛陀的守護神——執金剛（Vajrapāni）。

第三類，橫向連續性構圖中的"燃燈佛授記"（表 3 第 7、9、10、11、12、17、18、20、22、23、24、26、27、29、31、32、34、35、36、37、39、41、43、45、46、48、49、50、53、57、58、59、60、62、64、65、66、67 號）。這類圖像絕大多數情況下處於"白象入胎"場景順時針方向第一幅的位置，按照信徒"右繞佛塔"的習俗，當為佛陀一生的開端或起點。畫面中央一般是身穿通肩僧衣的高大立佛，帶圓形頭光，内有"漂浮"的蓮花，數目多為清晰可辨的五朵，畫面經常在上方雕刻有在露臺上"觀看"的數個半身天人。立佛面向的一側多刻有重復出現三次的年輕男性婆羅門：最上方懸浮在空中合十禮拜，往下則左手持净瓶、右手揚起束狀蓮花作抛花狀，再往下雙手觸地（或"觸摸佛足"）、披散頭髮在立佛脚下跪拜。此外，畫面一側還時常在一"門框"內刻有一女子與該婆羅門"商議"的場景，門框的設置應是為說明故事情節發生時間、地點的轉移。畫面空白處還會雕刻金剛手、天人、比丘等形象。這類圖像中多次出現的婆羅門形象即為儒童，立佛即為燃燈佛，女子即為賣花女。

綜上，中亞所見的"燃燈佛授記"圖像數量甚多，表達形式豐富，但都可歸結為"異時同圖"（Conflated Narrative）構圖模式，[①] 即在燃燈佛兩側安排人物形象，畫面中央異常高大的燃燈佛既作為禮拜中心（本身可能即在表現"授記"情節），也作為媒介連接儒童"抛花""布髮掩泥""升空禮拜"等動作。其中最具特色的是豎式碑狀圖像，這一類圖像以表現異常高大的"焰肩"燃燈佛為特色，多出土於古代犍陀羅的迦畢試（Kapiśa）地

---

① Dehejia Vidya, "On Modes of Visual Narration in Early Buddhist Art," *The Art Bulletin*, Vol.72, No.3, 1990, pp.384-385.

區——大致相當於今阿富汗貝格拉姆，“焰肩佛”是當地的造像傳統，在諸多佛教美術作品——如“雙神變”（“舍衛城大神變”）中——都有所體現，有“迦畢試樣式”（Kapiśa Style）之稱，這類“燃燈佛授記”畫面絕大部分空間被用於雕刻尤其高大的燃燈佛，應是被用於裝飾佛教寺院的佛堂，供信徒專門禮拜燃燈佛。另外兩類圖像的出現也與古代犍陀羅地區對佛塔的裝飾傳統有關，①豎式龕狀的“燃燈佛授記”一般用於裝飾連接塔的覆鉢和塔身的部分，橫式連續性畫面中的“燃燈佛授記”一般位於方形或圓形塔基的部分，前者畫面比後者稍大。這兩種“燃燈佛授記”圖像表達方式在印度、中國新疆地區尚未發現，極具古代犍陀羅佛教的地方特色，是當地佛塔裝飾藝術的特有產物，而橫向連續性構圖的“燃燈佛授記”明顯是配合其他故事進行佛教教義的宣傳，具有較強的“佛傳敘事”功能。

另外，中亞地區所見“燃燈佛授記”圖像幾乎全都涉及“布髮掩泥”“禮拜”情節，“買花”“拋花”情節的表現具有不確定性，但手持花瓶的“賣花女”形象經常出現（表3第14、15、18、20、21、26、27、46、51、56、57、61、62號）。可能是出於吸引“布施”的目的，中亞地區的“燃燈佛授記”圖像普遍重視表現儒童的奉獻行為，又鑒於佛經記載中古代犍陀羅地區涉及的佛教故事大多與“捨身”“布施”有關，“燃燈佛授記”故事在該地區的廣泛流布應與當地佛教極力推崇此類思想或行為有關，是大乘佛教影響的特定產物。

（三）中國新疆

中國的“燃燈佛授記”圖像以新疆地區出土最多，前人研究主要集中在古代高昌、龜茲兩地的相關圖像，日本學者熊谷宣夫、杉本ゆかり等人利用大谷探險隊在新疆吐魯番地區獲得的“誓願圖”率先對相關壁畫進行了較為細緻的分析，②中國學者孟凡人、賈應逸也對海內外所藏新疆地區出土的相關圖像進行了搜集，後來耿劍、苗利輝、承哉熹、李幸玲、김혜원

---

① 由於早年的犍陀羅地區考古發掘缺乏科學系統的方法，我們無從得知這些分布世界各地的絕大多數犍陀羅地區的“燃燈佛授記”雕刻在原始佛塔或佛教寺院裏的位置和組合信息，祇能通過出土的佛塔模型或佛教遺迹上的雕刻配置狀況來推測這些雕刻原始的分布位置及功能。

② 參見熊谷宣夫「ベゼクリク第十九號窟寺將來の壁畫」『美術研究』第122號、1942、22—28頁；「ベゼクリク第二十號窟寺將來の壁畫」『美術研究』第126號、1942、9—16頁；「ベゼクリク第四號窟寺將來の壁畫」『美術研究』第138號、1944、1—10頁；「ベゼクリク第十一號窟寺將來の壁畫」『美術研究』第156號、1950、16—30頁；「ベゼクリク諸石窟窟寺將來の壁畫補遺」『美術研究』第170號、1953、16—28頁；「ベゼクリク第八號窟寺將來の壁畫」『美術研究』第178號、1954、34—43頁；「大谷コレクションの誓願畫資料」『美術研究』第218號、1961、83—108頁；杉本ゆかり「誓願図の形成と発展についての一考察」『龍谷大學大學院文學研究科紀要』通號27、2005、348—349頁；森美智代《關於龜茲的誓願圖》，《吐魯番學研究——第二屆吐魯番學國際學術研討會論文集》，上海辭書出版社，2006，第405—407頁。

等學者對部分圖文進行了整合。[1]

新疆地區所見"燃燈佛授記"圖像共 34 件，此外還有 1 處可能與"燃燈佛授記"相關的榜題。現按照圖像出現地自西向東的順序，對這些圖像進行羅列和分析[2]（詳細情況見表 4）。

克孜爾石窟目前共發現"燃燈佛授記"圖像 10 幅，按佛的姿態可將這些圖像分為兩類：一類為"立佛式"構圖，一類為"坐佛式"構圖。"立佛式"構圖共 4 幅，分別出自第 69（2幅）、100、163 窟，均分布在洞窟側壁，所在洞窟開鑿時間為公元 6—7 世紀。"坐佛式"構圖共 6 幅，分別出自第 8、38、101、163（2 幅）、171 窟，均分布在這些洞窟券頂的菱形格壁畫中，所在洞窟開鑿時間為公元 4—6 世紀，比"立佛式"構圖稍早流行。受畫面面積限制，"坐佛式"構圖簡單，畫面僅保留坐在臺座上的燃燈佛和在一側"拋花"的儒童形象（多為"七莖蓮花"）；"立佛式"構圖則在高大的立佛兩側還原了儒童"買花""拋花""布髮掩泥""禮拜"等多個故事情節。克孜爾石窟的"燃燈佛授記"圖像全部分布在帶中心柱的洞窟中。中心柱窟組合在克孜爾石窟中較為晚出，但後來成為克孜爾石窟的主流洞窟形制，[3]代表"塔"的中心柱的出現及洞窟券頂、側壁對佛陀前世今生事迹的豐富描繪，反映了佛教說一切有部"唯禮釋迦"的思想，這可能與佛教說一切有部當時在龜茲地區的廣泛流傳有關。

① 參見賈應逸、祁小山《印度到中國新疆的佛教藝術》，第 441—447 頁；孟凡人《新疆柏孜克里克窟寺流失域外壁畫述略》，《考古與文物》1981 年第 4 期，第 43—61 頁；孟凡人等編繪《高昌壁畫輯佚》，新疆人民出版社，1995，第 15—18 頁；孟凡人《新疆柏孜克里克窟寺流失域外壁畫述略》，《新疆考古論集》，蘭州大學出版社，2010，第 202—271 頁；苗利輝《龜茲石窟中的〈燃燈佛授記〉佛傳故事畫》，《新疆文物》2004 年第 2 期，第 51—58 頁；苗利輝《龜茲燃燈佛授記造像及相關問題的探討》，《西域研究》2007 年第 3 期，第 53—63 頁；耿劍《犍陀羅佛傳浮雕與克孜爾佛傳壁畫部分圖像比較》，《藝術考古》2005 年第 3 期，第 99—108 頁；耿劍《從定光佛造像看克孜爾與犍陀羅的佛教關係》，《藝術學研究》第 2 卷，2008，第 232—249 頁；耿劍《"定光佛授記"與定光佛——犍陀羅與克孜爾定光佛造像的比較研究》，《中國美術研究》2013 年第 2 期，第 1—10 頁；廖暘《克孜爾石窟壁畫年代學研究》，第 218—223 頁；承哉熹《柏孜克里克石窟誓願畫研究》，博士學位論文，中國社會科學院研究生院，2010；承哉熹《柏孜克里克石窟方形窟誓願畫配置狀況的比較——以圖像構圖與主題的演變為中心》，《吐魯番學研究——第三屆吐魯番學暨歐亞遊牧民族的起源與遷徙國際學術研討會論文集》，上海古籍出版社，2010，第 807—813 頁；李幸玲《〈燃燈佛授記〉本生敘事與圖像之互文性研究——以漢譯佛典故事和西北印、中亞與雲岡石窟造像為例》，《政大中文學報》第 17 期，2012，第 158—222 頁；李幸玲《〈燃燈佛授記〉敘事與圖像互文性之系譜考察——以漢譯佛典與犍陀羅佛教圖像為例》，《東亞漢學研究》特別號，2014，第 239—250 頁；"The Intertextuality between the Narrative and the Icons of the Jataka Tale of Dipamkara Buddha's Prophecy," EACS, XX Biennal Conference of the European Association for Chinese Studies, Portugal: Braga, University of Minho, University of Coimbra, 2014；李幸玲《燃燈佛授記本生敘事與呂格爾詮釋學的對話》，《正觀》第 73 期，2015，第 41—75 頁；李幸玲《新疆佛教石窟燃燈佛授記圖像初探》，《東亞漢學研究》第 5 號，2015，第 65—75 頁；李幸玲、竇敏慧《柏孜克里克石窟誓願畫與佛典文獻關係之考察》，第四屆"佛教文獻與文學"國際學術研討會，杭州，2016；김혜원《베제클리크석굴사원연등불수기벽화에대한一考》，《中央아시아研究》第 18 號第 1 卷，2013，第 179—198 頁。

② 以苗利輝和承哉熹為代表的中外學者已分別對克孜爾石窟、柏孜克里克石窟所見圖像進行了較為全面的羅列和初步說明，限於篇幅，本文僅就這兩處所見的圖像做整體說明，對前任學者未涉及的圖像做具體分析。

③ 魏正中：《區段與組合——龜茲石窟寺院遺址的考古學探索》，上海古籍出版社，2013，第 65—67 頁。

　　都爾杜爾·阿庫爾佛寺遺址曾發現過一件"燃燈佛授記"木雕，出土於夏合吐爾佛寺背面殿堂内，年代為公元6世紀末至7世紀初，現藏於法國吉美博物館。①雕塑帶金彩，右側下方殘損，中央刻有蓮花座上身著輕薄袒右式袈裟的立佛，其右手下垂至身體一側，左手上揚施無畏印，帶放射狀身光，身光中似刻有"漂浮"的蓮花。立佛左側繪有兩身人物，上方為身披帛帶的年輕男性婆羅門，面向立佛懸浮於空中，其左手似持某物，右手殘缺；下方是面向立佛的同一婆羅門形象，其雙膝跪地，雙手觸地，披散頭髮於立佛腳下。畫面中出現兩次的婆羅門為儒童，立佛即為燃燈佛。雕塑中儒童造型修長幹練，"薄衣透體"，明顯受古代印度笈多式佛像（薩爾納特樣式）的影響，推測原來是一個小型佛龕，信徒可隨身攜帶、隨時禮拜。

　　庫木吐喇石窟發現6處"燃燈佛授記"圖像，5處為壁畫，分別出自第23（2幅）、34、38、42窟，1處為榜題（第15窟）。該地"燃燈佛授記"圖像多分布在公元7—10世紀開鑿的洞窟中，多為"立佛式"構圖。"坐佛式"壁畫采用菱形格布局，僅選取儒童"拋花"情節加以表現；"立佛式"構圖則選取儒童"拋花""布髮掩泥""禮拜"數個情節，除了壁畫更具中原"漢風"外，與克孜爾石窟"燃燈佛授記"圖像的布局、内容基本一致。庫木土喇石窟的個別圖像中也出現"焰肩"燃燈佛，還出現洞窟側壁上正方形構圖的"燃燈佛授記"，應是庫木土喇石窟受中原繪畫傳統的影響而出現新的佛教故事畫表現模式的證明。

　　森木塞姆石窟第24窟為縱券頂中心柱窟，其主室券頂右側壁繪有1幅"燃燈佛授記"壁畫，年代為公元4—5世紀，②畫面不完整，在前人的研究中尚未被涉及。畫面原本應被繪於菱形格中，畫面左側殘缺部分應為一坐佛形象，其面向一上身裸露、下半身穿獸皮衣的年輕男性婆羅門。該婆羅門單膝跪地，左手放置腰間，右手持七莖蓮花向坐佛上揚舉過頭頂，為"散花"供養燃燈佛的儒童，坐佛即為燃燈佛。此幅"燃燈佛授記"壁畫與克孜爾石窟内的菱形格主題圖像的年代相近，構圖模式也相似，皆采用"七莖蓮花"的繪圖模式。

　　瑪扎伯哈石窟第9窟為方形中心柱窟，開鑿於公元6—7世紀，其後甬道正壁繪有一幅"燃燈佛授記"壁畫③：畫面中央是帶頭光和身光的立佛，其雙手一並置於胸前，手勢不明，雙肩兩側均繪有三角形的橙紅色火焰紋，畫面右上方繪有一圓圈，内有一上身披藍色坎肩、下身穿綠色短裙的年輕男性婆羅門，另一側繪有雙膝跪地、俯身禮拜的同一婆羅門，該婆羅門應為"禮拜"的儒童，立佛即為燃燈佛。畫面左下方漫漶處似還有一站立人物，附近殘餘一朵蓮花，推測原來畫面中應繪有手持蓮花作"拋花"狀的儒童形象。根據瑪扎伯哈石窟所

---

① 　Louis Hambis(et al.) ed., *Douldour-Âqour et Soubachi: Mission Paul Pelliot*, Vol. Ⅳ , Paris: Editions Recherchesur les Civilisations, 1982, pp.233,370, fig.59.

② 　新疆龜茲石窟研究所編《森木塞姆石窟内容總録》，文物出版社，2009，第51頁。

③ 　賈應逸、祁小山：《印度到中國新疆的佛教藝術》，第345頁。

存的龜茲語題記，[1]可知該地曾一度盛行供養 "過去佛"，該壁畫人物形象、畫面布局與克孜爾石窟、庫木土喇石窟、森木塞姆石窟中 "立佛式" 構圖的 "燃燈佛授記" 相似，應有一脉相承的佛教藝術傳統。

焉耆曾發現兩幅 "燃燈佛授記" 圖像，一件彩繪木雕佛龕，一處壁畫。主題木雕創作於公元 5—6 世紀，原出土地點為七顆星遺址西端的 IX 佛殿，現藏於英國大英博物館。[2]該木雕像外部輪空為半圓形，上附銅釘，說明其曾被用於懸掛。整個木雕被連珠紋飾分隔成上、中、下三個龕，中間一龕内雕有站立在蓮花上的立佛，其頭裹襆巾，帶放射狀的圓形頭光，上身裸露，下半身穿貼身的纏腰布，左手施與願印，右手施無畏印，立佛右側還雕有三個人物形象——上方是一雙手合十禮拜的人物，中間是一單膝跪地、雙手合十的人物，下方是一雙膝跪地、以頭觸地的人物。這三個人物形象應同為儒童，立佛即為燃燈佛。焉耆七顆星石窟第 9 窟為方形中心柱窟，開鑿年代為公元 7 世紀下半葉，[3]其行道側壁曾繪有一幅 "燃燈佛授記" 壁畫：畫面中央繪有一身高大立佛，立佛兩側繪有數身人物，其中就有 "布髮" 的儒童。[4]從這兩幅 "燃燈佛授記" 圖像的藝術風格來看，畫面的布局和人物的形象受到了西來、東來不同地區文化的影響——雕塑造像風格偏犍陀羅風格，但其中的纏腰布源於印度文化，襆巾又是中原服飾文化的特色，而壁畫的總體布局明顯受到東側吐魯番地區 "誓願畫" 的影響，這與焉耆在歷史上地處古代龜茲、高昌之間的地理位置有關，其作為中原王朝管理西域的重要駐地也必然會受到中原文化的影響。

高昌故城遺址發現兩件 "燃燈佛授記" 故事壁畫的殘片。高昌故城大佛寺 α 遺址中曾發現一件故事壁畫殘片，[5]年代為公元 9 世紀末至 10 世紀中葉，[6]現藏於德國柏林亞洲藝術博物館。殘損的畫面中繪有帶頭光的菩薩形象，其結有髮髻，身戴花冠、耳環、項圈、鐲子和帛帶，雙手各持一朵蓮花，仰頭面向畫面左側做散花狀，其下方畫面殘破，但可辨認出再次出現的同一菩薩形象，其雙膝跪地、雙手觸地，面向畫面左側披散頭髮，其左側和上方各繪有

① 參見新疆龜茲研究院、中國人民大學國學院西域歷史語言研究所、北京大學中國古代史研究中心《瑪扎伯哈與森木塞姆石窟現存龜茲語及其他婆羅謎文字題記内容簡報》，沈衛榮主編《西域歷史語言研究集刊》第七輯，科學出版社，2014，第 45—61 頁。

② Stein M. A., *Serindia: Detailed Report of Archaeological Explorations in Chinese Turkestan*, Vol. IV, Oxford: Clarendon Press, 1921, CXXVII.

③ 晁華山：《新疆焉耆縣錫格星石窟》，《十世紀前的絲綢之路和東西文化交流》，新世界出版社，1996，第 475—500 頁；林立：《焉耆錫格沁地面寺院》，《西域研究》2004 年第 1 期，第 40—53 頁。

④ 關於此窟 "燃燈佛授記" 壁畫信息，參見賈應逸、祁小山《印度到中國新疆的佛教藝術》，第 397 頁；Grünwedel A., *Altbuddhistische Kultstätten in Chinesisch-Turkistan*, 1912, Berlin: G. Reimer, p.210. 但筆者在相關材料中未找到此幅圖像，據說 "該幅壁畫的藝術結構與吐魯番所見相關圖像完全相同，但風格更加靈活"。

⑤ Grünwedel A., *Bericht über Archäologische Arbeiten in Idikutschari und Umgebungim Winter 1902-1903*, Munich, 1906, Tafel VII [格倫威德爾：《高昌故城及其周邊地區的考古工作報告 (1902—1903 年冬季)》，管平譯，文物出版社，2015，圖版七]；賈應逸編著《絲綢之路流散國寶·吐魯番壁畫》，山東美術出版社，2013，第 5 頁；新疆石窟研究所主編《西域壁畫全集 (7)·古代佛教寺院墓室壁畫》，新疆文化出版社，2017，圖版八九。

⑥ 夏立棟：《試論高昌地面佛寺的類型與分期》，《敦煌研究》2017 年第 2 期，第 90 頁。

一位天人。這兩位菩薩形象均為儒童，該畫面中，儒童的菩薩裝扮、情節的布局與下文柏孜克里克石窟第 20 窟的"燃燈佛授記"圖像極為相似，可推測原來完整畫面中還繪有一身高大的立佛及其他供養、禮拜人物，此壁畫殘片原是"誓願畫"模式的"燃燈佛授記"圖像。高昌故城大佛寺β遺址（西南大佛寺）中也曾發現一件彩繪的"燃燈佛授記"壁畫殘片，[①] 年代為公元 6 世紀下半葉至 8 世紀初，[②] 現存地點不詳。畫面中僅殘留穿涼鞋站在蓮花上的雙腳和披散頭髮在雙腳下的跪姿人物，後者應為"布髮掩泥"儒童，站在蓮花上的人物即為燃燈佛。

　　勝金口石窟第 1 號窟為方形回廊式洞窟，年代為公元 460 年至 9 世紀，其東甬道外側壁靠近入口處繪有一幅"燃燈佛授記"壁畫，[③] 畫面不完整：中央是一身著通肩佛衣的立佛，帶放射狀的頭光、身光，畫面左上方繪有一圓圈，内置一上身裸露、下身穿短裙的男性婆羅門，其面向立佛，雙膝跪地、雙手觸地，畫面空白處繪有一些"漂浮"的蓮花。該婆羅門形象應為儒童，立佛為燃燈佛。勝金口石窟所出的壁畫是吐魯番地區目前發現的年代最早的"燃燈佛授記"圖像，畫面中立佛的頭光花紋和畫面的整體構圖都與柏孜克里克石窟"燃燈佛授記"圖像風格極為相似，結合壁畫在洞窟中所處的側壁位置，可推斷原本也是"誓願畫"。

　　柏孜克里克石窟目前發現有 12 幅"燃燈佛授記"圖像，分別出自第 15、18、20、22（2幅）、31（2 幅）、33、37（2 幅）、42、48 窟中。柏孜克里克石窟的"燃燈佛授記"壁畫均分布在洞窟側壁，畫面中央均繪大型立佛，立佛的左右兩側繪各種故事人物和情節——"拋花"儒童、禮讚的天人、聽法的比丘等。從壁畫位置和畫面布局來看，柏孜克里克石窟中的"燃燈佛授記"圖像與克孜爾石窟中的立佛式"燃燈佛授記"圖像十分類似，不過前者故事內容更加豐富，人物裝飾更加繁縟，畫面色彩更加紅艷，整體帶有濃重的"回鶻風格"，燃燈佛的形象也更加高大，儒童不再是古代龜茲地區的"男性青年婆羅門"的裝扮，而是身著瓔珞、帶頭光的菩薩形象。畫面所表現的故事情節依然限於儒童"散花""布髮掩泥""禮拜"，部分畫面兩側對稱分布的"拋花"儒童可能是表現其先後兩次拋出蓮花的場景。柏孜克里克石窟中的圖像繼承了克孜爾石窟側壁的"立佛式"構圖，又加入了當地的文化元素，形成了極具高昌特色的布局近乎"呆滯"的"燃燈佛授記""誓願畫"。

　　綜上，公元 4—12 世紀，從庫車地區向東到吐魯番地區，古代的新疆地區曾有數量豐富、形式多變的"燃燈佛授記"圖像，說明"燃燈佛授記"故事及其相關思想在古代新疆地區長時間、大範圍流行。該地區目前發現最早的"燃燈佛授記"圖像出自克孜爾石窟券頂菱

---

①　Grünwedel A., *Bericht über Archäologische Arbeiten in Idikutschari und Umgebungim Winter 1902-1903*, p.91, Fig.79a；格倫威德爾：《高昌故城及其周邊地區的考古工作報告 (1902—1903 年冬季)》，第 89 頁。

②　夏立棟：《試論高昌地面佛寺的類型與分期》，《敦煌研究》2017 年第 2 期，第 90 頁。

③　Grünwedel A., *Bericht über Archäologische Arbeiten in Idikutschari und Umgebungim Winter 1902-1903*, p.134, Fig.130；格倫威德爾：《高昌故城及其周邊地區的考古工作報告 (1902—1903 年冬季)》，第 132 頁，圖 130。

形格壁畫,時代為公元 4—5 世紀,此地的菱形格構圖進一步影響了周邊庫木吐喇石窟、森木塞姆石窟的"燃燈佛授記"圖像,但印度、中亞地區及新疆其他地區尚未發現類似例子,可見,菱形格的"坐佛式"構圖是古代龜茲地區早期"燃燈佛授記"圖像獨特的表現方式,結合相關考古實物的紋樣和圖案,以及該地佛教文化藝術對"山"的偏愛,可知菱形格壁畫在一定程度上反映了古代龜茲的審美意識和繪畫傳統。①

從早期的克孜爾石窟壁畫中"坐佛式""立佛式"兩種構圖模式的並存發展,到吐魯番地區無一例外的大型"誓願畫"構圖,"立佛式"構圖的"燃燈佛授記"雖然出現較晚,但逐漸成為新疆地區"燃燈佛授記"圖像的主流構圖模式,可能是由於"立佛式"構圖更利於表現儒童"布髮掩泥"的情節。相比於其西邊庫車及周圍地區所出的相關圖像,吐魯番地區的圖像畫面已變得緊湊、豐富,布局越來越模式化,風格越來越統一化,這應與回鶻高昌王國時期國家上層社會對佛教的大力支持、對佛教石窟寺院進行統一規劃有關。②再結合出土文獻材料可看出,不同地區流行的佛教經典類型和當地佛教藝術創作特點是可以相互印證的,例如,柏孜克里克石窟就曾出土較多跟"授記"成轉輪王思想有關的漢文佛經。③

值得注意的是,新疆地區目前發現的"燃燈佛授記"圖像全部出自古代絲路北道的天山南緣,而絲路南道沿綫至今未發現一件"燃燈佛授記"主題的佛教圖像,這可能說明"燃燈佛授記"在新疆地區的傳播具有區域性。考慮到古代絲路北道主要流行小乘佛教——尤其是說一切有部,④以大乘佛教為主要信仰的絲路南道出土了較多單體的佛、菩薩造像,而較少發現佛教故事圖像⑤而"燃燈佛授記"故事"發生"的賈拉拉巴德正好位於當時小乘說一切有部極盛的犍陀羅地區,由此可推斷,新疆地區"燃燈佛授記"圖像主要伴隨著小乘佛教說一切有部在絲路北道的傳播而傳播,間或受到大乘佛教、中原漢傳佛教的影響。

三 "燃燈佛授記"圖像與文本的關係

通過整理印度、中亞、中國新疆地區的"燃燈佛授記"圖像可以發現,這些圖像的內容在大多數情況下都可以與文本敘述的情節對應,二者的聯繫主要體現在以下兩個方面。

第一,細節方面,絕大部分"燃燈佛授記"圖像均涉及的"拋花"情節在除巴利文文本外的梵文、漢文佛典中均有所涉及,這些佛教文獻涉及不止一次"拋花"行為。就蓮花數目

---

① 李雨濛:《試析克孜爾石窟壁畫菱形格形式的起源》,《西域研究》2012 年第 4 期,第 126—134 頁;李崇峰:《克孜爾中心柱窟主室正壁畫塑題材及有關問題》,《佛教考古:從印度到中國》,上海古籍出版社,2014,第 126—128 頁。

② 李肖、湯世華:《高昌綜述》,束迪生等主編《高昌社會變遷及宗教演變》,新疆人民出版社,2010,第 40—43 頁。

③ 彭傑:《吐魯番柏孜克里克石窟出土漢文佛教文書相關問題研究——以 1980—1981 年出土文書為中心》,博士學位論文,蘭州大學,2016。

④ 霍旭初:《論古代新疆"說一切有部思想文化帶"》,《絲綢之路研究集刊》,商務印書館,2017,第 173—190 頁。

⑤ 宮治昭:《絲綢之路沿綫佛傳藝術的發展與演變》,趙莉譯,《敦煌研究》2001 年第 3 期,第 68 頁。

而言，印度地區所見"燃燈佛授記"圖像中的蓮花數目無法辨認，而中亞地區的雕刻——尤其是豎式碑狀構圖和橫向連續性構圖中的"燃燈佛授記"圖像中，燃燈佛頭部周圍多可識別出五朵蓮花，應與涉及"五莖蓮花"的文本傳統在古代犍陀羅地區的流行有關，而到了新疆地區菱形格"坐佛式"構圖中，儒童所散蓮花（若可辨認）幾乎都是"七莖蓮花"，應與涉及"七莖蓮花"的文本傳統在古代龜茲地區的流行有關。克孜爾石窟第 163 窟圖像中出現了"八莖蓮花"，僅可能與 Ap 文本對應。"布髮掩泥"情節似乎一直是各個時期、各個地域"燃燈佛授記"的核心情節，所以在大部分圖像中都有涉及，但曾在諸多文本中出現的"布獸皮衣"情節在這些圖像中鮮有涉及。此外，儒童懸空"禮拜"的情節是中亞、中國新疆地區"燃燈佛授記"圖像的必要元素，相關圖像可以與涉及該神童現象的大寶、四分、六度、佛說太等文本對應。鑒於此，可以考慮"燃燈佛授記"圖像除了表現"授記"作用的燃燈佛外，更傾向於在有限的畫面空間內選擇更具視覺衝擊力的儒童"布髮掩泥""禮拜"行為加以表現。此外，"金剛手"作為燃燈佛的守護神，在古代犍陀羅地區的圖像中很早就已出現，但目前印度、新疆地區發現的"燃燈佛授記"圖像中幾乎沒有出現。這一形象在巴利文、梵文、漢文相關文本中未被明確提及，文本與圖像在這一點上發生了"脫節"。"金剛手"在其他敘事性的佛本生或佛傳故事中也從未作為重要的角色出現過。因此，這很可能是古代犍陀羅地區特有的造像傳統。

第二，整體布局方面，中亞迦畢試地區所見的單體"燃燈佛授記"造像選擇在"三世佛"造像中表現這一故事，中國新疆地區所見的分布在石窟側壁的大型"誓願畫"模式中的"燃燈佛授記"圖像屬於對諸多"過去佛"事迹的描繪，很可能與涉及諸多"過去佛"事迹的《根本說一切有部毗奈耶藥事》的相關敘述有關。

結　語

縱觀印度、中亞（巴基斯坦、阿富汗）、中國新疆三地的相關圖像可以發現，"燃燈佛授記"圖像作為佛教藝術的重要題材，很可能是從古代犍陀羅地區起源的，進而影響印度本土、中國新疆地區的相關造像，"燃燈佛授記"因大乘佛教的興起而興起，也伴隨著大乘佛教的發展、傳播產生流變。

最開始出現在中亞的佛教藝術中，"燃燈佛授記"圖像即顯示出豐富的畫面內容及多種表現模式，這與佛教藝術初期"象徵物"時代簡單、呆板的畫面形成鮮明對比。從印度、中亞到中國新疆地區，相關圖像均在很大程度上繼承了古代犍陀羅地區"異時同圖"的構圖模式，圖像中僅保留故事主要人物和標志性情節，有利於節省創作時間、空間，也促進了佛教故事的符號化，雖未能完整地表現細節，但"燃燈佛授記"故事及其蘊含的"授記""布施"等思想能更直觀被信徒識別，從而更深入人心，達到佛教作為"像教"的傳教目的。

一般認為，佛教壁畫、雕塑的功能與其在佛教寺院、石窟等遺址中的位置有關。古代印度地區的 "燃燈佛授記" 圖像常與 "阿育王施土" 圖像形成宣揚 "布施" 思想的組合對稱分布；古代犍陀羅地區的 "燃燈佛授記" 雕刻主要作為佛陀一生的起點被安排在 "乘象入胎" 等故事圖像的旁邊；新疆地區的 "燃燈佛授記" 圖像多作為 "過去佛" 事迹的一部分以壁畫形式分布在洞窟的側壁、券頂。鑒於古代印度早期 "四相成道" "八相成道" 的佛傳雕刻中尚未發現有以 "燃燈佛授記" 作為起點的例子，① 則可以提出至少兩種可能性： "燃燈佛授記" 故事很可能不源於印度而源於中亞，或者說，佛教藝術發展初期， "燃燈佛授記" 未成為佛傳故事的一部分，直到該故事題材在古代犍陀羅地區廣布後纔開始以 "佛傳故事" 的形式出現在佛塔裝飾中。到了中國新疆地區，連續性的佛傳造像傳統似乎又被淡化，這可能與說一切有部認為 "燃燈佛授記" 是傳說而不是真實的歷史事件有關。②

值得注意，目前阿富汗賈拉拉巴德本地所見的 "燃燈佛授記" 圖像可謂少之又少， "燃燈佛授記" 真的曾經發生在此地麼？此中真相，有待更多佛教考古材料及歷史文獻的佐證。

Iconographical Analysis on Dīpaṃkara Jātaka Images from India, Central Asia and Xinjiang

Liao Zhitang

As a buddhist story "originated" in ancient Gandhāra area, Dīpaṃkara Jātaka, while enjoying its popularity in buddhist texts, gradually develops itself into an important motif for buddhist art. Many of these art works are found in India, Central Asia, Xinjiang of China today. With an organization effort on relevant Pali, Sanskrit and Chinese transformation buddhist texts, this essay carefully analyses all available Dīpaṃkara Jātaka images of different historical periods. Dīpaṃkara Jātaka images of these three places differ in forms, layouts and contents, and seem to envolve independently with the texts which are more often richly-narrated. It is also interesting to observe various influencial ingredients from ancient India, Gandhāra area and Central China all merging together into these images of Xinjiang.

---

① 張麗香：《印度佛傳圖像模式在雕刻中的發展演變》，沈衛榮主編《文本中的歷史——藏傳佛教在西域和中原的傳播》，中國藏學出版社，2012，第367—380頁。

② 霍旭初：《克孜爾第110窟再解讀——說一切有部 "最後身菩薩" 思想探索》，《龜茲石窟佛學研究》，宗教文化出版社，2013，第95頁；薛宗正：《龜茲歷史與佛教文化》第四章第五節 "過去佛：部派佛教佛陀觀的獨特詮釋"，商務印書館，2016，第140—144頁。

表 1　"燃燈佛授記" 相關佛教文獻一覽

佛典	燃燈佛	儒童	修路	買花	散花	發願	布髮掩泥	布散皮衣	授記	升空	禮拜	成僧
《增壹阿含經》卷11	定光如來/定光佛（著衣持鉢）	雲雷/超術（梵志/摩納）	無	有婆羅門女曰善昧，持水瓶行瑕水，梵志見之，手執五枚華……持五百金錢貿五枚華	梵志白佛言……梵志持五莖華，右膝著地，散定光如來	持是福祚，使將來世當如定光如來，等正覺，而無有異	即自散髮於淤泥，定光佛足蹈髮上	無	汝將來世當作釋迦文佛	無	無	無
《增壹阿含經》卷38	燈光佛/燈光如來（著衣持鉢）	彌勒（梵志子/摩納）	無	無	以五根華散如來上……彼五華在空中化成華蓋	使我將來之世做佛，當如燈光佛，弟子翼從，悉皆如是	布髮於地	無	將來之世，當成作佛，號釋迦文如來	心懷踴躍，不能自勝……踴在虛空	叉手向燈光如來	無
《僧迦吒經》卷2	然燈如來/然燈如來	彌伽（摩那婆子）	無	無	我見彼佛，以七莖青蓮花，供養然燈如來	以此善根，回向阿耨多羅三藐三菩提	無	無	摩納婆，未來過來遇阿僧祇劫當得作佛，號釋迦牟尼如來	我於爾時聞授記聲，踴升虛空	無	無
《六度集經》卷8	定光佛	儒童（梵志/菩薩）	無	道逢前女采華夾瓶，請華焉，得華五枚	以五華散佛上，皆止空中	無	自念下來，以髮布地，令佛蹈之，世乃跨車	菩薩請地少分，躬自治之……解身鹿皮衣服著濕地	後九十一劫，爾當為佛，號曰能仁如來	儒童心喜，踴在虛空	無	無
《修行本起經》卷1	錠光佛	無垢光/志儒童/菩薩	無	時有一女，挾水瓶中五百銀錢，菩薩從乞，不能得前，請寄二華	便散五華，皆止空中，雙成花蓋……二花住兩肩上，如根生	無	佛化地為泥……即解身上鹿皮衣……菩薩歡喜，布髮於泥，佛乃蹈過	無	汝却後後九十一劫，當得作佛，名釋迦文如來	踴躍歡喜……即時身輕，懸在空中	從上來，稽首佛足	便作沙門
《佛說太子瑞應本起經》卷1	定光佛	儒童菩薩	人城見民，欣然，欲自平治道路	王家女過，厥名瞿夷，挾水瓶中五百銀錢，即概懷中五百銀錢……得華五枚華今我女弱，不能得前，請寄二華	散五莖華，皆止空中，當佛上如根生，無委墮地，後散二華，挾住佛兩肩上	無	乃解髮布地，令佛蹈之	見地濡濕，即解身上皮衣，欲以覆之，鹿皮衣覆著泥，不足掩泥	汝自是後九十一劫，劫當為賢，汝當作佛，名釋迦文	即時輕舉，身升虛空	從上來，稽首佛足	無
《異出菩薩本起經》卷1	提和竭羅佛	摩納（菩薩）	無	一女人名曰俱夷，持水瓶，乃散五枚華之……鉢五百枚與之二枚，手中華二枚，於菩薩得二枚，乃散佛上	持華五枚，散佛頭上，上向成行，持俱留止，上向成行，在兩肩不墮地	無	心中大歡喜，即布髮令佛足蹈之	無	却後九十劫……汝當為釋迦文佛	故立於佛前踴躍……即去地四丈九尺	無	無

續表

佛典	燃燈佛	儒童	修路	買花	散花	發願	布髮掩泥	布歡皮衣	授記	升空	禮拜	成僧
《過去現在因果經》卷1	普光如來/普光佛	善惠（仙人）	見王家人，平治道路，香水灑地	儼爾即遇王家青衣，密持七莖青蓮花過……藏於瓶中……乃竊要以五百買花，五百買不得於前，請寄二花以獻於佛	散五莖，皆住空中，化成花臺，後散二莖，亦止空中，夾佛兩邊	願將來世獲果，亦如兩足尊	不足掩泥，仍又解髮，亦以覆之，如來便躡之而度	如來欲令捨此服儀，即便化地，以為淤泥……善惠見佛應從此而行，地濁濕……即脫皮衣，以用布地	汝以是行，過無量劫，當得成佛，號釋迦牟尼如來	於時善惠，歡欣踴躍，菩……身升虛空，去地七多羅樹，以偈贊佛	從空中下，到於佛前，五體投地	鬚髮自落，袈裟著身，即成沙門
《佛本行集經》卷3	燃燈世尊/燃燈佛/燃燈如來	雲童子/摩納婆/婆羅門子	無	見一青衣取水婢子，名曰賢者，密將七莖優鉢羅華……時，彼女從我邊受取五百金錢，即受此莖優鉢羅華，持以與我，其餘兩莖，為我布施	將此七莖優鉢羅華，散於佛上	原我來世得做佛如來法，及於大眾無有異者，所散之華，住虛空中，花莖向上，當來東向下，花莖向上，成於華蓋，佛頂我向，隨佛行住	解髮布散，覆面而伏，為彼作橋……足蹈我身及髮髻上	時燃燈佛以神通力，變一方地，如稀土泥……我時即鋪所有鹿皮	此摩那婆，過於阿僧祗劫，當作佛，號釋迦牟尼	聞燃燈佛為我授於決定記已，身心輕便，不覺自騰於空中……合十指掌，向佛作禮	我於爾時，從空而下，安立住地，然頂禮然，燈世尊，燈足	即得出家，剃除鬚髮
《佛本行經》卷5	定光佛	善思（梵志子）	無	時見一女子，衣持香水瓶，中有七青蓮花枝五百……即執其瓶，即受其價，與我五莖，別無二枚	即便散花，在於空中，化成花蓋	如今天尊，救護世間，願我後世，得道如佛	即時解髮，前以布地，佛以慈心，以足蹈……時佛作橋者，常跪叉手	無	百年壽時，釋種族中，當成佛道，號名能儒	受此記言，歡喜無量，得歡喜力，踴升空	從空中下，懷喜更新，重復自投，歸命如佛，其髮足在，世尊足下，自然立地，遍布其地	無
《大寶積經》卷54	放光如來	彌伽（儒童）	無	當於爾時有一人，持七莖優鉢羅花從市而來……今有五百竭利沙鉢那，汝當獨與此七莖花，二人當共	即以所持溫鉢羅花用散佛上，於時復有無量諸天子住虛空中……便滿虛空與供養，時送伽那散之花，乃復變成無量，千數溫鉢羅花束，皆垂下合成花蓋隨佛而行列	當我來世當成如來，應，正等覺審不虛	於如來前解十二年，金色髮布於地，便於無上菩提……便舉足距大顯……便足距其髮上，如來感其足，以足距踏顯象回	爾時諸人盡取皮衣，逐擲他處……依彌伽即便馳往，在四衝道邊泥濕之處，取鹿皮衣數置其上，爾時如來感其感念，便以足距踏鹿皮	此彌伽菩，卻後過阿僧企那劫，當成如來	是時送伽聞佛授記，歡喜踴躍，上升虛空七多羅樹	無	無

續表

佛典	燃燈佛	儒童	修路	買花	散花	發願	布髮掩泥	布歡皮衣	授記	升空	禮拜	成僧
《佛說大乘菩薩藏正法經》卷4	然燈佛	寶意（梵志）	無	無	以五莖優缽羅華散佛頭上	無	以金髮髻布於地，請佛、聲聞及餘比丘右旋視踞	無	寶雲梵志過無量阿僧祇劫當得作佛，號釋迦牟尼如來	時彼梵志聞佛授記已，歡喜踊躍現大神通，於虛空中	無	無
《菩薩從兜率天降神母胎說廣普經》卷7	光明如來	梵志/摩納	見城中人香水灑地，薩蒂除云滿來	我小前行見一女人持花七枚……有寶錢五百枚，一花五錢……即以二花持用寄我	佛以神力接我五花……餘有在佛左右肩上	今散五莖花，顧得不退轉	佛前有一汪水，吾即解髮布髮於水……爾時光明如來即以足蹈我髮上過	無	卻後無數劫，成佛號釋迦文	以我身即在虛空	無	無
《四分律》卷31	定光如來/定光佛	彌卻（摩納/婆羅門）	見國內人民，掃除道路，除去不淨，以好土填，治平正，以花布地香汁灑之	時彼女即嘆入園中……池中有七莖蓮花……以五百金錢貿五莖蓮花，餘二莖與彌卻摩納	即以七莖花散定光如來上，佛以威神，即於空中化作花蓋……時中化作花臺，廣十二由句，莖在上葉在下……佛所遊行花蓋隨從	若今定光如來不授我記別者，我處形怙命終，此處形怙命終	摩納髮五百年歲常髻未曾解……摩納即解髻髮以布泥上……以左足蹈髮上而過	時城中人起此皮衣攤棄……時定光如來即知彼心所念，化地作泥……即持鹿皮衣敷彼泥中，然不淹泥	語言：摩納汝還起，汝於當來無數阿僧祇劫，當作佛，號釋迦文	聞此別已，即踊在空中，去地七多羅樹，發猶布地如故……右顧猶如大象王	無	無
《大智度論》卷4	燃燈佛/然燈佛	菩薩	無	無	是中菩薩以七枚青蓮花供養燃燈佛	無	布髮掩泥	敷鹿皮衣	汝當來世作佛名釋迦牟尼	即時上升虛空	無	無

續表

佛典	燃燈佛	儒童	修路	買花	散花	發願	布髮掩泥	布歡皮衣	授記	升空	禮拜	成僧
《經律異相》卷40	定光佛	雲雷梵志/稻秫梵志	無	見一女人，名曰善味，持七莖華以瓶取水……即以銀錢五百請五莖華……請二莖華並以上佛	今散五莖華，顯得不退轉，除二非我華，寄上佛……佛以神力接五莖華	唯顧時授決	即解鬢髮布地……佛以脚足蹈髮而過	無	劫後無數劫……成佛度眾生，號子釋迦文	及得我身在虛空	無	無
《大慈恩寺三藏法師傳》卷2	然燈佛	釋迦菩薩	無	佛買華	無	無	布髮掩泥	敷鹿皮衣	無	無	無	無
《高僧法顯傳》卷1	定光佛	菩薩	無	菩薩以銀錢買五莖華	以五莖華供養定光佛	無	無	無	無	無	無	無
《大唐西域記》卷2	然燈佛	釋迦菩薩	無	是釋迦菩薩昔值燃燈佛，於此買花	無	無	布髮掩泥……次南小窣堵坡，是昔掩泥處	釋迦菩薩值燃燈佛敷鹿皮衣	得授記處	無	無	無
Ap	Dipamkara	Sumedha（年輕婆羅門）	眾人修路迎接Dipamkara	（Sumitta）當時有人登蓮花，值遇Sumedha，贈予五莖，自留三莖	無	Sumedha希望成佛	無	無	佛授記於Sumedha	無	無	無
Ap-a	Dipamkara	Sumedha	修路	無	無	Sumedha發願成佛，救助眾生	拔散頭髮在泥潭中	鋪開獸皮衣	無數劫後，將成釋迦牟尼佛	無	無	無
Cp-a	Dipamkara	Sumedha	Sumedha修路	無	無	Sumedha發願成佛	佛到來，Sumedha布髮掩泥	展開皮衣	預言Sumedha將成釋迦牟尼佛	無	無	無
Ja	Dipamkara	Sumedha（年輕婆羅門）	修路	無	無	Sumedha發願成佛	布髮在泥潭中	鋪皮衣	無數劫後，將成佛喬達摩	無	無	無

續表

佛典	燃燈佛	儒童	修路	買花	散花	發願	布髮掩泥	布獸皮衣	授記	升空	禮拜	成僧
Dhp-a	Dīpaṃkara	Sumedha	Sumedha 飛在空中時看見群眾修路，為自己選了一段路	無	無	無	Sumedha（俯身）作橋	展開羚羊皮衣	預言 Sumedha 是未來佛，將號釋迦牟尼佛	無	無	無
Dhs-a	Dīpaṃkara	Sumedha（年輕婆羅門）	修路	無	無	Sumedha 發願成佛	布髮在泥潭	鋪皮衣	無數劫後，將成佛喬達摩	無	無	無
Bv	Dīpaṃkara	Sumedha（年輕婆羅門）	清理路面的一部分	無	無（梵人、天人傾花、拋花）	Sumedha 發願將來成佛，拯救眾生	解開頭髮	布樹皮衣和鹿皮衣，俯身讓佛踏路過自身	燃燈佛預言 Sumedha 未來無數世後將成釋迦牟尼佛	無	無	無
Bv-a	Dīpaṃkara	Sumedha	眾人安排 Sumedha 修路	無	無	Sumedha 發願達佛果	修路未完成，散開凌亂的頭髮	數幹羊衣在泥地上	預言 Sumedha 未來成佛，號釋迦牟尼	無	無	無
Jina-c	Dīpaṃkara	Sumedha	Sumedha 修路	無	無	發願成佛	Sumedha 修路未完成，佛來到，Sumedha 俯身泥潭中	無	Sumedha 未來將釋迦牟尼，佛給 Sumedha 八束花	無	無	無
Thūp	Dīpaṃkara	Sumedha	Sumedha 修路	無	無	無	修路未完成，佛到來，Sumedha 解開頭髮以掩蓋路面	Sumedha 用鹿皮衣遮掩地面	Sumedha 將成佛，號釋迦牟尼佛	無	無	無
Mhbv	Dīpaṃkara	Sumedha	Sumedha 修路	無	無	Sumedha 發願成佛，拯救眾生，棄神	修路未完成，為避免佛足受沾污，Sumedha 俯身污泥中	鹿皮衣鋪地	佛預言 Sumedha 將來成釋迦牟尼佛	無	無	無

續表

佛典	燃燈佛	儒童	修路	買花	散花	發願	布髮掩泥	布獸皮衣	授記	升空	禮拜	成僧
Av-klp	Dīpaṃkara	Sumati（年輕婆羅門）	無	有一女子 Sumatī 攜帶七朵蓮花，給與 Sumati 其中的五朵	Sumati 和女子均把蓮花拋向燃燈佛	無	為避佛雙足沾污，Sumati 解開頭髮鋪在泥濘處，佛踏過其髮	無	Dīpaṃkara 預言 Sumati 將在未來成為釋迦牟尼佛	無	無	無
Divy	Dīpaṃkara	Sumati	無	婆羅門女從花環製作者處得到七朵蓮花，賣給 Sumati 五朵，自留兩朵，跟隨 Sumati	Sumati 散花五朵，花住空中成華蓋，賣花女也散其兩朵花，花住佛耳旁	Sumati 發願成佛	Dīpaṃkara 製造風暴，使道路變得泥濘，Sumati 俯身布髮，佛踏之而過	無	Sumati 將轉生為釋迦牟尼佛，女子將轉世為其妻子	Sumati 升入虛空	無	無
Mvu	Dīpaṃkara	Megha（年輕婆羅門）	無	年輕婆羅門女（Prakṛit）持水瓶，表七朵蓮花，Megha 以五百銀錢買下五朵蓮花，婆羅門女跟隨 Megha	Megha 散五朵蓮花，婆羅門女散兩朵，蓮花均停留空中，與眾人所散花成為花蓋	Megha 看見燃燈佛的莊嚴美好，發願成佛	Megha 俯下身，頭髮擦拭佛足底	Megha 放下水瓶，敷鹿皮衣於地	Dīpaṃkara 預言 Megha 將於無數僧祇劫後成佛，號釋迦牟尼	Megha 踴升虛空如棕櫚樹高	Megha 披斗篷在一肩，合十禮拜燃燈佛及其弟子	無

表 2 印度所見 "燃燈佛授記" 圖像一覽

序號	出土地	年代	洞窟形制	圖版	圖像內容	圖像來源
1	阿旃陀石窟第17窟入口門廊左窗左側壁	公元5世紀下半葉	僧房窟		蓮花漂浮（？）；與 "阿育王施土" 對稱分布	Yazdani, G., *Ajanta: the Colour and Monochrome Reproductions of the Ajanta Frescoes Based on Photography*, Part 4, London: Oxford University Press, 1955, VII -c
2	阿旃陀石窟第17窟佛殿前室右後壁	約公元600年	僧房窟	無	與 "阿育王施土" 對稱分布	福山泰子『アジャンター後期壁畫の研究』中央公論美術出版、2014、第二部第一章、圖5
3	阿旃陀石窟第19窟正面入口門柱左側龕內	公元5世紀下半葉	僧房窟		布髮掩泥；與 "阿育王施土" 對稱分布	Susan L. Huntington, *The Art of Ancient India: Buddhist, Hindu, Jain*, New York and Tokyo: Weatherhill, 1985, Fig. 12.4
4	阿旃陀石窟第26窟右列柱橫梁佛龕內	公元600—642年	僧房窟		拋花（？）；布髮掩泥；與 "阿育王施土" 對稱分布	福山泰子『アジャンター後期壁畫の研究』、332頁、圖12-2

續表

序號	出土地	年代	洞窟形制	圖版	圖像內容	圖像來源
5	坎赫里石窟第67窟	公元6世紀	不明		拋花；蓮花漂浮（？）；布髮掩泥	村上真完『西域の仏教——ベゼクリク誓願畫考』 第三 文明社，1984，插図46
6	那爛陀寺	公元6世紀	無		布髮掩泥（右下角有"三頭蛇"的形象）	Property: Excavated Remains of NalandaMahavihara (Appendix 3), Archaeological Survey of Inida, p.1
7	龍樹窟	公元3—4世紀	無		拋花（？）；布髮掩泥	Shanti lal Nagar, Buddha in Gandhara Art and Other Buddhist Sites, Delhi: Buddhist World Press,2000, p.284, plate 308

表 3 中亞地區(阿富汗、巴基斯坦)所見"燃燈佛授記"圖像一覽

序號	現存地	年代	出土地	圖版	圖像內容	圖像來源
1	阿富汗國家博物館(National Museum of Afghanistan)	年代不明(片岩)	阿富汗紹特拉克(Shotorak)		拋花;蓮花漂浮;布髮掩泥;布獸皮衣;升空禮拜(佛右上角)(右下角有釋迦菩薩?)	樋口隆康『パキスタン・ガンダーラ美術展』日本放送協會,1984,132頁,插図18
2	阿富汗國家博物館	年代不明(片岩)	阿富汗紹特拉克		布髮掩泥;拋花(?);三世佛並列(燃燈佛—釋迦牟尼佛—彌勒佛)	J. Meunié, Shotorak: Mémoires de la Délégationarchéologiquefrançaise en Afghanistan, Vol.1, Paris: Edition d'Art et d'Histoire, 1942, Fig.38
3	阿富汗國家博物館	年代不明(片岩)	阿富汗紹特拉克		買花	Tissot, Francine, Catalogue of the National Museum of Afghanistan (1931-1985), UNESCO Publishing,2006, K.p.sho.801.7

續表

序號	現存地	年代	圖版	出土地	圖像內容	圖像來源
4	阿富汗國家博物館	年代不明（片岩）		阿富汗紹特拉克	蓮花漂浮	Tissot, Francine, *Catalogue of the National Museum of Afghanistan* (1931-1985), UNESCO Publishing, 2006, K.p.sho.798.4
5	阿富汗國家博物館	年代不明（片岩）		阿富汗紹特拉克	抛花（？）；蓮花漂浮	Tissot, Francine, *Catalogue of the National Museum of Afghanistan* (1931-1985), UNESCO Publishing,2006, K.p.sho.799.5
6	阿富汗國家博物館	公元3—5世紀（片岩）		阿富汗艾娜克（Mes Ayna）	抛花；蓮花漂浮；布髮掩泥；升空禮拜	Omara Khan Massoudi ed., *MesAynak: New Excavations in Afghanistan*, National Museum of Afghanistan, 2011, pp.42-43

續表

序號	現存地	年代	出土地	圖版	圖像內容	圖像來源
7	巴基斯坦白沙瓦博物館（Peshawar Museum）	公元2—3世紀（灰色片岩）	出土地不明		買花；拋花；蓮花漂浮；布髮掩泥；升空禮拜	栗田功『ガンダーラ美術 I：仏塔』二玄社，2003，Fig.9
8	巴基斯坦白沙瓦博物館	年代不明（灰色片岩）	阿富汗 Sahri Bahlol		拋花；升空禮拜（左阿育王施土，右燃燈佛授記）	Harald Ingholt, Gandharan Art in Pakistan, New York: Pantheon Books, 1957, pp.125-126, No.257
9	巴基斯坦白沙瓦博物館	公元2—3世紀	出土地不明		買花；拋花（？）；布髮掩泥	Ihsan Ali and Muhammad Naeem Qazi, Gandharan Sculptures in the Peshawar Museum（Life Story of Buddha），Hazara University Mansehra Mansehra NWFP, 2008, p.31

續表

序號	現存地	年代	出土地	圖版	圖像內容	圖像來源
10	巴基斯坦白沙瓦博物館	公元 2—3 世紀	阿富汗 Sahri Bahlol		買花；拋花；布髮掩泥	Ihsan Ali and Muhammad Naeem Qazi, *Gandharan Sculptures in the Peshawar Museum* (*Life Story of Buddha*), Hazara University Mansehra NWFP, 2008, p.32
11	巴基斯坦白沙瓦博物館	公元 2—3 世紀	巴基斯坦 Takht-i-Bahi		買花；布髮掩泥；升空禮拜（？）	Ihsan Ali and Muhammad Naeem Qazi, *Gandharan Sculptures in the Peshawar Museum* (*Life Story of Buddha*), Hazara University Mansehra NWFP, 2008, p.34
12	巴基斯坦白沙瓦博物館	公元 2—3 世紀	巴基斯坦 Tordher,Swabi		拋花（？）；布髮掩泥	Ihsan Ali and Muhammad Naeem Qazi, *Gandharan Sculptures in the Peshawar Museum* (*Life Story of Buddha*), Hazara University Mansehra NWFP, 2008, p.34
13	巴基斯坦白沙瓦博物館	公元 2—3 世紀	阿富汗 Sahri Bahlol		布髮掩泥	Ihsan Ali and Muhammad Naeem Qazi, *Gandharan Sculptures in the Peshawar Museum* (*Life Story of Buddha*), Hazara University Mansehra NWFP, 2008, p.35

續表

序號	現存地	年代	出土地	圖版	圖像内容	圖像來源
14	巴基斯坦白沙瓦博物館	公元 2—3 世紀	出土地不明		買花；抛花；布髮掩泥；升空禮拜（？）	Ihsan Ali and Muhammad Naeem Qazi, *Gandharan Sculptures in the Peshawar Museum（Life Story of Buddha）*, Hazara University Mansehra NWFP, 2008, p.35
15	巴基斯坦白沙瓦博物館	年代不明	巴基斯坦 Takht-i-Bahi		買花；布髮掩泥	Ihsan Ali and Muhammad Naeem Qazi, *Gandharan Sculptures in the Peshawar Museum（Life Story of Buddha）*, Hazara University Mansehra NWFP, 2008, p.36
16	巴基斯坦白沙瓦博物館	公元 2—3 世紀	出土地不明		抛花（？）；布髮掩泥	Ihsan Ali and Muhammad Naeem Qazi, *Gandharan Sculptures in the Peshawar Museum（Life Story of Buddha）*, Hazara University Mansehra NWFP, 2008, p.36

續表

序號	現存地	年代	出土地	圖版	圖像內容	圖像來源
17	巴基斯坦斯瓦特博物館(Swat Museum)	年代不明	出土地不明		買花(?); 抛花(?); 布髮掩泥; 升空禮拜	村上真完『西域の仏教——べゼクリク誓願画考』第三文明社、1984、插図37
18	巴基斯坦第爾博物館(Dhir Museum)	公元3—4世紀	巴基斯坦帕伯拉(第爾)		買花; 抛花; 蓮花飄浮; 布髮掩泥; 升空禮拜	宮治昭:《涅槃和彌勒的圖像學:從印度到中亞》, 李萍、張清濤譯, 文物出版社, 2009, 第236頁, 圖142
19	印度昌迪加爾博物館(Chandigar Museum)	年代不明	出土地不明		買花; 抛花; 蓮花飄浮; 布髮掩泥	Karetzky, Patricia Eichenbaum, The Life of the Buddha: Ancient Scriptural and Pictorial Traditions, Lanhma, Md.: University Press of America, 1992, Fig.11
20	大英博物館(The British Museum)	公元2—3世紀(灰色片岩)	出土地不明		買花; 抛花; 布髮掩泥; 升空禮拜	Foucher A., L'art Greco-Bouddhique du Gandhâra, Vol.I, Paris:Imprimerie Nationale, 1905, Fig.140

續表

序號	現存地	年代	出土地	圖版	圖像內容	圖像來源
21	大英博物館	公元1—2世紀（灰綠色片岩）	巴基斯坦斯瓦特（Swat）		買花；布髮掩泥（？）	Zwalf, W.ed., *The Art of Central Asia in British Museum*, 3, *Buddhism: Art and Faith*, London: British Museum Pub. Ltd., 1985, Fig.15
22	大英博物館	公元2—3世紀	巴基斯坦 Takht-i-Bahi		買花；布髮掩泥	Zwalf W., *A Catalogue of the Gandhāran Sculpture in the British Museum*, London: British Museum Press, 1996, Fig.130
23	大英博物館	年代不明	巴基斯坦 Takht-i-Bahi		買花；抛花；布髮掩泥	https://www.britishmuseum.org/research/collection_online/collection_object_details/collection_image_gallery.aspx?as-setId=144720001&objectId=182169&par-tId=1
24	大英博物館	年代不明	巴基斯坦 Jamalgar-hi（賈馬爾格里）		布髮掩泥	https://www.britishmuseum.org/research/collection_online/collection_object_details/collection_image_gallery.aspx?partid=1&as-setid=142811001&objectid=182300

續表

序號	現存地	年代	出土地	圖版	圖像內容	圖像來源
25	大英博物館	公元2—3世紀（片岩）	巴基斯坦，具體出土地不明		上1：五比丘再會 上2：燃燈佛授記（買花；拋花） 下1：阿難皈依 下2：不明	https://www.britishmuseum.org/research/collection_online/collection_object_details.aspx?objectId=225613&partId=1&searchText=D%25u012bpa%25u1e43kara&page=1
26	英國維多利亞和阿爾伯特博物館（Victoria and Albert Museum）	公元1世紀（灰色片岩）	出土地不明		買花；拋花；布髮掩泥	Hans Christoph Ackermann, *Narrative Stone Reliefs from Gandhara in the Victoria and Albert Museum in London*, Rome: IstitutoItaliano per il Medio edEstremo Orinte, 1975, pp. 58-9, pl. VIII
27	法國吉美博物館（Guimet Museum）	公元2—3世紀（片岩）	巴基斯坦，具體出土地不明		買花；拋花；蓮花漂浮；布髮掩泥	東京都美術館『シルクロード大美術展』読売新聞社，1996，図138

續表

序號	現存地	年代	出土地	圖版	圖像內容	圖像來源
28	法國吉美博物館	公元3—5世紀（片岩）	阿富汗紹特拉克		拋花；布髮掩泥；布獸皮衣	東京都美術館『シルクロード大美術展』，図138
29	巴基斯坦拉合爾博物館（Lahore Museum）	年代不明	出土地不明		買花；拋花；布髮掩泥；升空禮拜	『西域美術：ギメ美術館ペリオ・コレクション・第2巻』講談社，1995，插図1；モタメディ土教遙子「アフガニスタン出土の燃燈仏本生譚の諸遺例」『仏教芸術』通號117，1978，pl.4
30	拉合爾博物館	年代不明	出土地不明		上：佛和禮敬者 下：燃燈佛授記（拋花；布髮掩泥）	Harald Ingholt, Gandharan Art in Pakistan, New York: Pantheon Books, 1957, p.99, No.160

續表

序號	現存地	年代	出土地	圖版	圖像內容	圖像來源
31	拉合爾博物館	年代不明（灰色片岩）	巴基斯坦西克里（Sikri）		買花；拋花；蓮花漂浮；布髮掩泥；布獸皮衣；升空禮拜	Hargreavs H. ed., *The Buddha Story in Stone: An Interpretation of Thirty-Four Graeco-Buddhist Sculptures in the Lahore Museum*, Calcutta: Baptist Mission Press, 1918, Fig. II. A. Foucher, *Les bas-relief du stūpa de Sikri* (*Gandhāra*), *Journal Asiatique*,1903, pp.199-209, pl. II
32	拉合爾博物館	年代不明	出土地不明		買花；拋花（？）；蓮花漂浮；布髮掩泥	耿劍《"定光佛授記"與定光佛——健陀羅與兌爾定光佛造像的比較研究》，《中國美術研究》2013年第2期，第1—10頁，附表1-3
33	拉合爾博物館	公元2—3世紀（灰色片岩）	出土地不明		上：不明 中：奉獻芒果園 下：燃燈佛授記（買花；拋花；蓮花漂浮；升空禮拜）	HaraldIngholt,*Gandharan Art in Pakistan*, New York: Pantheon Books, 1957, p.99, No.159

續表

序號	現存地	年代	出土地	圖版	圖像內容	圖像來源
34	拉合爾博物館	年代不明	出土地不明		買花；拋花；蓮花漂浮；升空禮拜	栗田功『ガンダーラ美術 I：仏壇』二玄社、2003、插図 1
35	拉合爾博物館	年代不明	出土地不明		買花；拋花	栗田功『ガンダーラ美術 I：仏壇』插図 2
36	拉合爾博物館	年代不明	出土地不明		買花；拋花；布髮掩泥	耿劍：《“定光佛授記”與定光佛——犍陀羅與克孜爾定光佛造像的比較研究》，《中國美術研究》2013 年第 2 期，第 1—10 頁，附表 1—3
	拉合爾博物館	公元 3 世紀（片岩）	出土地不明		買花	孫英剛，何平：《犍陀羅文明史》，三聯書店，2018，第 224 頁，圖 5—4

續表

序號	現存地	年代	出土地	圖版	圖像內容	圖像來源
37	阿富汗喀布爾博物館（Kabul Museum）	年代不明	阿富汗哈達（Haḍḍa）		買花；拋花；布髮掩泥；布獸皮衣；升空禮拜	モタメディ土蔵遺子「アフガニスタン出土の燃燈仏本生譚の諸遺例」『仏教芸術』通號 117，1978，口繪 6
38	阿富汗喀布爾博物館	年代不明	阿富汗紹特拉克		布髮掩泥；布獸皮衣	J. Meunié, Shotorak: Mémoires de la Délégation archéologique française en Afghanistan, Vol.1, Paris: Edition d'Art et d'Histoire, 1942, Fig.43
39	印度馬圖拉考古博物館（Mathurā Archaeological Museum）	年代不明	出土地不明		買花；拋花；布髮掩泥；升空禮拜	Vogel, Jean Philippe, La sculpture de Mathurā, Paris: Bruxelles, 1930
40	印度加爾各答博物館（Calcutta Indian Museum）	公元 2 世紀前後（片岩）	阿富汗，靠近喀布爾，具體出土地不明		拋花；布髮掩泥；升空禮拜（左阿育王施土、右燃燈佛授記）	Anasua Sengupta, Dibakar Das, Gandhara Holdings in the Indian Museum: A Handlist, Calcutta: Indian Museum,1991

續表

序號	現存地	年代	出土地	圖版	圖像內容	圖像來源
41	印度加爾各答博物館	年代不明	巴基斯坦賈馬律-葛利（Jamal Garhi）		買花；抛花；布髮掩泥（？）	Anasua Sengupta, Dibakar Das, *Gandhara Holdings in the Indian Museum: A Handlist*, Calcutta: Indian Museum,1991
42	日本美秀美術館（Miho Museum）	公元3—5世紀（片岩）	巴基斯坦，具體出土地不明		買花；抛花；蓮花漂浮泥；布鹿皮衣；布髮掩泥；升空禮拜	http://www.miho.or.jp/zh/collection/s039/
43	日本松岡美術館（Matsuoka Museum）	公元3世紀（片岩）	出土地不明		買花；抛花；布髮掩泥	『ブッダ展：大いなる旅路』東武美術館，1998，130頁，図101-1
44	日本松岡美術館	年代不明	巴基斯坦塔貝拉（Tarbela）		蓮花漂浮	栗田功『ガンダーラ美術Ｉ：仏壇』，P1-II。

續表

序號	現存地	年代	出土地	圖版	圖像內容	圖像來源
45	日本平山郁夫絲綢之路美術館（Hirayama Ikuo Silk Road Museum）	公元4世紀（綠泥片岩）	出土地不明		買花；拋花（?）；蓮花漂浮；布髮掩泥；布鹿皮衣；升空禮拜	筆者攝
46	美國大都會博物館（The Metropolitan Museum of Art）	公元2世紀（片岩，貼金）	巴基斯坦斯瓦特		買花；拋花；蓮花漂浮；布髮掩泥；禮拜升空	Kurt A. Behrendt ed., *The Art of Gandhara in the Metropolitan Museum of Art*, New Hevan and London: Yale University Press, 2007, Fig.31
47	美國芝加哥藝術博物館（The Art Institute of Chicago）	公元2—3世紀（片岩）	巴基斯坦出，具體出土地不明		上：帝釋窟說法 下：燃燈佛授記［買花；拋花、蓮花漂浮（?）；升空禮拜］	https://www.artic.edu/artworks/151081/buddha-shakyamuni-meditating-in-the-indrashala-cave-top-and-buddha-dipankara-bottom?q=dipankara

續表

序號	現存地	年代	出土地	圖版	圖像內容	圖像來源
48	蘇格蘭國家博物館（National Museum of Scotland）	公元 2 世紀（片岩）	出土地不明		買花；抛花；布髮掩泥；升空禮拜	https://www.nms.ac.uk/explore-our-collections/collection-search-results/?item_id=368961
49	不明	公元 1—2 世紀	出土地不明		蓮花漂浮；布髮掩泥	湖北省博物館編《佛像的故鄉——犍陀羅佛教藝術》，文物出版社，2017，第 37 頁
50	上海震旦博物館	公元 2—3 世紀	出土地不明		買花	筆者攝

續表

序號	現存地	年代	出土地	圖版	圖像內容	圖像來源
51	Willard Clark Collection	年代不明（灰色片岩）	出土地不明		上：佛和禮拜者 中：佛和禮拜者 下：燃燈佛授記（買花；拋花；升空禮拜）	栗田功『ガンダーラ美術Ⅰ：仏傳』，Fig.1
52	Spink & Son Ltd. London	年代不明（灰色片岩）	出土地不明		買花；拋花；蓮花漂浮；布髮掩泥	栗田功『ガンダーラ美術Ⅰ：仏傳』，Fig.6
53	歐洲私人收藏	年代不明（灰色片岩）	出土地不明		拋花；布髮掩泥	栗田功『ガンダーラ美術Ⅰ：仏傳』，Fig.593

續表

序號	現存地	年代	出土地	圖版	圖像内容	圖像來源
54	歐洲私人收藏	年代不明（灰色片岩）	巴基斯坦斯瓦特		蓮花漂浮	栗田功『ガンダーラ美術 I：仏壇』，Fig.10
55	日本私人收藏	年代不明（灰色片岩）	巴基斯坦 Takht-i-Bahi		買花；抛花；蓮花漂浮；布髮掩泥	栗田功『ガンダーラ美術 I：仏壇』，Fig.2
56	日本私人收藏	年代不明（灰色片岩，紅色表面）	巴基斯坦斯瓦比（Swabi）		買花；抛花；布髮掩泥；升空禮拜	栗田功『ガンダーラ美術 I：仏壇』，Fig.4

續表

序號	現存地	年代	出土地	圖版	圖像內容	圖像來源
57	日本私人收藏	年代不明（綠色片岩）	巴基斯坦布內爾（Buner）		買花；拋花；布髮掩泥	栗田功『ガンダーラ美術 I：仏塔』, Fig.5
58	日本私人收藏	年代不明（灰色片岩）	出土地不明		買花；拋花	栗田功『ガンダーラ美術 I：仏塔』, 插図 454
59	日本私人收藏	年代不明（灰色片岩）	巴基斯坦查薩達（Charsada）		買花；拋花；布髮掩泥	栗田功『ガンダーラ美術 I：仏塔』, Fig.16
60	日本私人收藏	年代不明（灰色片岩）	巴基斯坦斯瓦特		買花；拋花；布髮掩泥	栗田功『ガンダーラ美術 I：仏塔』, Fig.18
61	日本私人收藏	年代不明（灰色片岩）	出土地不明		上 1：佛和禮拜者 上 2：初傳法輪（？） 下 1：奉獻芒果園（？） 下 2：燃燈佛授記（買花；拋花）	栗田功『ガンダーラ美術 I：仏塔』, Fig.273

續表

序號	現存地	年代	出土地	圖版	圖像內容	圖像來源
62	日本私人收藏	年代不明	出土地不明		買花；拋花；布髮掩泥	栗田功『ガンダーラ美術 I：仏伝』，插図 3
63	日本私人收藏	年代不明（綠色片岩）	印度茅爾		蓮花漂浮；布髮掩泥	栗田功『ガンダーラ美術 I：仏伝』，Fig.11
64	不明	年代不明	出土地不明		買花（？）；布髮掩泥	阿爾伯特‧馮‧勒柯克、恩斯特‧瓦爾德施密特：《新疆佛教藝術》，管平、巫新華譯，新疆教育出版社，2006，第 61 頁，圖版 13-a
65	不明	公元 2—3 世紀	出土地不明		買花	阿爾伯特‧馮‧勒柯克、恩斯特‧瓦爾德施密特：《新疆佛教藝術》，第 62 頁，圖版 14-a

續表

序號	現存地	年代	出土地	圖版	圖像內容	圖像來源
66	不明	年代不明	出土地不明		買花（？）；拋花；布髮掩泥；升空禮拜	Shanti lal Nagar, *Buddha in Gandhara Art and Other Buddhist Sites*, Delhi: Buddhist World Press, 2000, plate 306
67	不明	年代不明	出土地不明		買花；拋花；布髮掩泥；升空禮拜	Shanti lal Nagar, *Buddha in Gandhara Art and Other Buddhist Sites*, Delhi: Buddhist World Press, 2000, plate 307

表 4　中國新疆地區所見"燃燈佛授記"圖像一覽

序號	出土地	年代	洞窟形制	圖版	現存地	圖像內容	圖像來源
1	克孜爾石窟第 8 窟	約公元 7 世紀	縱券頂中心柱窟		主室券頂右側壁	菱形構圖：坐佛；抛花	中國美術研究所、中國外文出版社編集『新疆の壁畫・上 キジル千仏洞』株式會社美乃美，1981，図版 32
2	克孜爾石窟第 38 窟	約公元 4 世紀	縱券頂中心柱窟		主室券頂右側壁	菱形構圖：坐佛；抛花（扇狀花）	新疆維吾爾自治區文物管理委員會、拜城縣克孜爾千佛洞文物保管所、北京大學考古系編《中國石窟·克孜爾石窟》（一），文物出版社，1989，圖版 115
3	克孜爾石窟第 69 窟	公元 6—7 世紀	縱券頂中心柱窟		主室右壁	立佛；貫花；抛花（6 朵?）；蓮花漂浮；布髮掩泥（？）；升空禮拜	中國美術研究所編集『新疆の壁畫・上、キジル千仏洞』，図版 148

續表

序號	出土地	年代	洞窟形制	現存地	圖版	圖像內容	圖像來源
4	克孜爾石窟第 69 窟	約公元 7 世紀	縱券頂中心柱窟	主室左壁		立佛；買花；拋花；布髮掩泥（？）	新疆維吾爾自治區文物管理委員會、拜城縣克孜爾千佛洞文物保管所，北京大學考古系編《中國石窟·克孜爾石窟》（二），文物出版社，1996，圖版 6
5	克孜爾石窟第 100 窟	約公元 7 世紀	縱券頂中心柱窟	右甬道外側壁		立佛；拋花（3 朵）；布髮掩泥	新疆龜茲研究院提供，謹致謝忱
6	克孜爾石窟第 101 窟	約公元 7 世紀	縱券頂中心柱窟	主室券頂北側壁		菱形構圖：坐佛；拋花（7 朵）	新疆《中國石窟·克孜爾石窟》（二），圖版 97

續表

序號	出土地	年代	洞窟形制	現存地	圖版	圖像內容	圖像來源
7	克孜爾石窟第163窟	約公元6世紀	縱券頂中心柱窟	主室券頂西側壁		菱形構圖：坐佛；拋花（7朵）	《中國石窟·克孜爾石窟》（二），圖版173
8	克孜爾石窟第163窟	約公元6世紀	縱券頂中心柱窟	主室券頂東側壁		菱形構圖：坐佛；拋花（扇狀花束）	《中國新疆壁畫全集·克孜爾2》，天津人民美術出版社，新疆美術攝影出版社，2009，圖版七一
9	克孜爾石窟第163窟	約公元6世紀	縱券頂中心柱窟	右甬道外側壁		立佛；拋花；蓮花漂浮（8朵）	《中國新疆壁畫全集·克孜爾2》，圖版七八

續表

序號	出土地	年代	洞窟形制	現存地	圖版	圖像內容	圖像來源
10	克孜爾石窟第 171 窟	約公元 5 世紀	縱券頂中心柱窟	主室券頂左側壁		菱形構圖：坐佛；拋花（7 朵）	《中國新疆壁畫藝術（第一卷）：克孜爾石窟 1》，新疆美術攝影出版社，2009，圖版二三七
11	都爾杜爾·阿合吐爾（夏合吐爾禪室 XH15）	公元 6 世紀末至 7 世紀	無	法國吉美博物館		拋花（？）；布髮掩泥	ジャック・ジェス編『西域美術：ギメ美術館ペリオ・コレクション』第 2 巻，講談社，1995，Fig.17
12	庫木吐喇石窟第 23 窟	約公元 7 世紀	縱券頂中心柱窟	主室券頂北側壁		菱形構圖：拋花	新疆維吾爾自治區文物管理委員會、庫車縣文物保管所、北京大學考古系編《中國石窟·庫木吐喇石窟》，文物出版社，1992，圖版 63

續表

序號	出土地	年代	洞窟形制	現存地	圖版	圖像內容	圖像來源
13	庫木吐喇石窟第 34 窟	公元 7—8 世紀	方形穹隆頂窟	主室右側壁		立佛；拋花（5 朵）；布髮掩泥；升空禮拜	《中國新疆壁畫藝術（第四卷）：庫木吐喇石窟》，圖版一五七
14	庫木吐喇石窟第 38 窟	公元 10—11 世紀	縱券頂中心柱窟	左甬道外側壁		升空禮拜	楊波：《龜茲石窟立佛列像的初步調查與研究》，《中國國家博物館館刊》2018 年第 5 期，第 64—84 頁，圖二四。
15	庫木吐喇石窟第 42 窟	約公元 10 世紀	縱券頂中心柱窟	後甬道正壁		立佛；拋花；布髮掩泥（？）；升空禮拜	新疆龜茲研究院提供，謹致謝忱

續表

序號	出土地	年代	洞窟形制	現存地	圖版	圖像內容	圖像來源
16	森木塞姆石窟第 24 窟	公元 4—5 世紀	縱券頂中心柱窟	主室券頂右側壁		菱形構圖;坐佛;拋花(7朵)	《中國新疆壁畫藝術(第五卷):森木塞姆石窟、克孜爾尕哈石窟》,圖版四
17	瑪扎伯哈石窟第 9 窟	公元 6—7 世紀	方形中心柱窟	後甬道正壁		立佛;升空禮拜	新疆龜茲研究院提供,謹致謝忱
18	焉耆·七個星佛教遺址	公元 5—6 世紀	無	大英博物館		立佛;布髮掩泥;升空禮拜(?)	Whitfield Roderick, *The Art of Central Asia: The Stein Collection in the British Museum*(*Textiles, Sculputure and Other Arts*), Vol.3, Tokyo: Kodansha International in Co-operation with the Trustees of the British Museum, pl.117

續表

序號	出土地	年代	洞窟形制	現存地	圖版	圖像內容	圖像來源
19	焉耆·七顆星石窟第9窟	公元7世紀至回鶻時期	方形中心柱窟	行道側壁	無	無	賈應逸、祁小山：《印度到中國新疆的佛教藝術》，甘肅教育出版社，2002，第397頁；Grünwedel A., *AltbuddhistischeKultstätten in Chinesisch-Turkistan*, 1912, Berlin: G. Reimer, p.210
20	高昌故城大佛寺α遺址	公元9世紀末至10世紀中葉	無	佛塔旁下部（現藏於德國柏林亞洲藝術博物館）		抛花；布髮掩泥	《西域壁畫全集（7）·古代佛教寺院基窟壁畫》，新疆文化出版社，2017，圖版八九
21	高昌故城大佛寺β遺址	公元6世紀下半葉至8世紀初	方形中堂回廊式結構	東甬道內壁		布髮掩泥	Grünwedel A., *Bericht über Archäologische Arbeiten in Idikutschari und Umgebungim Winter 1902-1903*, 1906, Fig.79a [格倫威德爾：《高昌故城及其周邊地區的考古工作報告（1902-1903年冬季）》，管平譯，文物出版社，2015，第89頁]

續表

序號	出土地	年代	洞窟形制	現存地	圖版	圖像內容	圖像來源
22	柏孜克里克石窟第 15 窟	公元 9 世紀中至 12 世紀初	中堂回廊式大型洞窟	後甬道外側壁（現分藏於印度新德里國立博物館、首爾國立中央博物館）		拋花；布髮掩泥	Andrews F. H., *Wall Paintings from Ancient Shrines in Central Asia*, London: Oxford University Press, 1948, XVI, Bez. III. N. O;《中國新疆壁畫藝術（第六卷）：柏孜克里克石窟》，圖版一二九；國立中央博物館編著『中央아시아미술』，國立中央博物館所藏』三和出版社，1986，図 7

續表

序號	出土地	年代	洞窟形制	圖版	現存地	圖像內容	圖像來源
23	柏孜克里克石窟第18窟	公元9世紀中至12世紀初	中心柱式大型洞窟		中心柱北側壁前部下層	布髮掩泥	《中國新疆壁畫全集（6）：吐峪溝·柏孜克里克》，遼寧美術出版社、新疆美術攝影出版社，1995，圖版一〇〇
24	柏孜克里克石窟第20窟	公元11—12世紀	中堂回廊式大型洞窟		甬道內壁（原畫已不存）	拋花；布髮掩泥	Le Coq A. von, Chotscho: *Facsimile-Wiedergaben der wichtigerenFunde der erstenköniglichpreussischen Expedition nachTurfan in Ost-Turkistan*, Berlin, 1913, Tafel 23
25	柏孜克里克石窟第22窟	公元11—12世紀	方形穹隆頂窟		主室右側壁	升空禮拜	吐魯番學研究院湯士華先生提供，謹致謝忱

續表

序號	出土地	年代	洞窟形制	現存地	圖版	圖像內容	圖像來源
26	柏孜克里克石窟第 22 窟	公元 11—12 世紀	方形穹隆頂窟	主室左側壁		升空禮拜	吐魯番學研究院湯士華先生提供，謹致謝忱
27	柏孜克里克石窟第 31 窟	唐西州時期	小型長方形縱券頂窟	主室右側壁		升空禮拜	承哉惠:《柏孜克里克石窟誓願畫研究》，博士學位論文、中國社會科學院研究生院，2010
28	柏孜克里克石窟第 31 窟	唐西州時期	小型長方形縱券頂窟	主室右側壁		蓮花漂浮（7朵?）；升空禮拜	張統亮、鍾超、安尼瓦·買買提:《柏孜克里克千佛洞 31 號窟壁畫概述》(上)，《文物鑒賞與鑒定》2015 年第 6 期，第 68—73 頁

續表

序號	出土地	年代	洞窟形制	現存地	圖版	圖像內容	圖像來源
29	柏孜克里克石窟第33窟	約公元10世紀	長方形縱券頂窟	主室右側壁		升空禮拜	承載熏:《柏孜克里克石窟誓願畫研究》
30	柏孜克里克石窟第37窟	公元13—14世紀	小型長方形縱券頂窟	前窟主室右側壁		升空禮拜	承載熏:《柏孜克里克石窟誓願畫研究》
31	柏孜克里克石窟第37窟	公元13—14世紀	小型長方形縱券頂窟	前窟主室右側壁		立佛；升空禮拜	承載熏:《柏孜克里克石窟誓願畫研究》

續表

序號	出土地	年代	洞窟形制	現存地	圖版	圖像內容	圖像來源
32	柏孜克里克石窟第 42 窟	約公元 10 世紀	長方形縱券頂窟	主室右側壁		升空禮拜	承載章:《柏孜克里克石窟晳顯畫研究》
33	柏孜克里克石窟第 48 窟	公元 11—12 世紀	小型長方形縱券頂窟	南壁前部		抛花；布髮掩泥；升空禮拜	《中國新疆壁畫全集（6）：吐峪溝·柏孜克里克》，圖版一三六
34	勝金口石窟第 1 號窟	公元 460 年至 9 世紀	方形中堂回廊式結構	東甬道外側壁靠近入口處		立佛；升空禮拜	Grünwedel A., Bericht über Archäologische Arbeiten in Idikutschari und Umgebungim Winter 1902-1903, 1906, Fig.130 [格倫威德爾：《高昌故城及其周邊地區的考古工作報告（1902—1903 年冬季）》，第 132 頁，圖 130]

16 世紀中亞歷史文獻《昔班尼傳》研究

米吉提

　　1227 年，成吉思汗長子朮赤去世以後，朮赤的次子拔都繼承了朮赤的大部分封地。由於朮赤長子斡兒答在西征過程中所起的作用不是很大，因此他祇得到了相當於今哈薩克斯坦的領土作為封地。拔都的封地在歷史上被稱作金帳汗國或欽察汗國，斡兒答的封地則被稱作白帳汗國。

　　朮赤第五子、拔都之兄弟昔班，曾在蒙古軍隊的匈牙利戰役中立下大功，於是拔都給他分封了部分領地。昔班的主要領地在南烏拉爾河東部和東南部地區。昔班的領地在歷史上被稱作藍帳汗國。昔班去世以後，其次子勒哈都兒登上寶座。之後是勒哈都兒長子哲齊不花，哲齊不花之後是他的長子巴答忽兒繼承王位。1350 年，巴答忽兒次子蒙哥·帖木兒登上王位。1360 年，巴答忽兒之子弗拉德被擁立為汗。直到 14 世紀中葉，昔班和他的繼承人一直生活在自己的原封地。隨後，白帳汗國日益強大，吞併了包括金帳汗國和藍帳汗國在內的大部分欽察草原。白帳汗附屬部落幾乎全部遷往西邊的南俄羅斯草原，昔班家族趁機南下占領了原白帳汗國封地。這一時期昔班後裔開始被稱為月即別人。1381 年，欽察大汗脫脫迷失把大部分藍帳汗國之地分給弗拉德的兩個兒子阿拉伯·沙和易卜拉欣作為封地。脫脫迷失死後不久，月即別人發生內戰，各部開始互相廝殺。

　　1428 年，易卜拉欣孫子阿布海爾被他的部落擁戴為汗王。阿布海爾是一個雄才偉略、英勇善戰的人。在他的帶領下，月即別人逐漸強大起來。阿布海爾聯合諾蓋人征服了烏拉爾以東、錫爾河以北的廣闊地區。1450 年，阿布海爾統治達到頂峰，先後征服了花剌子模和錫爾河南岸部分要塞。1468 年，阿布海爾在一次清剿叛亂者的戰爭中被殺。同年，阿布海爾長子沙不答克也被察合臺汗國君主羽奴思汗所殺。阿布海爾汗死後，其部貴族成員之間紛爭迭起，長久不息，各奔東西。[①]

一　昔班尼王朝

　　沙不答克之子穆罕默德·昔班尼 1451 年生於塞格納克[②]。他出生的時候祖父阿布海爾為

---

① 米爾咱·海答兒：《賴世德史》，王治來譯注，上海古籍出版社，2013，第 167 頁。

② 塞格納克（Sighnaq）是中亞的一座古老城市（位於今哈薩克斯坦克孜勒奧爾達地區），是藍帳汗國的首都。

他取名沙拜海（Shah bakht）。從筆名昔班尼（Shibani）而得名穆罕默德·昔班尼汗（Shibani Khan）。他的筆名經常被錯誤地轉寫為曬巴尼（Shaybani）。17 歲時，他目睹祖父阿布海爾之死。阿布海爾死後烏茲別克人當中發生的紛爭迫使年輕的穆罕默德·昔班尼前往阿斯特拉罕避難。在阿斯特拉罕的時候，其周圍聚集了一批由烏茲別克貴族組成的擁護者。不久，阿斯特拉罕也發生戰亂，穆罕默德·昔班尼不得不逃出阿斯特拉罕。後來，穆罕默德·昔班尼投入同哈薩克汗爭奪欽察草原的戰爭。經過 20 多年的鬥爭，他纔得以取得勝利。

在這漫長的鬥爭期間，穆罕默德·昔班尼汗恢復了同帖木兒王朝統治者的交往，並且有一段時間在撒馬爾罕和布哈拉為帖木兒統治者效勞。到 15 世紀末，穆罕默德·昔班尼汗出乎帖木兒系統治者們的意料，開始攻打帖木兒後裔的領土。這時期的帖木兒王朝早就失去了建國初期的繁榮與威望，國家被帖木兒後裔瓜分得四分五裂。帖木兒王朝的分裂給烏茲別克人提供了發展壯大的機會。經過長期的圍攻，在 1499—1500 年的冬天，烏茲別克軍隊攻占了帖木兒首都撒馬爾罕。不久帖木兒後裔、安集延統治者巴布爾趁穆罕默德·昔班尼調動兵力征服河中地的機會，占領了撒馬爾罕。但是巴布爾的統治是不穩定的。隨著對撒馬爾罕城的再次圍攻，撒馬爾罕城重新歸屬於穆罕默德·昔班尼。1507 年，穆罕默德·昔班尼汗占領了最後一塊帖木兒系領地——赫拉特，帖木兒王朝滅亡。征服中亞以後，穆罕默德·昔班尼汗開始同伊朗薩法維王朝統治者伊斯邁爾作戰。伊斯邁爾同印度莫臥兒王朝統治者、昔班尼死敵巴布爾聯合，共同反抗穆罕默德·昔班尼的進軍。1510 年，穆罕默德·昔班尼同伊斯邁爾作戰的時候戰死於莫夫城。穆罕默德·昔班尼戰死之後，烏茲別克人當中發生了短暫的紛爭。[1]1512 年，穆罕默德·昔班尼侄子烏拜都拉成功地組織了反對薩法維王朝的抵抗，並最後取得勝利，鞏固了自己對中亞的統治。到了阿布都拉二世（Abdullah Ⅱ）統治時期（1581—1598），烏茲別克人再次強盛，重新征服了大部分失地。1598 年，阿布都拉二世死後，國內出現動亂。1599 年，烏茲別克人建立的這一國家被阿斯特拉罕汗國取代。

國內對昔班尼王朝的研究極其薄弱，多散見於通史性中亞史著作中。王治來的《中亞近代史：16—19 世紀》《中亞通史（近代卷）》《中亞國際關係史》等著作，藍琪的《中亞史》（第五卷）和《16 19 世紀中亞各國與俄國關係論述》等著作包含與昔班尼王朝有關的章節。這些著作雖然對中亞近代史有一定的闡述，但深入研究昔班尼王朝的則不多見，主要是以縱綫敘述為主。對昔班尼王朝時期原始史料的利用也存在一定的局限性。聯合國教科文組織主編的《中亞文明史》是集全球各國學者之力而成的大型著作，該書第五卷梳理了大量的史料，從宏觀、微觀相結合的角度對昔班尼王朝史做了較為深刻的論析，是中亞近代史的權威之作。烏茲別克斯坦學者 Б.А. 艾哈邁多夫的《16—18 世紀中亞歷史地理文獻》一書是國內關於中亞歷史地理文獻最重要的譯作，該書精選了 16 世紀的大量波斯

---

① Schaibanidische Grabinschriften. Herausgegeben von Baxtiyor Babadjanov, Ashirbek Muminov, Jürgen Paul. Wiesbaden: Dr. Ludwig Reichert Verlag, 1997, p.2.

文、察合臺文史料，此外還收録了一些西方旅行者的筆記、回憶録等，是從事中亞史研究學者的必備工具書。此外，雖然《賴世德史》《巴布爾回憶録》等中亞原始史料已有中文翻譯，但是基本上都是從俄、英等語言翻譯過來的，這些翻譯都存在沒有能够對史料原文對比研究的缺點。

國外對昔班尼王朝的研究開始較早，尤里·畢利格力（Yuri Bregel）對西方圖書館收藏的與昔班尼王朝有關的波斯文和察合臺文古籍文獻進行過文本學研究。他在《19 世紀的花剌子模土庫曼人》（Хорезмские туркмены в XIX веке）、《卡拉卡爾派克歷史有關希瓦汗國檔案文獻》（Документы архива хивинских ханов по истории и этнографии каракалпаков）等著作中用大量篇幅系統地研究了昔班尼王朝及烏茲別克人。蘇聯著名東方學家斯米諾夫（А. А. Семёнов）的學術活動也很重要。他在《烏茲別克昔班尼王朝的起源和構成問題》（К Вопросу О Происхождении И Составе Узбеков Шейбани-хана）、《阿布海爾汗史》（История Абулхайр-хана）等著作中深入地研究了昔班尼王朝的起源、部落成分、推選大汗過程的演變等問題。蘇聯學者帕·彼·伊萬諾夫（П.П.Иванов）1958 年出版了《中亞史綱要—十六世紀至十九世紀中葉》（Очерки по истории Средней Азии—XVI-середина XIX в.）。該書全面闡述了穆罕默德·昔班尼的一生，用馬克思主義史學觀正確評價了昔班尼王朝等封建王朝的性質。伊萬諾夫的著作大大增補了 16 世紀至 19 世紀中亞史研究資料。此外，烏茲別克斯坦學者艾哈邁多夫（Б.А.Ахмедов）、達維多維奇（Елена Абрамовна Давидович）、美國學者迪克森（M. B. Dickson）、德國學者烏爾里希·哈曼（Ulrich Haarmann）、法國學者格拉蒙（Jean-Louis Bacqué-Grammont）等人對昔班尼王朝也有一定的研究。

穆罕默德·昔班尼所建立的王朝在學術文獻中經常被稱為昔班尼王朝（Shibanids）。尤里·畢利格利、格拉蒙等認為，穆罕默德·昔班尼所建立的王朝應該叫“阿布海爾王朝”（Abulkhayrids）。格拉蒙認為，稱之為阿布海爾王朝有兩個原因。其一，所謂“昔班尼王朝”的後代君主其實都不是穆罕默德·昔班尼的直系，因為他沒有任何後代，他所創立的遊牧國家的權威其實傳遞到了他家族的其他成員手中。其二，昔班尼王朝這個名字應該適用於昔班（术赤之子）的所有後代，在這個前提下，“昔班尼王朝”應該同時包括昔班後裔阿拉伯·沙和易卜拉欣的家族。[1] 所以，為了區分 16 世紀在中亞形成的兩個獨立王朝，他提倡將易卜拉欣後裔所建立的王朝稱為“阿布海爾王朝”，而將阿拉伯·沙後裔所建立的王朝稱為“阿拉伯·沙王朝”（Arabshahids）。[2] 國內一直沿用“昔班尼王朝”這一稱呼。

---

[1] Jean-Louis Bacqué-Grammont,Une liste ottomane de princes et d'apanages abu'l-khayrides, Cahiers du Monde russe et soviétique,Vol. 11, No. 3, 1970, p. 425.

[2] Jean-Louis Bacqué-Grammont,Une liste ottomane de princes et d'apanages abu'l-khayrides, Cahiers du Monde russe et soviétique,Vol. 11, No. 3, 1970, p. 426.

二 歷史文獻《昔班尼傳》

從對 16 世紀中央歐亞的研究中可以看到，有大量的資料是用波斯文寫成的，而用察合臺文寫成的則相對較少。由於保存封閉、史料難懂等原因，目前除很少一部分史料得到整理和翻譯出版外，絕大部分史料有待進一步挖掘。15 世紀末，隨著遊牧烏茲別克人占據統治地位，定居人口的史學傳統與新來的遊牧民族的口頭史學相結合，導致 16 世紀的史學興起。這些新興起的作品大多數是以波斯文和察合臺文寫成的通史、編年史和傳記。

這一時期有關穆罕默德·昔班尼事迹的歷史作品有很多。有毛拉·沙迪（Mulla Shadiy）的《勝利頌》（Fatkhnama），卡邁勒丁·畢納伊（Kamaliddin Binai）的《昔班尼傳》（Shibani-ynama），魯孜畢罕（Ruzbihkhan）的《布哈拉賓客紀實》（Mehmannama-yi Bukhara）以及穆罕默德·薩利赫（Muhammad Salikh）的《昔班尼傳》（Shibaniynama）等。其中，穆罕默德·薩利赫的《昔班尼傳》是這一時期產生的新一波史學著作中最重要的文獻之一。

（一）卡邁勒丁·畢納伊的《昔班尼傳》

以"昔班尼傳"為名的歷史作品有三種。詩人和史學家卡邁勒丁·畢納伊 1453 年出生於赫拉特。他父親是當時赫拉特最有名的建築師。卡邁勒丁·畢納伊從小受過良好的教育，不僅在文學、歷史、音樂等領域表現得才華橫溢，還能從事建築師職業，因而獲得畢納伊（建築師）的綽號。卡邁勒丁·畢納伊 1494 年開始擔任穆罕默德·昔班尼的史官，穆罕默德·昔班尼汗命令他書寫自己的歷史戰功。卡邁勒丁·畢納伊共寫過七部歷史、文學作品，其中最重要的是歷史著作《昔班尼傳》。作為穆罕默德·昔班尼汗欽定史書，《昔班尼傳》主要講述了從穆罕默德·昔班尼汗出生到 1505 年圍攻烏爾根奇之間的一系列歷史事件。

卡邁勒丁·畢納伊的《昔班尼傳》是一部用波斯語書寫的韻文體編年史。《昔班尼傳》有十餘種抄本流傳至今，其中絕大部分現存於烏茲別克斯坦共和國科學院東方學研究院。1914 年著名史學家巴亞尼（Muhammad Yusuf Bayani）把卡邁勒丁·畢納伊的《昔班尼傳》翻譯成察合臺文並在希瓦出版石印本。[①] 畢納伊著作的部分內容被譯成俄文收錄在 1969 年出版的《十五至十八世紀哈薩克汗國歷史資料》一書中（第 91—227 頁）。[②]1997 年，日本學者久保一之（Kazuyuki Kubo）在京都整理出版了卡邁勒丁·畢納伊的《昔班尼傳》。[③]

（二）佚名作者的《昔班尼傳》

佚名作者用察合臺文寫成的《昔班尼傳》現存於俄羅斯科學院東方文獻研究所（編號

---

① БориБой.Ахмедович.Ахмедов.Государство кочевых узбеков.Наука.Москва.1965.С.63.

② С.Ибрагимов, К.Пищулина. В.Юдин.Материалы по истории казахских ханств XV- XVIII веков.Наука. Алма-Ата.1969.

③ ビナーイー著『シャイバーニー・ナーマ』校訂テキスト［近世ペルシア語文獻のテキスト校訂］トルコ・イスラム時代中央アジア文化の総合的研究、京都、1997。

為 591），是一部記載從諾亞至阿布都拉二世歷史的通史性著作。該書原文及俄文譯本 1849 年由俄國東方學家別列津（Илья Николаевич Березин）於喀山出版。① 土耳其學者亞庫甫（Yakup Karasoy）和穆斯塔法（Mustafa Toker）2005 年於科尼亞出版了該書的土耳其文譯本（附有察合臺文原文、注釋和索引）。②

（三）穆罕默德·薩利赫的《昔班尼傳》

穆罕默德·薩利赫（1455—1534）是帖木兒王朝末期才華橫溢的文人之一。他的歷史著作《昔班尼傳》講述了 15 世紀後期至 16 世紀初期的中亞史，主要是以穆罕默德·昔班尼的征服事迹為主。穆罕默德·薩利赫 1455 年出生於花剌子模。他的祖先跟帖木兒王室有親密的關係。他的祖父埃米爾·沙麥力克是兀魯伯的教練。他的父親努爾賽義德別克在兀魯伯宮廷服役過。努爾賽義德別克是 15 世紀 60 年代開始擔任阿布賽義德在花剌子模的代理。1467 年，侯賽因·巴伊格拉（Husayn Bayqara）進軍花剌子模。努爾賽義德別克組織了反抗，但是屢屢失敗，直到阿布賽義德派出援軍，努爾賽義德別克纔收復了失地。此後，阿布賽義德命令對這一事件進行調查，查明並懲罰失責的官吏。阿布賽義德認為努爾賽義德別克背叛了他，把他監禁在赫拉特作為政治犯服刑。過了一段時間以後，阿布賽義德原諒了他，並再次派他當謀夫的市長。但不久之後，努爾賽義德別克被以神秘的方式謀殺。

穆罕默德·薩利赫從小受過良好的教育。著名詩人阿卜杜拉赫曼·賈米（Abdurahman Jamiy）是他小時候的恩師。年輕的時候他按照自己的姓氏選擇了“薩利赫”（字面意思是“正直、誠實、善良”）為自己的筆名。著名詩人尼扎木丁·阿里西爾·納瓦依說穆罕默德·薩利赫是一位知識淵博的人，是一個卓越的詩人。③1489 年之前穆罕默德·薩利赫在侯賽因·巴伊格拉的宮廷服務。1499 年，帖木兒王朝崩潰，一個嶄新的王朝——阿布海爾王朝登上歷史舞臺的時候，穆罕默德·薩利赫投奔了穆罕默德·昔班尼。昔班尼見到穆罕默德·薩利赫非常高興，把他稱為“埃米爾之王”（Amirul-umara）、“詩人之王”（malik ush-shuara）。穆罕默德·昔班尼非常尊重和信任穆罕默德·薩利赫。例如，1500 年穆罕默德·昔班尼同巴布爾作戰時，就把首都布哈拉交給穆罕默德·薩利赫，並囑咐他保護好首都。後來，穆罕默德·薩利赫被任命為書記，參加了穆罕默德·昔班尼對昆都士、卡拉庫爾等地的征伐。1510 年穆罕默德·昔班尼去世以後，穆罕默德·薩利赫開始為穆罕默德·昔班尼的侄子烏拜都拉汗效力。穆罕默德·薩利赫在布哈拉度過餘生，於 1534 年在那裏去世。穆罕默德·薩利赫直到去世，一直是穆罕默德·昔班尼的忠實僕人。他不僅是一位歷史見證人，而且還是 16 世紀初動蕩中的中部歐亞政治事件的積極參與者。他一生用劍和筆支持自己的主人穆罕默

---

① Березин И. Н. Шейбаниада: История монголо-тюрков на джагатайском диалекте. Казань, 1849.

② Yakup Karasoy, Mustafa Toker.Türklerde Şecere Geleneği ve Anonim Şibanî-nâme.Tablet Kitabevi.Konya.2005.

③ МАЖОЛИС УН-НАФОИС.АЛИШЕР НАВОИЙ МУКАММАЛ АСАРЛАР ТӮПЛАМИ.Ӯн учинчи том. Ӯзбекистон Республикаси Фанлар академияси «Фан» нашриёти.Тошкент .1997. p.137.

德·昔班尼。

　　穆罕默德·薩利赫的《昔班尼傳》是一部用察合臺文書寫的韻文體編年史，正文由 76 章 4456 行組成。可惜的是，《昔班尼傳》的稿本沒有流傳下來，但是作者在世的時候，1510 年由一個名叫喀斯木的秘書從稿本抄寫的抄本現藏於奧地利國家圖書館（N1156 號）。寫這部偉大作品的目的，作者在"寫本書的原因"一章中這樣寫道："當我的家人遭遇不幸，花刺子模離開我父親的手時，我，穆罕默德·薩利赫，在呼羅珊一帶閒逛了很長時間，有幸免於許多不幸的事件後，我找到了仁慈的君主（即穆罕默德·昔班尼汗），他愛撫和尊重我。為了對他表示謝意，我決定撰寫有關我恩人的事迹。有了這個想法，我向穆罕默德·昔班尼請示，仁慈的君主批准了我的請求。"① 雖然，穆罕默德·薩利赫《昔班尼傳》的內容同卡邁勒丁·畢納伊《昔班尼傳》的內容相同，但是相比之下，穆罕默德·薩利赫《昔班尼傳》有如下幾點長處。首先，穆罕默德·薩利赫的《昔班尼傳》從穆罕默德·昔班尼汗出生一直寫到 1507 年，其中 1505 年至 1507 年間發生的事情在卡邁勒丁·畢納伊的《昔班尼傳》中是沒有的。其次，比起卡邁勒丁·畢納伊的《昔班尼傳》，穆罕默德·昔班尼爭奪撒馬爾罕以後發生的歷史事件在穆罕默德·薩利赫的《昔班尼傳》中得到更詳細的描寫。

　　穆罕默德·薩利赫的《昔班尼傳》迄今為止有兩種版本留存下來。一種是上述的維也納版本，② 另一種則是最近發現的保存在匈牙利科學院圖書館的版本。③ 據阿熱菲·艾杰（Arife Ece Evirgen）的研究，匈牙利版本共 190 頁，其中前 96 頁與維也納版本不同，許多地名和人名同維也納版本也完全不同。④

　　穆罕默德·薩利赫的《昔班尼傳》第一次是被匈牙利東方學家萬貝里（Hermann Vambery）引入現代西方學界的，他於 1885 年在布達佩斯出版了《昔班尼傳》的原文和德譯本。⑤ 萬貝里譯本的結構如下：目錄 4 頁、序言 13 頁、原文及德文翻譯 447 頁、注釋 17 頁。由於萬貝里長時間住在中亞，語言功底扎實，他所做的德文翻譯很成功，該書一直是西方學者研究昔班尼王朝史的必備之書。1908 年聖彼得堡大學出版了由梅利奧蘭斯基（Платон Михайлович Мелиоранский）整理並翻譯的、著名語言學家薩莫伊洛維奇（Александр Николаевич Самойлович）撰寫長篇序言的俄譯本。⑥ 在序言部分，薩莫伊洛維奇對萬貝里所做的工作進

---

① Мухаммед Салих. Шейбани-намэ. Джагатайский текст. Посмерт. изд. проф. П. М. Мелиоранского. прив.-доц. А. Н. Самойловича. Санкт-Петербург.1908. С.137.

② Gustav Flügel.Die arabischen, persischen und türkischen Handschriften der Kaiserlich-Königlichen Hofbibliothek zu Wien. Bd.2. 1831, p.323.

③ Catalogue of the Turkish Manuscripts in the Library of the Hungarian Academy of Sciences. Comp. by Ismail Parlatir, György Hazai and Barbara Kellner-Heinkele. Budapest, 2007. p.27.

④ Arife Ece Evirgen. On the Budapest copy of SHİBANÎ-NÂME.SUTAD. 2018.S44, p.153.

⑤ Hermann Vambery. Die Scheibaniade: Ein Ozbegisches Heldengedicht in 76 Gesangen Vom Prinz Mohammed Salih Aus Charezm. Text, Ubersetzung und Noten, Budapest, 1885.

⑥ Мухаммед Салих. Шейбани-намэ. Джагатайский текст. Посмерт. изд. проф. П. М. Мелиоранского. прив.-доц. А. Н. Самойловича. Санкт-Петербург.1908.

行了全面總結。1961 年，蘇聯古典學家納斯如拉·達吾然（Насрулло Даврон）根據梅利奧蘭斯基的俄譯本在塔什干整理出版了《昔班尼傳》的烏茲別克文版。①1989 年，烏茲別克斯坦"文藝"出版社出版了葉爾蓋世艾力·夏地耶夫（Эргашали Шодиев）等人整理的版本。②2003 年，土耳其學者伊爾迪茲·闊加薩瓦希（Yıldız Kocasavaş）在伊斯坦布爾出版了包括前言、原文、譯文、影印件在內的土耳其文本。③

三　穆罕默德·薩利赫《昔班尼傳》的史料價值

《昔班尼傳》具有很高的學術價值和史料價值。首先，書中全面、系統地介紹了遊牧烏茲別克人的南征、穆罕默德·昔班尼汗及其後代的對外戰爭、烏茲別克軍隊的組成等內容。例如，據穆罕默德·薩利赫指出，烏茲別克軍隊按部落構成分為左翼軍和右翼軍，左翼軍主要由孔格拉、乞顏、曼格特、大圖拉、烏孫、斡亦剌惕等部的人組成，而右翼軍主要由乃蠻、杜爾曼、科什奇、布林庫特部人組成。④《昔班尼傳》記載政治、軍事史的同時，還廣泛涉及語言、文學、民俗、地理、飲食、服飾等社會生活的方方面面。

此外，《昔班尼傳》記錄了同時代的《賴世德史》《巴布爾回憶錄》等歷史文獻沒有記載的重要史料。例如，莫臥兒王朝與伊朗薩法維王朝聯合軍隊瓦解的原因在《賴世德史》和《巴布爾回憶錄》中沒有被提到。又如，對 16 世紀在中亞發生的重大歷史事件，雖然主題是相同的，但是由於同米爾咱·海答兒、巴布爾的立場不同，穆罕默德·薩利赫的很多描述同前兩者有很大不同。這給我們用不一樣的角度研究 16 世紀中亞史提供了很好的機會。例如，巴布爾在自己的回憶錄中把穆罕默德·昔班尼描述成一位"天生邪惡，殘酷無情"⑤的侵略者，但是《昔班尼傳》中的穆罕默德·昔班尼是一位聰明、愛民愛國的君主。

同時，《昔班尼傳》也存在一些不足之處。在《昔班尼傳》中，對歷史事件的描寫基本上遵從《史集》以來的中亞治史傳統，即史料按所發生的歷史事件分章節排列，事件的描述按時間順序排列。但對於某些重要的歷史事件，穆罕默德·薩利赫在記載時很少指出具體日期，通常以"夏天的開始""某個春天""某年冬天""在這樣的事件發生幾個月之後"等描述來表達時間。此外，昔班尼汗親信的這一身份在很大程度上決定了穆罕默德·薩利赫作品的性質，他的作品對作為政治對手的歷史人物持有一定的偏見。選用《昔班尼傳》作為歷史資料時，我們應考慮這個情況，運用歷史唯物主義的觀點評價和對待這些歷史人物。

---

① Мухаммад Солих, шайбонийнома, нашрга тайёрловчи филология фанлари кандидати Насрулло Даврон, Тошкент, 1961.

② Мухаммад Солих, шайбонийнома, Ғафур Ғулом номидаги Адабиёт ва санъат нашриёти, Тошкент, 1989.

③ Yıldız Kocasavaş.Şeybanî-nâme.Giriş-Tıpkıbasım-Metin-Tercüme.Çantay Yayınları. İstanbul.2003.

④ Мухаммед Салих. Шейбани-намэ. Джагатайский текст. Посмерт. изд. проф. П. М. Мелиоранского. прив.-доц. А. Н. Самойловича. Санкт-Петербург.1908. С.141.

⑤ 巴布爾：《巴布爾回憶錄》，王治來譯，商務印書館，1997，第 125 頁。

結　語

　　《昔班尼傳》對研究後蒙古時期的中亞史具有十分重要的意義。對 16 世紀中亞史而言，它填補了這一時期中亞軍事、外交等領域遺留下來的許多空白。《昔班尼傳》對《賴世德史》《巴布爾回憶錄》等同時期的重要歷史文獻來說，具有比較研究價值。《昔班尼傳》雖然被引入現代史學研究領域已有近兩個世紀，但它包含的豐富資料還沒有被有效利用。對於這部史著的研究還有待進一步加強。應結合有關漢文史料，參考國外對《昔班尼傳》翻譯、校勘的研究成果，盡早將這部經典史學著作譯為漢文，來補充我國蒙古史、中亞史的相關研究。

Research on the 16th Century Historical Document *Shibaninama*

Abdumijit Abdulla

Muhammad Shibani Khan was the founder of the Shibanid Dynasty. At the end of the 15th century, He ruled most of Central Asian cities such as Samarkand, Khwarazm, Herat. The life and Conquest of Muhammad Shibani Khan was recorded in several historical works, among which the *Shibaninama* is the most important. There are three different versions of "Shibaninama". The prose style *Shibaninama* is anonymous. There are two versions of the poetic style *Shibaninama*, one is the Persian *Shibaninama* of Kamaledin Binai, and the other is the Chaghatay *Shibaninama* of Muhammad Salikh. Muhammad Salikh's *Shibaninama* has published in German, Russian, Turkish and Uzbek languages. Two 16th Century manuscripts of this text are still extant; one is kept in The Austrian National Library. A new version of the *Shibaninama* was recently discovered at the Library of the Hungarian Academy of Sciences. The Hungarian version has a total of 190 pages, of which the first 96 pages are completely different from the Vienna version. New version has many different place names and names.

從滿文四書五經政治類詞彙譯法的演變
看清朝官方意識形態的變遷

曲　強

引　言

　　四書五經是中國歷史文化古籍中的經典，是儒家思想的核心載體，同時也是科舉考試的重要依據。清朝入關前後，四書五經被漸次翻譯為滿文，並經過多次釐定，最終於乾隆時期定型，以《欽定四書五經》之名收入《四庫全書》。而四書五經作為傳統漢文化的代表性經典，其中有大量的帝王稱謂、華夏四夷名稱等政治類專有名詞，它們反映了先秦時期的政治架構和政治觀念，這些都為滿文化所無。四書五經中政治類詞彙譯法的變化反映出翻譯原則的變化、譯者對經典理解的不斷深化，更重要的是體現了清朝官方意識形態如天下觀、華夷觀、等級觀的變遷過程。不僅如此，這種翻譯的變化還對中西文化交流產生了重要的影響。清朝很多來華傳教士都學習滿文，他們將四書五經譯為西方語言也是通過滿文譯本實現的。比如，俄國傳教士 Alexei Leontiev（1716-1786）將滿文《大學》《中庸》《易經》《孟子》譯為俄文，並結合漢文原本做了校對。[①] 滿文成為中外文化交流的一座橋梁，因此滿文譯本的譯法和特點對西文譯本以及西方人對於中國傳統經典的理解產生了重大影響，這在以往的研究中很少被提及，理應引起我們更多的關注。

　　目前，對四書五經滿文譯本的研究並不充分，主要分為以下幾類。第一類主要介紹並探討四書五經的版本，如中國第一歷史檔案館的徐莉，她的《清代滿文四書版本研究》[②]、《滿文〈四書〉修訂稿本及其價值》[③]、《乾隆皇帝御批滿文四書》[④] 以及《清代滿文〈詩經〉譯本及其流傳》[⑤] 等文章利用中國第一歷史檔案館所藏的四書五經譯本進行研究，由於中國第一歷史檔案館所藏的四書五經譯本暫未出版，也不對公眾開放，因此她的介紹和研究具有很高的

---

①　來自俄羅斯科學院東方文獻研究所研究員龐曉梅（Tatiana A.Pang）於 2017 年 9 月 27 日在中國人民大學國學院西域歷史語言研究所作的題為 "The Manchu Studies in Russia in the 18th-19th Centuries" 的講座。

②　徐莉：《清代滿文四書版本研究》，《民族翻譯》2015 年第 4 期，第 65—71 頁。

③　徐莉：《滿文〈四書〉修訂稿本及其價值》，《滿語研究》2008 年第 1 期，第 64—67 頁。

④　徐莉：《乾隆皇帝御批滿文四書》，《中國檔案》2015 年第 6 期，第 76—77 頁。

⑤　徐莉：《清代滿文〈詩經〉譯本及其流傳》，《民族翻譯》2009 年第 3 期，第 50—55 頁。

參考價值。特別是她發現的乾隆帝御批滿文四書的檔案，對於研究滿文四書的改譯過程彌足珍貴。第二類主要探討四書五經等漢文經典的翻譯過程，比如章宏偉《清朝初期的滿文教育與滿文譯書出版》①，從清朝入關前後滿文教育的發展角度，強調了漢文文獻翻譯對於滿文教育的重要性；曉春、春花《科舉視角下〈四書〉滿文本翻譯始末》②介紹了多部四書譯本的版本情況，並且強調其在經筵、科舉等場合的重要作用；Stephen Durrant 的 "Sino-Manchu Translations at the Mukden Court"③ 主要介紹了達海等人對漢文經典的翻譯，並強調了入關前翻譯內容的多樣性。總體而言，這類文章通過梳理史料、整理各大圖書館及檔案館的館藏滿文古籍，探討滿文譯書的翻譯過程與應用。第三類是對四書五經滿文譯本的具體內容進行研究，比如莊吉發《清高宗敕譯四書的探討》④將乾隆年間敕譯的四書與康熙年間譯本進行對比，研究翻譯過程中用詞、文法等方面的變化，其中提及政治類詞彙的譯法演變；山崎雅人《論滿文〈詩經〉新舊翻譯之差異》⑤主要通過對比不同的譯本探究譯法的不同；王敵非《滿譯〈左傳〉詞語研究——以〈鄭伯克段於鄢〉為例》⑥、《民族文化在文學翻譯中的體現——以滿譯〈詩經·關雎〉為例》⑦二文主要研究滿文譯本中的用詞及其背後的文化因素；Laura E.Hess 的 "The Manchu Exegesis of the Lúnyǔ"⑧ 一文主要研究"仁義禮智信"等概念的滿文譯法及其詞源，特別強調蒙古時代甚至遼金時期的經典翻譯傳統對清朝翻譯的影響；山崎雅人「滿文『詩経國風』における押韻について」⑨通過大量的例子對比滿文《詩經》舊譯與新譯之間押韻的差異。

　　研究滿文四書五經的翻譯不僅需要懂滿文、清史，對於經學史、思想史、文獻學等的掌握亦有較高要求，本文僅就滿文四書五經中的政治類詞彙譯法進行研究與探討，權作拋磚引玉之用。

一　從"因循漢文"到"滿文語氣"——滿文四書五經翻譯史簡述

　　在入關以前，皇太極就十分重視對漢文經典的翻譯，他曾命達海翻譯了一些漢文經典，

---

① 章宏偉：《清朝初期的滿文教育與滿文譯書出版》，《瀋陽故宮博物院院刊》2008 年第 1 期，第 44—51 頁。

② 曉春、春花：《科舉視角下〈四書〉滿文本翻譯始末》，《故宮博物院院刊》2017 年第 3 期，第 76—84 頁。

③ Stephen Durrant, "Sino-Manchu Translations at the Mukden Court ," *Journal of the American Oriental Society*, Vol. 99, No. 4 (Oct. - Dec., 1979), pp. 653-661.

④ 莊吉發：《清史論集》（四），臺北：文史哲出版社，2000，第 61—76 頁。

⑤ 山崎雅人：《論滿文〈詩經〉新舊翻譯之差異》，閻崇年主編《滿學研究》第 6 輯，民族出版社，2000，第 246—261 頁。

⑥ 王敵非：《滿譯〈左傳〉詞語研究——以〈鄭伯克段於鄢〉為例》，《滿語研究》2012 年第 1 期，第 20—25 頁。

⑦ 王敵非：《民族文化在文學翻譯中的體現——以滿譯〈詩經·關雎〉為例》，《黑龍江民族叢刊》2012 年第 4 期，第 147—151 頁。

⑧ Laura E.Hess, "The Manchu Exegesis of the Lúnyǔ, "*Journal of the American Oriental Society*,Vol. 113, No. 3 (Jul.-Sep., 1993), pp. 402-417.

⑨ 山崎雅人「滿文『詩経國風』における押韻について」『人文研究』51（8）、81—107 頁。

如《刑部會典》《素書》《三略》《六韜》《孟子》《三國志》等。①清初多譯兵書，這應與當時的戰爭需要有關。到順治、康熙、乾隆三朝，文治肇盛，四書五經是古代社會道德倫理、意識形態、科舉取士的重要依據，對其的翻譯便於此時大規模展開。《清世祖實錄》載，順治十年（1653），順治帝"命內院諸臣翻譯五經"②，這是最早系統翻譯四書五經的記載。順治帝對此事格外重視，多次"幸內院，披閱翻譯五經"③，並曉諭諸臣："天德王道，備載於書，真萬世不易之理也。"④不僅如此，順治帝還親自改正錯訛："上幸內院，閱翻譯五經中有訛字，御筆更正，命譯書官照更正繕寫。"⑤但從目前能查找到的滿文五經版本以及翻譯時間來看，順治時期的翻譯沒有全部完成，現在能見到的有明確紀年最早的譯本是順治十一年內府刻本滿文《詩經》，題名 ši ging ni bithe，其中"詩經"用音譯。

康熙帝對於漢文化十分熱衷，對於儒家經典更加重視。據《起居注》記載，他命日講官進講《詩經》、《書經》、四書等經典，並由此形成了一批"解義"類書籍，比如現存的康熙十六年（1677）內府刻本滿文《日講四書解義》（inenggidari giyangnaha sy šu ni jurgan be suhe bithe）、康熙十九年（1680）內府刻本滿文《日講書經解義》（inenggidari giyangnaha šu ging ni jurgan be suhe bithe）、康熙二十二年（1683）內府刻本滿文《日講易經解義》（inenggidari giyangnaha i ging ni jurgan be suhe bithe）等，這類書籍先以大字抄寫一段經典原文，在其後以小字加以講解，其講解旨在疏通文意，不注重一字一詞的解釋。康熙帝也曾親自指導翻譯活動，比如針對翻譯中的用詞問題，康熙帝云：

> 滿漢文義，照字翻譯可通用者甚多。今之翻譯者尚知辭意，酌而用之。後生子弟未必知此，不特差失大意，抑且言語欠當，關係不小……爾（傅達禮）任翰院之職，可體朕此意，將滿語照漢文字彙發明，某字應如何用，某字當某處用，集成一書，使有益於後學……此書不必太急，宜詳慎為之，務致永遠可傳，方為善也。⑥

可見康熙帝對於經典翻譯的要求，一言以蔽之即為"將滿語照漢文字彙發明"，對照康熙時期譯本，其譯文大多采取直譯的方式，意圖與漢文原文準確地對應，具體表現就是其中的專有名詞多用音譯，甚至犧牲了其含義的表達；句型結構也大多采取漢文的結構，語法上更接近漢文。這種翻譯方式與後來收入《四庫全書》的《欽定四書五經》的翻譯方式大相徑庭，

---

① "其平日所譯漢書有《刑部會典》《素書》《三略》《萬寶全書》，俱成帙時，方譯《通鑑》、《六韜》、《孟子》、《三國志》及《大乘經》，未竣而卒。初，我國未深諳典故諸事，皆以意創行，達海始用滿文譯歷代史書，頒行國中，人盡通曉。"《清實錄·太宗文皇帝實錄》卷 12，中華書局，2008，第 741 頁。

② 《清實錄·世祖章皇帝實錄》卷 72，第 2064 頁。

③ 《清實錄·世祖章皇帝實錄》卷 72，第 2065 頁。

④ 《清實錄·世祖章皇帝實錄》卷 72，第 2065 頁。

⑤ 《清實錄·世祖章皇帝實錄》卷 72，第 2066 頁。

⑥ 《清代起居注冊·康熙朝》第 2 冊，中華書局，2009，第 658—659 頁。

而乾隆時期的改譯又建立在康熙時期譯本的基礎上，因此下文將康熙時期譯本稱為"舊譯"，將《欽定四書五經》稱為"新譯"。

到了乾隆時期，乾隆帝對四書五經進行了兩次釐定，第一次發生在他即位後不久，他命鄂爾泰釐定滿文四書，於乾隆六年（1741）交武英殿刊刻，即為《滿文四書》（manju hergen i sy šu bithe），此時書名"四書"仍采取音譯的方式。第二次大規模釐定發生於乾隆帝頒布"新清語"後。到乾隆時期，滿族知識分子多已精通漢語，而滿語的使用則大大受到削弱，很多滿族大臣書寫滿文錯字連篇，亦不能熟練掌握滿語，"國語騎射"的根本被嚴重動搖，乾隆帝於是大力推廣"新清語"，創造了一大批"舊清語"無法表達的詞語與表達法，使得滿語更能適應當時的環境。"新清語"的成果彙集成詞典就是以《增訂清文鑑》為代表的各種類型的字書，比如《五體清文鑑》《滿珠蒙古漢字三合切音清文鑑》等。而具體應用於文本翻譯之上，《欽定四書五經》是其代表之一。

《欽定四書五經》是《御製翻譯易經》、《御製翻譯詩經》、《御製翻譯書經》、《御製翻譯禮記》、《御製翻譯春秋》、《御製翻譯四書》（《御製翻譯大學》、《御製翻譯中庸》、《御製翻譯論語》、《御製翻譯孟子》）九部書的總名，被收錄於《四庫全書》經部之"五經總義"中。根據每部書序言所署時間大致可以瞭解四書五經的翻譯順序（見表1）。

表 1　四書五經的翻譯順序

書名	署名	序言所署時間
《御製翻譯四書》	檢討德生覆勘、詹事薩敏覆勘	乾隆二十年十二月十四日
《御製翻譯書經》	檢討德生覆勘、員外郎法式善覆勘	乾隆二十五年五月初四日
《御製翻譯詩經》	檢討德生覆勘、員外郎法式善覆勘	戊子，始竣（乾隆二十五年）
《御製翻譯易經》	檢討德生覆勘、員外郎法式善覆勘	乾隆三十年仲秋
《御製翻譯禮記》	檢討德生覆勘、員外郎法式善覆勘	乾隆四十八年五月初七日
《御製翻譯春秋》	檢討德生覆勘、通政使夢吉覆勘	乾隆四十九年七月

而通過《欽定四書五經》各篇序言又可以大致梳理出各書翻譯次第與經過。《御製翻譯四書序》云：

國朝肇立文書，文經史籍次第翻譯，四子之書首先刊布傳習，朕於御極之初，命大學士鄂爾泰重加釐定，凡其文義之異同，意旨之淺深，語氣之輕重，稍有未協者，皆令更正之……則文義意旨語氣之未能吻合者仍不免焉，乃親指授翻譯諸臣，參考尋繹，單詞隻字，昭晰周到，無毫髮遺憾而後已。①

① 《景印文淵閣四庫全書》第 189 冊，臺北：臺灣商務印書館，1986，第 282 頁。

由此可知，儒家經典中四書是最早被清朝官方翻譯的。乾隆帝登基之後也首先命鄂爾泰釐定四書，第一次主要釐定文義、意旨、語氣，使之更符合原意，而第二次釐定更加注重“單詞隻字”的細節，也就是按照“新清語”對書中專有名詞進行替換和改造。這一點在《御製翻譯詩經序》中被明確指出：

　　世祖章皇帝順治十一年譯定初本，體裁已備，閱時滋久，凡《清文鑑》所未賅哲者，參采新定國語，侔揣務極精詳，因命分冊簽題，幾餘復為折衷是正，越戊子，全帙始竣。①

在釐定四書後，緊接著乾隆帝又對《書經》《詩經》進行釐定，《御製翻譯書經序》云：

　　我朝以國書翻譯向有繕本，朕幾餘披覽……爰命在館諸臣，於四子書訖事，取是編重加參訂，每分帙進呈，丹豪塗乙，不憚往復者，積有歲時完書始就。②

可知乾隆帝曾親自參與到改譯工作之中。這一點在《御製翻譯禮記序》中也被一再提及：

　　國書翻譯，則文因本文，義因本義，不疏不注，惟就本文雜誦……莫不鰲然煥然章解句釋，初學者讀之即可了然其義，而進而求夫精蘊……皆可沿流以溯源，因端以竟委……初敕館臣，分篇詳譯，悉心探討，依次進呈，朕乙夜披覽，不憚諄複，歲月既積，成書始就。③

對古代經典“文因本文，義因本義，不疏不注”，還能夠做到“鰲然煥然章解句釋，初學者讀之即可了然其義”，正是因為專有名詞由音譯改為意譯，采取地道的滿語詞彙解釋性地翻譯，這一點後文還會重點論述。

四書五經中，《春秋》（包含《左傳》《公羊傳》《穀梁傳》）部頭最大，翻譯完成也最晚。乾隆帝在《御製翻譯春秋序》中說：

　　國書翻譯易書詩禮諸經既畢，乃及春秋遲之又久，寬以歲時，俾司事者悉心探討，以蘄合乎聖人筆削維嚴之旨，大公至正之心……國書推闡精覆，虛實揣稱，不注不疏，唯就經文義理，抑揚高下，純順自然，而於聖人公是公非之旨軒豁呈露，昭乎如日月之明也……不敢謂春秋之旨待是書而明其所未明，通其所未通，然初學者讀之，可以了

① 《景印文淵閣四庫全書》第185冊，第409頁。
② 《景印文淵閣四庫全書》第185冊，第213頁。
③ 《景印文淵閣四庫全書》第186冊，第2頁。

然其義，而不為歧說所拘，即窮經博古之士，翻譯其文，益以悟國書之有裨於筆削褒貶之義。①

這裏提到滿文翻譯"推闡精覆，虛實揣稱，不注不疏，唯就經文義理，抑揚高下，純順自然"的優點，特別強調了這種翻譯方法"於聖人公是公非之旨軒豁呈露""有裨於筆削褒貶之義"。傳統認為，《春秋》有所謂春秋筆法，寓褒貶於一字之中。而翻譯為滿文後仍然要體現春秋筆法的特點，其中政治類詞彙的翻譯方法也會體現出尊卑等級等觀念，新譯在這一點上將其發揮到了淋漓盡致的地步。

乾隆帝推行"新清語"後，不僅古書的翻譯受到影響，試卷、公文等皆要遵循"新清語"。乾隆帝曾評論試卷的翻譯方法：

> 曾經降旨，以翻清必順滿文意，方可令人易曉。若捨滿文語氣，因循漢文翻譯，則竟至失却滿文本義。著將此再通行各處，嗣後一切翻清，必遵朕屢次訓旨，遵照滿文本義翻譯，斷不可拘泥漢文。②

這裏乾隆帝提到的翻譯舊習是"因循漢文"，而他大力提倡的是"滿文語氣"，這是"新清語"推行前後翻譯原則的變化，與康熙帝宣導的"將滿語照漢文字彙發明"完全不同。通過比對四書五經新舊譯本中的特殊詞語後可以發現，從"因循漢文"到"滿文語氣"正是四書五經舊譯與新譯之間的重大變化。

二 《欽定四書五經》中的政治類詞彙翻譯特點

本部分主要對康熙年間的舊譯本與收入《四庫全書》中的《欽定四書五經》進行對比，採用版本情況如下：

舊譯：

（1）國家圖書館館藏《四書集注（sy šu ji ju）》，滿漢合璧，17卷。道光十八年（1838）炳蔚堂朱氏刻本。正文半葉12行，白口，單魚尾，四周雙邊，框高22.4釐米，寬15.7釐米。③ 索書號：122.B222.172.0026。

（2）國家圖書館館藏《inenggidari giyangnaha sy šu i jurgan be suhe bithe（日講四書解義）》，滿文，26卷。喇沙里等總校，康熙十六年殿刻本。正文半葉7行，黑口，雙魚尾，四

---

① 《景印文淵閣四庫全書》第187冊，第1頁。

② 《清實錄·高宗純皇帝實錄》卷1292，第26001頁。

③ 黃潤華主編《國家圖書館藏滿文文獻圖錄》，國家圖書館出版社，2010，第15頁。

周雙邊，框高 26.2 釐米，寬 18.7 釐米。① 索書號：122.B222.172.0819。

（3）國家圖書館館藏《han i araha inenggidari giyangnaha šu ging ni jurgan be suhe bithe（御製日講書經解義）》，滿文，13 卷。庫勒訥等輯，康熙十九年殿刻本。正文半葉 7 行，黑口，雙魚尾，四周雙邊，框高 26 釐米，寬 18.7 釐米。② 索書號：122.K221.4.1314。

新譯：《欽定四書五經》（文淵閣《四庫全書》本）。

下面筆者對以上材料做一簡單說明。國家圖書館館藏滿漢合璧本《四書集注（sy šu ji ju）》雖為坊刻本，但是通過對避諱字的分析，並與國家圖書館館藏《inenggidari giyangnaha sy šu i jurgan be suhe bithe（日講四書解義）》進行比對，可以發現其使用的是同滿文《日講四書解義》一致的舊譯版本。值得注意的是，書中有大量紅筆修改的痕迹，筆者將其與《欽定四書五經》（文淵閣《四庫全書》本）對比發現，所有的改動都是將舊譯改成新譯，再加上此本為滿漢合璧，便於核對，因此筆者使用此版本進行了核對。國家圖書館館藏《inenggidari giyangnaha sy šu i jurgan be suhe bithe（日講四書解義）》為大黃綾本，為殿刻本中的精品，其中經文用大號字體書寫，解義用小號字體書寫。筆者主要將此版本與炳蔚堂本進行對比，發現兩者一致，明確了炳蔚堂本的性質。國家圖書館館藏《han i araha inenggidari giyangnaha šu ging ni jurgan be suhe bithe（御製日講書經解義）》體例與《日講四書解義》同。值得注意的是，同炳蔚堂本相似，此書的第一冊有大量墨筆修改的痕迹，通過與文淵閣《四庫全書》本對比發現，其也是將舊譯逐一修改成了新譯。在收藏有滿文四書五經的機構中，祇有國家圖書館最方便查詢，且版本優良，流傳有序，內容完整，這是筆者選擇以上三個版本的原因。

由於部分經典的舊譯本無法查看，因此筆者僅對比了一部分。關於舊譯，筆者查閱了《論語》《孟子》《書經》全文。關於新譯，筆者查閱了《欽定四書五經》中《御製翻譯書經》《御製翻譯論語》《御製翻譯孟子》《御製翻譯禮記》全文，以及《御製翻譯春秋》隱公二年到襄公七年部分。其中《書經》《論語》《孟子》新舊譯本俱全，因此作為主要材料進行對比研究。而《禮記》未見舊譯本，《春秋》雖有舊譯本，但難以查閱其原本，因此這兩部經典僅作為補充材料使用。

為了避免斷章取義，筆者在前期資料整理階段將所要研究的每類詞彙的所有相關例子搜集完備，但是由於其中有大量的重復，且篇幅有限，下文僅選取一些有代表性的例子。如有例外產生，則在文中特別說明。例句中的漢文來自《欽定四書五經》，滿文轉寫采取穆林德夫滿文轉寫方案，每一句後附有其出處，新譯均采取"《文淵閣四庫全書》冊數 - 頁碼"的方式標注；舊譯采取"卷數 . 頁碼 . 左右葉"的方式標注。由於本文篇幅有限，且不涉及語法和義理的研究，因此不附翻譯，祇將關鍵字用波浪綫標出。

---

① 黃潤華主編《國家圖書館藏滿文文獻圖錄》，第 12 頁。
② 黃潤華主編《國家圖書館藏滿文文獻圖錄》，第 6 頁。

（一）古帝王名

對於上古帝王堯、舜、禹以及夏商周三代的王，舊譯中均直接音譯，而新譯中大多數情況在其後加上了 han（汗、君主、皇帝），明確其地位，亦有少數情況不加 han。例如：

○湯以是傳之文武周公

康熙孟子集注（tang erebe wen u jeo gung de ulahabi 卷 1.1 右）

四庫欽定孟子（tang han erebe wen wang u wang jeo gung de ulahabi 189-452）

○舜有臣五人

康熙論語集注（šūn de bihe amban sunja niyalma 卷 4.26 右）

四庫欽定論語（šūn han de sunja amban bifi 189-384）

○堯曰

康熙論語集注（yoo i henduhengge 卷 10.12 左）

四庫欽定論語（yoo han i hese 189-449）

儒家經典中提到的"先王"，多指先代聖王，如周文王、周武王等；作為儒家政治理想的"王道""王政"則指的是先王之道、先王之政。在舊譯中這類詞語中的"王"均被直接音譯為 wang，而新譯中均改為 han。例如：

○王道之始也

康熙孟子集注（wang ni doro i deribun kai 卷 1.7 右）

四庫欽定孟子（han i doro i deribun kai 189-462）

○先王

康熙孟子集注（nenehe wang 卷 1.30 左）

四庫欽定孟子（nenehe han 189-476）

○先王之道

康熙論語集注（nenehe wang ni doro 卷 1.9 右）

四庫欽定論語（nenehe han sai doro 189-349）

新譯在涉及"先王"的具體所指時，還依照語境加上了表示複數的 -sa，這是舊譯所沒有的，更加體現新譯的精細、精準。

對於春秋戰國時期眾多的諸侯王，舊譯照例采取音譯的方式，而新譯亦采取音譯，譯"王"為 wang，絕不用 han。例如：

○梁惠王

康熙孟子集注（liyang hūi wang 卷 1.1 左）

四庫欽定孟子（liyang gurun i hūi wang 189-459）

○王欲行王政（前一個王指梁惠王）

康熙孟子集注（wang wang ni dasan be jabuki seci 卷 1.40 左）

四庫欽定孟子（wang han i dasan be jabuki seci 189-480）

○莊王欲納夏姬 juwang wang hiya gi be gaiki sembihe（春秋成公二年 188-27）

○及共王即位 gūng wang hergen siraha（春秋成公七年 188-66）

在儒家經典中，"王"字有很多不同的内涵。夏商周三代的王，比如商紂王、周文王、周武王，"王"的内涵是天子，正所謂"溥天之下，莫非王土；率土之濱，莫非王臣"。而春秋戰國時期衆多的諸侯王，無論實力多麼強大，就名分而言都是在分封制下的一方諸侯，其地位低於周天子。舊譯在對待"王"時，不管其内涵是否相同，一概音譯為 wang；而新譯則對不同的"王"做了精細的區分，作為天子的"王"，譯作 han；作為諸侯的"王"，祇譯作 wang。這既符合歷史事實，也符合清朝皇帝稱 han 而親王、郡王等稱 wang 的現實政治語境，更體現"明尊卑"的春秋大義。比如《孟子》中有"故王之不王"一句，第一個"王"指的是齊宣王，而第二個"王"為動詞，即成為如周文王、周武王等聖王一樣的"王"。新譯中十分精細地考究其所指，做出了不同的翻譯：

康熙孟子集注（tuttu wang ni wang ojorakūngge 卷 1.21 左）

四庫欽定孟子（tuttu wang ni han ojorakūngge 189-468）

類似的例子在《孟子》中比比皆是。與"王"相似，新譯在對待"帝"的翻譯時，也摒棄了舊譯一昧采取音譯的原則，依照其具體所指，加以改譯，突出其地位。例如：

○帝臣不蔽，簡在帝心

康熙論語集注（di i amban be daldarakū, di i mujilen de bulekušehebi 卷 10.13 左）

四庫欽定論語（abkai han i amban be daldarakū, abkai han i mujilen de bulekušehebi 189-449）

改音譯 di 為"天帝"。

○帝堯

康熙日講書經（di yoo 卷 jui.juwe 左）

四庫欽定書經（yoo han 185-223）

在新譯中，不僅 han 的地位被突出，與其相關的動詞的翻譯亦可以體現動作發出者的等級與地位。例如：

○堯曰

康熙論語集注（yoo i henduhengge 卷 10.12 左）

四庫欽定論語（yoo han i hese 189-449）

henduhengge 為 hendumbi 的動名詞形式，意為說、講；而 hese 意為旨、諭、敕、命，清朝時為皇帝專用。新譯不僅在 yoo 後加上 han 以突出其地位，還將沒有等級色彩的 henduhengge 改譯為 hese，其突出人物等級、地位的用意顯而易見。

另外值得注意的是，新譯中並非所有古代帝王的名諱後均加 han。在《書經》中經常提到堯和舜之間的對話，相當一部分堯加 han，而舜不加 han，通過語境分析可知，這些對話似乎發生在堯禪位給舜之前，此時堯是首領而舜不是，因此纔有了二者的區別對待。另外一小部分則沒有明顯的規律可循，有的加 han，有的不加 han，似乎比較隨意，當是因為翻譯出於眾手，而又沒有細緻的統稿所致。例如《論語》《禮記》中均有"湯放桀，武王伐紂"一句，而《禮記》與新、舊《論語》三個本子在是否加 han、如何加 han 的問題上不一致：

○湯放桀，武王伐紂

康熙論語集注（tang giyei be sindaha, u wang juo be dailaha serengge 卷 1.50 左）

四庫欽定論語（tang giyei han be jailabuha, u wang juo han be dailaha serengge 189-483）

四庫欽定禮記（tang han i giyei han be jailabuha, u wang han i juo han be dailahangge 186-298）

舊譯的"湯""桀""武王""紂"均未加 han，這符合舊譯的翻譯原則；《御製翻譯禮記》在四人名後均加 han，這既符合歷史情況又符合新譯原則；可是《御製翻譯論語》於"湯""武王"後不加 han，而"桀""紂"後加 han，則可以肯定是否加 han 絕非隨意為之，但在此問題上諸本翻譯並未統一。

（二）華夏四夷名稱

華夏四夷作為中國古代"天下觀"的重要內容之一，在四書五經中有著充分的體現；而先秦時期頻繁的戰爭中，被冠以"蠻夷"之名的周邊少數民族群體也登上歷史舞臺，頻繁地出現在人們的視野內，因此四書五經中關於華夏四夷的詞語出現頻率很高，尤以《春秋》三傳為最。

在舊譯中，絕大多數"蠻""夷"等詞語均采取音譯，有的還在後面加上 gurun。而新譯將音譯全部刪去，以方位代指，並且改 gurun 為 aiman。"夏"字舊譯多音譯，新譯全改為 dulimbai gurun（中國）。例如：

○東面而征西夷怨，南面而征北狄怨

康熙孟子集注（dergi dere de dailanaci wargi i gasame, julergi dere de dailanaci amargi di gasame 卷 1.54 左）

四庫欽定孟子（dergi ergingge be tuwancihiyanaci wargi aiman gasame, julergi ergingge be tuwancihiyanaci amargi aiman gasame 189-486）

○子欲居九夷

康熙論語集注（fudz uyun i de teneki sere de 卷 5.9 左）

四庫欽定論語（fudz uyun aiman de teneki serede 189-387）

○雖蠻貊之邦

康熙論語集注（udu man me gurun de seme 卷 8.3 左）

四庫欽定論語（udu julergi amargi aiman i gurun 189-423）

○蠻夷率服

康熙日講書經（man i gurun gemu dahambi 冊 jui.susai 右）

四庫欽定書經（tulergi aiman guilendufi dahanjimbi 185-229）

○蠻夷猾夏

康熙日講書經（man i giya be kūthūre 冊 jui.susai ninggun 右）

四庫欽定書經（tulergi aiman dulimbai gurun be kūthūre 185-230）

○四夷來王

康熙日講書經（duin ergi i wang seme jimbi 冊 jai.jakūn 左）

四庫欽定書經（duin ergi aiman seme han de dahanjimbi 185-233）

以方位代指“蠻夷”等字眼、譯“夏”為“中國”都並非新譯的首創，舊譯中亦有少數，祇不過在乾隆時期改譯時推廣了這種譯法，以其代替了單純的音譯；但稱“蠻夷”等為 gurun 確是舊譯的重要特徵，而新譯將其盡數改為 aiman。例如：

○雖之夷狄

康熙論語集注（udu tulergi gurun de genehe seme 卷 7.10 右）

四庫欽定論語（udu tulergi aiman de genehe seme 189-411）

○夷狄之有君，不如諸夏之亡也

康熙論語集注（tulergi gurun de ejen bisirengge, dulimbai gurun i akūi adali akū 卷 2.4 左）

四庫欽定論語（tulergi aiman ejen bisire be sara bade, dulimbai gurun i elemangga akū i gese adali akū kai 189-356）

此條需格外注意，舊譯中“諸夏”被翻譯成 dulimbai gurun，可以確定此句中的 gurun 當是指“國”，而“夷狄”的譯法 tulergi gurun 則為“外國”。新譯中“中國”譯法未變，而“夷狄”一詞由“外國”改譯為“外藩”，其中反映出的觀念變遷格外值得注意，此點下文將詳述。

新譯中對於“蠻夷”等詞不僅以方向性詞語東（dergi）、西（wargi）、南（julergi）、北（amargi）、外（tulergi）代指，還使用了部落（aiman）、遠地（gorokin）等概念。例如：

東夷、北狄、西戎、南蠻 dergi aiman, amargi aiman, wargi aiman, julergi aiman

九夷之國 uyun aiman gurun i data

八蠻之國 jakūn gorokin gurun i data

六戎之國 ninggun wargi aiman gurun i data

五狄之國 sunja amargi aiman gurun i data 186-399

但新譯在個別情況下，仍不得不采取音譯的方式，這主要出現在如下兩種情況之時。其一是對“蠻夷”等詞進行訓釋，如果放棄了音譯而選擇意譯，就會影響對原文的理解。例如：

中國戎夷五方之民 dulimbai gurun tulergi aiman sunja derei irgen de

東方曰夷 dergi ergingge be i aiman sembi

南方曰蠻 julergi ergingge be man aiman sembi

西方曰戎 wargi ergingge be žung aiman sembi

北方曰狄 amargi ergingge be di aiman sembi 186-161

其二是涉及一些具體族群、部落的名字時，如果放棄了音譯而選擇意譯，也會造成翻譯的混亂，因此皆采取音譯，後加 aiman，多見於《春秋》三傳。例如：

戎 žung aiman（187-86 隱公二年）

狄伐邢 di aiman hing gurun be dailaha（187-353 莊公三十二年）

虢公敗犬戎於渭汭 guwe gurun i gung kiowan žung aiman be wei žui i bade gidaha（187-363 閔公二年《左傳》）

庸人帥群蠻以叛楚，麇人率百濮聚於選 yung gurun i niyalma geren man aiman be gaifi, cu gurun ci ubašaha giyūn gurun i niyalma be pu aiman be gaifi siowan i bade isafi（187-721 文公十六年）

茅戎 mao žung aiman（188-5 成公元年）

新譯在涉及"夏""中國"等詞時，大多譯為 dulimbai gurun（中國），例如：

蠻夷滑夏，周禍也 tulergi aiman dulimbai gurun be kūthūrengge, jeo gurun i jobolon kai（187-501 僖公二十一年）

中國不振旅，蠻夷入伐 dulimbai gurun cooha be teksilehekū ofi. tulergi aiman dosifi dailatala（188-63 成公七年《左傳》）

為中國諱也 dulimbai gurun i jalin daldahabi.（188-187 襄公二年《公羊傳》）

實際上將四夷名稱以地域代替是"秉承上意"的做法。雍正帝曾諭內閣曰："夷之字樣不過方域之名目，古聖賢不以為諱也，明矣。"① 並明令禁止刊刻書籍時刻意避諱胡虜夷狄等字樣。又說清朝已無"華夷中外之分"②。乾隆帝看到大臣在奏摺中使用"夷"後大為光火，嚴加斥責。③ 但不可否認的是，"蠻夷"等詞在使用過程中確實有明顯的民族歧視色彩，姑且不論所謂"自古聖賢不以為諱"是否屬實，就雍正帝、乾隆帝的言行來看，恰恰反映了他們對於"夷"這一類詞的敏感和在意，這本身就有強烈的避諱色彩。而將"蠻夷"等詞的歧視色彩抹去，特指"方域"，就更容易以"方位＋藩部"的模式全面替代"蠻夷"的音譯詞。同時新譯將"蠻夷"等由 gurun（國）改為 aiman（部落），並將"華夏""中國"等詞統一為 dulimbai gurun（中國），則反映了清統治者天下觀與華夷觀的變遷。

以上將四書五經裏的兩種政治類詞彙加以細緻比對、分析，可以發現做出這樣改動的原因，既有翻譯原則的變化，也有理念的變化。表面上，《欽定四書五經》的出現標志著"因循漢文"的翻譯方式最終被"滿文語氣"取代，但這並不意味著四書五經被徹底納入"滿語語境"。相反，古帝王名譯法中體現的等級觀念與華夏四夷名譯法中體現的天下觀、華夷觀的變化，集中反映了漢文化觀念對於滿文化的影響和滲透。在這個意義上，不妨說《欽定四書五經》是滿漢文化相互影響、融合背景下清朝官方意識形態的一面鏡子。

---

① 中國第一歷史檔案館編《雍正朝漢文諭旨彙編》第 3 冊，廣西師範大學出版社，1999，第 284 頁。

② 中國第一歷史檔案館編《雍正朝漢文諭旨彙編》第 3 冊，第 300 頁。

③ 中國第一歷史檔案館編《乾隆朝上諭檔》第 14 冊，檔案出版社，1991，第 58 頁，第 170 條。

三　從譯法的演變看等級觀、天下觀與華夷觀的變遷

對四書五經的改譯，是一種詮釋方式的改變，其背後反映了觀念的變遷，而觀念的變遷則由於現實環境發生了變化。四書五經是傳統中國官方意識形態、科舉考試的重要文本之一，清朝亦不例外。清朝作為非漢族群建立的統一王朝，統治著以漢人為主體的龐大國家，而四書五經又是漢文化的傳統經典，其中所透露的天下觀、華夷觀、等級觀等早已根深蒂固，對於清朝統治階層而言是一個無法回避的問題，因此他們如何詮釋四書五經就是一個非常值得關注的話題。然而對於思想觀念變遷的研究需要大量的材料，難度極大，本節祇以上文提到的等級觀、天下觀、華夷觀為例，簡單談談看法，權作拋磚引玉之用。

（一）等級意識的強化

新譯在堯、舜、禹以及夏商周天子的名字後加上 han，而在涉及諸侯王時使用 wang，絕不用 han，體現出強烈的正統觀念。而新譯與舊譯對比之下，這種"明尊卑"的強烈意識更得以凸顯。舊譯所體現的是很多 wang，不論是諸侯王，還是"先王"，都譯為 wang，區分不出地位的差別。而新譯則體現出 han—wang 的等級序列，使其地位、尊卑一看便知。舊譯與新譯所反映的古帝王稱謂模式如圖 1 所示。

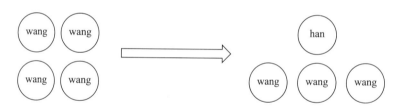

圖 1　舊譯、新譯中古帝王稱謂模式

這種變化既是翻譯本身的需要，也是觀念變遷的體現。首先，改譯體現了對經典的忠實詮釋。前文已經提及，康熙時期的譯本多以"解義"形式出現，經文後有對經典的"解義"，儘管這種"解義"側重大意的疏解，而非字詞的解釋，但是畢竟可以使讀者明晰一些從譯文本身難以瞭解的細節和深意。可《欽定四書五經》不同，其講求"不疏不注"，卻要能夠做到"釐然煥然章解句釋，初學者讀之即可了然其義"，這就要求寓解釋於翻譯之中，在翻譯的字詞選擇上大做文章，甚至體現所謂春秋大義。但是我們還必須注意到，新譯不止在 han、wang 上做了精細地區分，還在一些細節上體現古帝王的等級，如將"堯曰"中的"曰"從無等級色彩的 henduhengge 改為等級色彩強烈的 hese。這些都表明，新譯在處理古帝王名的譯法上，是有意識地強調在舊譯中被抹殺的等級之別，而且這種等級之別與現實政治密切相關。如 han—wang 的等級序列正與當時皇帝（han）—親王（wang）—郡王（wang）的等級一致，因此經過新譯的修訂，經典與現實達到統一，現實政治成為理解經典中傳統政治的一

個注脚，這種變化當與改譯時期清朝大一統的最終形成與皇權的空前強化有關。

（二）清朝的大一統與“天下”形態的變化

舊譯均將蠻夷等稱為 gurun，特別是“夷狄之有君，不如諸夏之亡也”一句，通過分析 gurun 一詞兩次出現的共同含義可知，舊譯將“夷狄”翻譯為“外國”，將“諸夏”翻譯為“中國”，在舊譯的語境中，“夷狄”與“諸夏”或許有體量上的差別，但是舊譯顯然將兩者看作地位平等；而新譯改“夷狄”為 aiman（藩、部），不稱其為 gurun，從而與“華夏”有了鮮明的地位差別（見圖 2）。

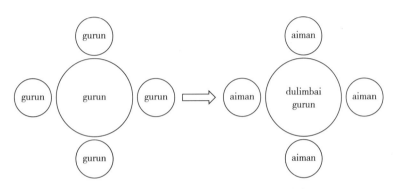

圖 2　舊譯、新譯中所體現的“天下”形態的變化

筆者認為，從 gurun 到 aiman 的變化，首要原因是回歸經典，傳統上雖然有“夷夏之辨”“夷夏大防”，認為東夷、西戎、北狄、南蠻與華夏不同，但是它們之間並沒有一條不可逾越的鴻溝，通過禮樂、文化這個紐帶，夷狄可以變為華夏，華夏也可以變為夷狄，即“夷狄入中國，則中國之；中國入夷狄，則夷狄之”。更重要的是，一方面傳統上沒有把夷狄劃入“外國”的範疇；另一方面也沒有把他們看作與“華夏”平等的實體。所以在具體的語境之中，將他們稱為 gurun 且與“華夏”形成平等的概念並不妥當。另一個原因是 gurun 的詞義在使用過程中發生了變化。清朝前期，gurun 所指相對寬泛，有民、人群、部落、國等多種含義，在表示“部落”這個詞義時，甚至可以和 aiman 通用，這一點在清朝檔案與史書中可以找到例證。筆者對比了滿、漢《清太祖武皇帝實錄》（順治本）和《清太祖高皇帝實錄》（乾隆本）四種本子，發現漢文“國”“部”與滿文 gurun、aiman 大量混用，從而形成四種對應：

第一種：以“部”對應 gurun：

諸部世系[1]

tere babai facuhūn gurun i banjihangge[2]

---

[1]　《大清太祖承天廣運聖德神功肇紀立極仁孝武皇帝實錄》，《續修四庫全書》史部編年類，上海古籍出版社，1996，第 368 冊，第 3 頁。（標註頁碼均為《清實錄》原版頁碼，下同）

[2]　《清太祖滿文實錄大全》第 10 冊，遼寧民族出版社，2016，第 6 頁。

第二種：以"部"對應 aiman：

實伯部、刮兒恰部①

sibei aiman gūwalca i aiman②

第三種：以"國"對應 gurun：

夜黑國主布戒、納林卜祿，哈達國主孟革卜鹵，兀喇國主布占太，輝發國主擺銀答里，嫩江蒙古康兒沁國主瓮剛代。③

yehei gurun i bujai beile narimbolo beile, hadai gurun i menggebulu beile, ulai gurun i mantai beile i deo bujantai beile, hoifa gurun i baindari beile, amargi non i korcin i monggoi gurun i unggadai beile.④

第四種：以"國"對應 aiman：

兀喇國本名胡籠……夜黑國始祖蒙古人。⑤

ulai aiman i da gebu hūlun……yehei aiman i da mafa monggo gurun i niyalma.⑥

這種情況並沒有隨著《實錄》的不斷編修而改變，乾隆四年成書的《清太祖高皇帝實錄》中依然存在混用，但是這種混用僅限於葉赫、哈達、輝發等大部落，而如棟鄂、哲陳等小部落一直用 aiman，不存在寫作 gurun 的情況。由此可以認為，清朝中期以前，在指代這些大部落時，gurun 與 aiman 的語義並沒有顯著差別，因此纔出現大量混用的情況，這也導致漢文同樣將"國""部"混用，比如《世祖實錄》中將西藏稱為"土伯特國"，這是由當時的歷史環境和認知決定的。隨著清朝的建立和大一統局面的形成，gurun 一詞中"部落""人群"的義項用得越來越少，"國家"的義項成為主流。到乾隆帝定"新清語"，編訂《御製增訂清文鑑》等一批字書時，gurun 和 aiman 便分別以"國"和"部"之意被固定下來。因此可以說，gurun 一詞詞義的演變正反映了滿洲從部落到建國再到大一統的歷史進程。同樣的變化也發生在蒙古語 ulus 一詞上，可供參照。

另外，在《御製增訂清文鑑》中，gurun 被譯作"國"，其釋義為 abkai fejergi duin mederi dorgi be dulimbai gurun sembi⑦（天下四海之內謂中國）。換言之，《御製增訂清文鑑》通過"中國"來解釋"國"，而"中國"又是天下四海之內的部分，顯然對於當時清朝官方意識形態來說，至少整個清朝的統治範圍都是一個"中國"，其中再沒有其他的"國"，而"中國"中那些傳統上被稱為"蠻夷"的族群也就必須采用低於"國"的名稱，那就是 aiman（部、藩）。這個詞來源於蒙古語 ayimaγ，是部落、人群之意；回鶻文中亦有，《高昌館雜字》中作

---

① 《大清太祖承天廣運聖德神功肇紀立極仁孝武皇帝實錄》，第 11 頁。
② 《清太祖實錄大全第 10 冊》，第 21—22 頁。
③ 《大清太祖承天廣運聖德神功肇紀立極仁孝武皇帝實錄》，第 10 頁。
④ 《清太祖實錄大全第 10 冊》，第 21 頁。
⑤ 《大清太祖承天廣運聖德神功肇紀立極仁孝武皇帝實錄》，第 3 頁。
⑥ 《清太祖實錄大全第 10 冊》，第 6—7 頁。
⑦ 永瑢、紀昀等：《御製增訂清文鑑》，《文淵閣四庫全書》第 232 冊，上海古籍出版社，2003，第 643 頁。

aymaq，音注"靄麻"，釋作"郡縣"。①此外，該詞還被用於明清衛拉特的社會組織之中，由 ayimaγ（愛瑪克）組成 otoγ（鄂托克），由 otoγ 組成 ulus（兀魯思）。《御製增訂清文鑑》將其譯為"部落"，釋為 tulergi hala hala i wang sa be aiman sembi②（外姓之王謂部落）。因此，從舊譯中"蠻夷"與"華夏"皆稱 gurun，彼此並立、平行，到新譯中一個中國（dulimbai gurun），內部包含一些部落（aiman）的模式，即反映出一個新的天下觀的確立。這個新的天下觀既建立完成於乾隆朝的大一統進程之中，又重新塑造了傳統的"中華"觀念。

（三）避諱與新華夷觀的確立

新譯在處理夷狄這類詞語時，拋棄了音譯而代之以方位等地域性詞語，筆者以為原因有二，第一是避諱，第二是新華夷觀的確立。《雍正朝漢文諭旨彙編》載：

> 追溯開創帝業之地，目為外夷，以為宜諱於文字之間，是徒辨地境之中外，而竟忘天分之上下，不且背謬已極哉。《孟子》曰：舜，東夷之人也；文王，西夷之人也。……夷之字樣不過方域之名目，古聖賢不以為諱也，明矣。③

雍正帝見時人寫書，經常避諱夷狄字樣，改作他字，認為不必如此，因為夷狄字樣祇是代表方域，古代聖賢也不避諱，還大膽承認滿洲就是"東夷"，從而將華夷置於平等的地位之上。但不可否認，傳統上使用夷狄字樣確實有歧視色彩，且自清軍入關以至雍正朝將近百年，以夷夏之辨為理論基礎進行的反清復明事件仍在不斷發生。而雍正六年（1728）發生的曾靜案更是掀起軒然大波，所謂"華夷之分，大於君臣之倫"業已動搖清朝統治的合法性，雍正帝藉機頒發《大義覺迷錄》，批判夷夏大防與華夷之辨，強調超越傳統華夷觀的"華夷一家、中外一體"觀念。乾隆帝雖繼承了雍正帝以方域取代華夷的論點，却一反其不諱於"夷狄"的做法，不但禁毀了《大義覺迷錄》，還刪改書籍中"夷狄"字樣，忌諱隨意使用夷狄的概念。正如《欽定四書五經》拋棄舊譯的音譯法，代替以中性色彩的地域類詞語，本身就是剔除了其中的歧視色彩，帶有避諱的功能。但"華夷之辨"的觀念畢竟根基深厚，難以徹底摒除，不時有大臣因稱內扎薩克、西藏等為"夷"，觸犯禁忌而受到乾隆帝的斥責，如：

> 諭大學士等，孫嘉淦奏請酌定邊外捕魚之例一摺，稱內扎薩克為夷人，甚是錯謬，向來稱準噶爾為夷人，至於內扎薩克，乃本朝之臣僕也，孫嘉淦忽稱為夷人，是以準噶爾待之矣，伊等聞之，豈不寒心，況稱內扎薩克為夷人，更將何語稱準噶爾乎，孫嘉淦

---

① 見祁宏濤《〈高昌館雜字〉研究》，博士學位論文，中央民族大學，2013，第 36 頁。另外《五體清文鑑》中察合臺文寫作 ﺍﻳﻤﺎﻕ 與蒙古語 ayimaγ 為同源詞。

② 祁宏濤：《〈高昌館雜字〉研究》，第 36 頁。

③ 中國第一歷史檔案館編《雍正朝漢文諭旨彙編》第 3 冊，第 284 頁。

太失檢點，朕不便批發，可傳諭曉諭之，令其銷毀另改摺備案，此事交軍機大臣議奏。①

乾隆五十二年十一月初九日。上諭：本日巴延三奏報，前藏達賴喇嘛遣使過境日期一摺內稱"夷使"字樣，甚屬錯謬。國家中外一家，况衛藏久隸版圖，非若俄勒斯之尚在羈縻，猶以外夷目之者可比。②

同樣，乾隆帝亦多次強調用蒙古、內地代替蒙、漢，意在強調方域而弱化民族的區別，如：

乾隆十四年十月初六日內閣奉：上諭蒙古漢人同屬臣民，即分別各色，亦應稱蒙古、內地。嗣後如遇書寫蒙漢之處，俱寫蒙古、內地，著通行曉諭。欽此。③

乾隆十四年十二月初四日奉：……前已屢經降旨，今覽馬靈阿奏摺猶以夷漢二字分別名色，可見伊等全未留心，且以百餘年內屬之蒙古而目之為夷，不但其名不順蒙古，心有不甘，將準噶爾及金川番蠻等又將何以稱之。著再行傳諭沿邊各督撫知之。如有仍舊書寫之處，朕必加以處分。④

由此可見，不論在《欽定四書五經》還是在上諭中，涉及"華夷"時，其中的民族觀念都被刻意淡化，轉而強調地域關係，而將夷夏之分的標準定為"中外"之別，特別是是否歸附清朝。按照這個標準，乾隆帝自然會嚴厲斥責稱西藏、蒙古為"夷"的行為。而當時尚不歸附清朝且同清朝處於關係緊張狀態的俄羅斯、準噶爾、金川纏可以稱為"夷"。此外，西方的"洋人"亦被稱為"夷"，如乾隆二十四年制定的《防範外夷規條》以及魏源提出的著名口號——"師夷長技以制夷"，都是其體現。這是建立在大一統基礎之上的新的華夷觀，四書五經中華夷類詞語的改譯正是這新華夷觀的具體體現。

清朝統治範圍內漢人占主體，漢文化占絕對優勢，而四書五經代表的儒家思想，幾千年來一直是中國傳統政治、倫理、文化所奉行的圭臬，清朝也不例外。四書五經的翻譯屬於重要的國家工程，其中無不透露著清朝官方意識形態，因為翻譯也是一種詮釋。而通過比對不同時期譯本中政治類詞彙的演變，則可以發現政治觀念的變遷，從而形成對於清朝官方意識形態的動態理解，其中有漢化亦有滿化，更確切地說應當是滿漢文化的影響與交融。而這種意識形態的變遷對於理解清朝的政治理念、民族關係等均有重要的意義。

---

① 《清實錄·高宗純皇帝實錄》卷 139，第 9932 頁。
② 中國第一歷史檔案館編《乾隆朝上諭檔》第 14 冊，第 58 頁。
③ 中國第一歷史檔案館編《乾隆朝上諭檔》第 2 冊，第 373 頁。
④ 中國第一歷史檔案館編《乾隆朝上諭檔》第 2 冊，第 407 頁。

The Changes of Official Ideology in Qing Dynasty from the Perspective of the Political Terms' Translation in *Four Books and Five Classics*

Qu Qiang

As a significant classic, *Four Books and Five Classics (Sishu Wujing)* influences the politics, ethics and culture of ancient Chinese society. It was translated from Chinese to Manchu language in Qing Dynasty. After being amended several times, it was finished in Qianlong Period eventually and be a part of *Complete Library in the Four Branches of Literature (Siku Quanshu)* with the name of *Qinding Sishu Wujing*. There are lots of political proper nouns such as names of ancient emperors and the names of Huaxia-Siyi which do not exist in Manchu language. By analyzing the translation method of political proper nouns in *Four Books and Five Classics*, and contrasting the discrepancies between old version and new version, the official ideology's changes of Qing Dynasty can be found.

清初嫩科爾沁部牧地變遷考

薩出日拉圖

　　嫩科爾沁部是成吉思汗胞弟哈撒兒後裔所屬部落的一支。因其牧地在嫩江流域而被稱為嫩科爾沁。關於嫩科爾沁部牧地的變遷，已有不少研究成果問世。日本學者和田清在《東亞史研究·蒙古篇》（1959）中利用明代漢籍史料詳細論述了嫩科爾沁部的世系，並利用朝鮮使臣申忠一的書啟考證了嫩科爾沁部牧地的方位。胡日查教授在《科爾沁部牧地考》（1990）中結合明清漢籍史料及蒙古文史料，深入研究北元時期哈撒兒後裔所屬科爾沁部牧地變遷，認為元朝滅亡以後，科爾沁部牧地在鄂嫩河流域，他們有時也到嫩江流域躲避戰亂。明朝嘉靖末年，兀良哈萬戶叛亂，魁猛可率部南遷，形成了嫩科爾沁部。[1]胡日查教授還在《16世紀末17世紀初嫩科爾沁部牧地變遷考》（2001）中利用明代漢籍史料和清代滿文檔案史料，認為1588年被內喀爾喀五部打敗以後，嫩科爾沁部避居嫩江流域，在格勒珠爾根城等地駐牧。1631年，遵皇太極之命南遷，開始形成清代哲里木盟十旗的布局。[2]包金同在《科爾沁部與後金第一次盟誓地考》（2006）中通過田野調查確定了格勒珠爾根城的地理位置。[3]朝格滿都拉在《試論清代哲里木盟十旗努圖克》（2005）中利用方志資料綜合論述了哲里木盟十旗所轄努圖克的起源、名稱、職能、作用等。[4]玉芝在《關於嫩科爾沁部移牧西拉木倫流域》（2008）中利用《十七世紀蒙古文文書檔案》論證了嫩科爾沁部移牧西拉木倫河流域是在天聰四年（1630）。[5]玉芝的博士學位論文《蒙元東道諸王及其後裔所屬部眾歷史研究》（2006）[6]、特木爾巴根的博士學位論文《清初嫩科爾沁部歷史若干問題研究》（2015）[7]，以及烏雲畢力格教授等主編的《土謝圖汗——奧巴評傳》（2009）[8]等論著當中關於嫩科爾沁部牧地及其變遷的論述基本一致。但筆者認為以上研究中對一些史料的解讀仍值得商榷。因此，本文將基於前人研究成果，重新整理和解讀相關文獻史料，以期對既有的研究成果進行補充和糾正。

---

①　胡日查：《科爾沁部牧地考》，《新疆師範大學學報》1990年第2期。
②　胡日查：《16世紀末17世紀初嫩科爾沁部牧地變遷考》，《中國邊疆史地研究》2001年第4期。
③　包金同：《科爾沁部與後金第一次盟誓地考》，《內蒙古民族大學學報》2006年第4期。
④　朝格滿都拉：《試論清代哲里木盟十旗努圖克》，《黑龍江民族叢刊》2005年第6期。
⑤　玉芝：《關於嫩科爾沁部移牧西拉木倫流域》，《內蒙古大學學報》2008年第6期。
⑥　玉芝：《蒙元東道諸王及其後裔所屬部眾歷史研究》，博士學位論文，內蒙古大學，2006。
⑦　特木爾巴根：《清初嫩科爾沁部歷史若干問題研究》，博士學位論文，內蒙古大學，2015。
⑧　烏雲畢力格、巴拉吉尼瑪主編《土謝圖汗——奧巴評傳》，內蒙古教育出版社，2009。

一 17 世紀前期的奥巴、烏克善等人的牧地

16 世紀中葉，科爾沁部首領魁猛可率領部衆移徙至大興安嶺南麓，吞併朵顏三衛之一的福余衛，聯合内喀爾喀五部，開始侵擾明朝開原、鐵嶺一帶，還通過開原新安關與明朝進行貿易。魁猛可甚至攻入廣寧前屯衛與明軍戰於刺梨山，殺死明朝邊吏王相，擄掠人口達三四千數。① 可見，這時魁猛可在明朝遼東邊外的西拉木倫河流域也有牧地。不久以後，他的曾孫恍惚太、土門兒受到内喀爾喀五部的排擠，失去臨近明邊的牧地，避居嫩江，不敢再入慶雲領賞；遂立寨嫩江、松花江匯流處，控制當地的水路貿易，向松花江以西、黑龍江以東的女真部落收取賦稅，通過西邊的葉赫部和南邊的建州女真間接與明朝進行貿易。② 遷居嫩江流域以後，他們被稱爲嫩科爾沁部。留居大興安嶺山陰的哈撒兒後裔屬部則被稱爲阿禄科爾沁部。關於嫩科爾沁部在嫩江流域的駐牧地，順治六年（1649）清廷封科爾沁左翼固倫額駙祁他特爲多羅郡王的誥命中留下了一段記載。誥命記載：

> ……čaqar-un čerig tan-u qorčin-i daγilar-a ireged【1】. geljürgen-ü qota【2】-yi/ qaγaγsan-dur olan aqanar degü-ner tan-u bügüdeger dutaγabasu-bar. ečige činu/ sunum【3】. ǰoriγtu čin wang【4】-luγ-a. čolmon-i qotan【5】-dur saγuǰu. čaqar-un/ čerig eče kümün alaǰu. mori temege olǰalaγad. degeǰi kürgeǰü irelüge……③

（漢譯）……當察哈爾兵來侵爾科爾沁，圍困格勒朱爾根城，爾諸兄弟俱遁走時，爾父索訥木同卓禮克圖親王駐絆爾曼城中，殲察哈爾兵，獲其駝馬，來獻上份……

注解：

【1】察哈爾出兵科爾沁之事發生於 1625 年。1623 年，林丹汗屬部石訥明安叛投嫩科爾沁。林丹汗遂派兵到嫩科爾沁邊境戍守，使雙方産生了嫌隙。於是嫩科爾沁部向愛新國求援。④ 愛新國則教唆嫩科爾沁部舉一人爲汗，齊心合力對抗林丹汗。⑤1624 年，愛新國遣使到嫩科爾沁部舉行了盟誓。不久後，嫩科爾沁首領奥巴僭稱巴圖爾汗。⑥ 此事加劇了以蒙古共主自居的林丹汗的不滿。1625 年，林丹汗出兵嫩科爾沁部。奥巴匆忙向愛新國求助。愛新國派五千精兵出援至農安塔。奥巴又執送扎爾布、恰臺吉，林丹汗才退兵。

【2】geljürgen-ü qota：格勒朱爾根城在這裏雖然没有被明確指出是誰的駐地，但林丹

---

① 瞿久思：《萬曆武功録》，《明代蒙古漢籍史料彙編》第四輯，内蒙古大學出版社，2007，第 264 頁。《明世宗實録》卷 384，中研院歷史語言研究所校印，第 6785 頁。
② 馮瑗：《開原圖說》，《明代蒙古漢籍史料彙編》第二輯，内蒙古大學出版社，2000，第 462 頁。
③ 《清内秘書院蒙古文檔案》第三輯，内蒙古人民出版社，2004，第 86 頁。
④ 《滿文原檔》第 3 册，臺北：沉香亭企業社，2006，第 166 頁。
⑤ 《滿文原檔》第 3 册，第 457 頁。
⑥ 玉芝、寶音德力根：《關於嫩科爾沁部首領奥巴的 "巴圖爾汗" 號》，《内蒙古大學學報》2006 年第 5 期。

汗此次出兵的主要目的是征討嫩科爾沁首領奧巴。所以格勒朱爾根城無疑就是奧巴的駐地。《蒙古遊牧記》記載，"（杜爾伯特旗）西南至柯勒吉勒格，百四十里接扎賚特界"。[①] 這裏的柯勒吉勒格就是格勒朱爾根。此地在清代哲里木盟杜爾伯特旗西南該旗與扎賚特旗交界處，嫩江東岸，位於今黑龍江省大慶市杜爾伯特蒙古族自治縣腰新鄉興隆屯附近。[②] 格勒朱爾根以南 20 公里左右的地方就是洮兒河與嫩江匯流處。崇德五年（1640），清太宗遣官往迎出征索倫部兵時說："爾等如能行過席北地方，至克爾朱爾根處相會。方可謂神速。"[③] 這裏的克爾朱爾根就是格勒朱爾根。這說明格勒朱爾根也是嫩江流域的一處交通要地。

【3】sunum：索訥木是嫩科爾沁首領莽古斯孫，清代哲里木盟科爾沁左翼中旗多羅郡王鼻祖。

【4】ǰoriɣtu čin wang：卓禮克圖親王烏克善是莽古斯孫，索訥木長兄，清代哲里木盟科爾沁左翼中旗卓禮克圖親王始祖。

【5】čolmon-i qotan：綽爾曼城是卓禮克圖親王烏克善、索訥木等人的駐地。天聰八年（1634），天聰汗派兵出征黑龍江時說，"入略之後，或報捷，或送俘，必令由席北綽爾門地方經過為便"[④]。席北是指錫伯人，綽爾門就是綽爾曼。因為綽爾曼是錫伯人的聚居地，所以叫作席北綽爾門。康熙三十一年（1692），黑龍江將軍薩布素題稱："兩江匯合處渡口南岸低濕，每值雨季，渡船處水寬近三十里。渡口所關緊要，請將移駐伯都納二千兵內五百名、附丁一千名，移駐渡口北岸綽爾門地方。"[⑤] 這裏所謂兩江匯合處是指嫩江與松花江匯流處。綽爾門在兩江匯流處之北。康熙三十二年，黑龍江將軍薩布素向戶部諮文稱："莫羅渾倉距寧古塔將軍所屬伯都納城甚近。且莫羅渾、伯都納、綽爾門等村錫伯兵皆不動田舍。即安置於伯都納、綽爾門地方。相應請部議，飭交伯都納城官兵，停交遷往齊齊哈爾城之官兵看守。"[⑥] 根據以上史料，吳元豐先生首先證實了綽爾門是松花江、嫩江匯流處北岸渡口附近的一個錫伯族聚居村落。[⑦] 但這個結論仍不夠翔實，需要進一步確定綽爾曼的地理位置。《肇源縣村屯地名義釋》記載，今黑龍江省肇源縣當權村原名西伯淖爾門，後改為西北呼賚。[⑧] 根據屠寄主持測繪於光緒二十五年（1899）的《黑龍江輿圖》，嫩江、松花江匯流處之北有錫伯古犁，錫伯古犁之西有昂噶海城，昂噶海城之北有綽力木岡。[⑨] 其中，錫伯古犁就是西北呼賚，亦即當權村的原

① 張穆：《蒙古遊牧記》卷 1，"杜爾伯特部"，同治六年壽陽祁氏刻本，葉 20 背。

② 包金同：《科爾沁部與後金第一次盟誓地考》，《內蒙古民族大學學報》2006 年第 4 期。

③ 《清太宗實錄》卷 51，崇德五年二月癸巳。

④ 《清太宗實錄》卷 21，天聰八年十二月壬辰。

⑤ 中國第一歷史檔案館編譯《錫伯族檔案史料》，遼寧民族出版社，1989，第 38 頁。

⑥ 中國第一歷史檔案館編譯《錫伯族檔案史料》，第 42 頁。

⑦ 吳元豐：《清初錫伯族居住區域及與相鄰民族的關係》，《黑龍江民族叢刊》1998 年第 3 期。

⑧ 高士謙主編《肇源縣村屯地名義釋》，肇源縣文史資料叢書（內部資料），2015，第 15 頁。轉引自吳忠良《松花江流域錫伯人探源》，《社會科學戰綫》2019 年第 2 期。

⑨ 屠寄：《黑龍江輿圖》，《遼海叢書附冊》，遼瀋書社，1985，第 3 頁。

名。昂噶海城就是《嘉慶重修一統志》記載的昂噶海城。該城在郭爾羅斯後旗西南一百五十里。周三里餘，門四，建置俱無考。① 綽力木就是綽爾曼，是一座山岡的名字。據此可知，綽爾曼是嫩江、松花江匯流處之北，今肇源縣當權村之西的一座山岡。而昂噶海城很可能是清初烏克善等人的駐地綽爾曼城，因其位於綽力木岡之南而得此名，後來被稱為昂噶海城。此地距離嫩江、松花江匯流處祇有 5 公里。這和明代漢籍中有關嫩科爾沁部立寨混同江口的記載相符。

分析總結：

上引誥命中提到的格勒朱爾根、綽爾曼兩地是嫩科爾沁首領奧巴、烏克善等人的牧地。奧巴是嫩科爾沁部始祖魁猛可後裔當中的長支。按照長子繼承制度，他是嫩科爾沁部的最高首領。所以他駐牧於地處嫩科爾沁部牧地中心位置的嫩江中游之格勒朱爾根。烏克善是魁猛可後裔當中僅次於奧巴的重要人物。所以他駐牧於嫩江、松花江匯流處附近的綽爾曼，控制著松花江水路咽喉之地。另外，天聰汗致土謝圖汗奧巴的一封書信建議他和岱達爾漢、扎薩克圖都棱三旗建一城，冰圖及伊爾都齊、巴特瑪② 等建一城，卓禮克圖洪巴圖爾之四旗建一城。信中還提到，冰圖要與卓禮克圖洪臺吉一起建城。③ 據此判斷，格勒朱爾根是奧巴、布塔齊、圖美等人牧地的中心，綽爾曼是烏克善四兄弟及孔果爾、明安等人牧地的中心。另外，皇太極致明安達爾漢之子多爾濟伊爾登與索諾木岱青的兩封書信稱他們為 "baraγun γar-yin noyad（右翼諸首領）"④。據此判斷，駐牧於格勒朱爾根、綽爾曼的奧巴、烏克善等人在當時組成了嫩科爾沁部右翼。魁猛可其他子嗣統治下的七臺吉、杜爾伯特、扎賽特、郭爾羅斯組成了嫩科爾沁部左翼。這和清代哲里木盟十旗的左右翼劃分有所不同。清代的劃分主要考慮的是嫩科爾沁各分支部落與清廷的親疏關係。所以出現了左右翼與地理方位不符的情況，即哲里木盟右翼五旗位於東北面，左翼五旗位於西南面。17 世紀初期的嫩科爾沁左右翼則與地理方位相吻合。下面將對七臺吉、杜爾伯特、扎賽特、郭爾羅斯的駐牧地做一些考查。

二　17 世紀前期的七臺吉、郭爾羅斯、扎賽特、杜爾伯特等部牧地

1627 年，林丹汗率部西遷。愛新國趁機兼併了大興安嶺南麓的離散蒙古諸部。1630 年，林丹汗出兵征討阿祿蒙古，導致阿祿蒙古諸部紛紛南遷，歸附了愛新國。林丹汗對阿祿蒙古的用兵也威脅到了愛新國在嫩科爾沁部的利益。於是，天聰汗召集歸順蒙古諸部舉行會盟，制定律令，命嫩科爾沁部向南遷徙牧地，就近駐牧。由此產生的三份文書見於《滿文原檔》。

---

① 《嘉慶重修一統志》卷 538，"郭爾羅斯"，葉 3 背。
② 伊爾都齊、巴特瑪二人是孔果爾冰圖兄明安達爾漢之子。
③ 中國第一歷史檔案館編《十七世紀蒙古文文書檔案（1600—1650）》，內蒙古少年兒童出版社，1997，第 18 頁。
④ 中國第一歷史檔案館編《十七世紀蒙古文文書檔案（1600—1650）》，第 72、76 頁。

這三份文書的拉丁文轉寫及漢譯如下。

（1）čaγan qonin ǰil-ün ǰun-u ekin sar-a šin-e-yin arban nigen-e【6】./ sečen qaγan【7】-u emün-e. tüšiy-e-tü qaγan【8】. qatan baγatur【9】. uγšan【10】. ildüči【11】. daγur qatan baγatur【12】./ muǰai【13】. γal-tu baγatur【14】. bandi ildüči【15】. yeke baγ-a noyad öčüken čaγaǰa eskebe./ degedü ǰaq-a-yin daγur【16】gelǰergü【17】-eče čolman【18】kürtele saγuqu. ula-yin ǰürčid【19】qurqun【20】-ača/ doγoγši saγuqu. ula-yin ǰürčid ǰečen【21】-eče degegši saγuqu. yeke qošiuγbür nigen/ yeke qota kikü. ene čaγaǰa-yi ken ebdebesü ǰaγun aduγu arban temege egün-dür/ ö čiǰü ese boloγsan kümün-i. arbān ǰasaγ-un arban noyad【22】m ö deǰü./ qaγan-ača elči abču negülgekü bolba. čaγan qonin ǰil-ün ebül-ün ekin sara-ača inaγši negülgekü bolba.①

（漢譯）辛未年夏初月初十一日在徹辰汗面前，土謝圖汗、哈坦巴圖爾、烏克善、伊爾都齊、達幹爾哈坦巴圖爾、穆寨、噶爾圖巴圖爾、班第伊爾都齊等大小諾顏們制定了小律令。上邊的達幹爾從格爾朱爾古至綽爾曼為止駐牧。烏喇女真在呼爾渾以下駐牧。烏喇女真在邊境以上駐牧。每個大旗築一座大城。誰若破壞此律令，罰馬百、駝十。因此，將違抗不從者，十扎薩克之十諾顏查出，請汗遣使令其遷徙。辛未年孟冬前令其遷徙。

（2）juwan uyun de【23】. sečen qaγan-u ǰarlaγ. tüšiye-tü qaγan-du bičig ilegebe./ oda tan-du čaqar-ača emiyegdekü ügei. naγun【24】-i aq-a degü-degen keleǰü, nutuγ-iyan/ baraγun degegši nutuγla. nutuγ oyir-a bolqula yaγum-a sanaqu-du sayin bišiü./ teyimü-in učir-i či ülü medekü boyu. yambar ba sanaγ-a-ban sangγarǰai【25】-du keleǰem/ taγrun aγ-ta-ban buu ebde. turaqan aγta-yi borduγul. γorlos, ǰalayid, doloγan tayiǰi-nar, darqan tayiǰi-yin kegüked【26】-tü sayin kümün-i elči ǰaruǰu, teden-i nutuγ-i tan-i ǰüg tataǰu./ kedün aqan degü bügüdeger neyileǰü. aru-yin abaγ-a【27】luγ-a ürkülǰileǰü nutuγla. činadu tabun qošiγun【28】/ nutuγ-i inaγši es-e tataqula. ali ba yabudal-du nutuγ qola geǰü ese kürǰi ireküle nige müsün/ dayisun bolqu. teden-i daγuur【29】-i iǰaγur-un kelelčegsen γaǰar-a【30】qabur ǰügetügei. tan-i šibege【31】-yi/ ula【32】-du ǰügey-e geǰi kelelče-be genem. buu ǰüge. γorlos-ača abuγsan aduγu-yi čaγaǰan-i toγ-a-ber/ ab. ilegü aduγu-yi qariγulǰu üg.②

（漢譯）十九日，奉徹辰汗命，致土謝圖汗書。今爾等不必畏懼察哈爾。請告於嫩江的諸兄弟，遷牧地西上。牧地若近，豈不議事方便？此等事理，爾怎能不知？不論有何想法都請告於桑噶爾齋，勿致肥馬羸瘠，務令飼養瘦馬。派好人為使臣至郭爾羅斯、

---

① 《滿文原檔》第 7 冊，第 358 頁。
② 《滿文原檔》第 7 冊，第 379 頁。

扎賚特、七臺吉、達爾漢臺吉諸子處，令彼等向爾處遷移牧地，來會諸兄弟，與阿禄阿巴噶部毗連而住。若不將彼處五旗的牧地遷來，若遇諸事便以牧地偏遠為由不願前來，將會徹底成為仇敵。春天將彼之達斡爾遷往早已議定之地。據說爾等相議要將爾之錫伯遷往烏喇？勿遷。取自郭爾羅斯之馬匹，仍依律令之數索取。將多餘馬匹還回。

（3）sečen qaγan-i ǰarliγ bičig. γalǰaγu satar【33】-tu ilegebe. iǰaγur-ača edüge boltala nada elči tasural ügei/ yabuγulba či. alus-yin yabudal-i ülü medekü aq-a degü-iyen ügen-dü oroǰu buruγu yabudal-iyar/ yabuqu čini yaγubi. düngkei【34】-dü mordaqu-du es-e mordaba, tegün-i qoyin-a kitad-yin qaγan-i/ qota【35】-du mordaqu-du es-e mordaba. tegün-i qoyin-a qabur-yin čiγulγan【36】-du es-e irebe./ dalingqu【37】-du mordaγsan-du bas-a ese mordaba ene yabudal tani jüb boyu. tengri ker-be/ mani qayiralaǰu kitad čaqar qoyari-gi doroitaγuluγsan qoyina. ta yabuqu saγuqu γaǰar olqu/ berke boi-i-a. ene üge minu bardam biši. tengri mani-gi qayiralaǰu yabuqu-du yeke törö/ oyir-a bolǰam. oda či bolosa uridu buruγuban medeǰü egün-i qoyina aliba ayan čerig-tü/ bolǰiyan-i γaǰar-a urid kürčü ireǰü aγta-yin küčü-gi ebdel ügei yabuǰu. nutuγ-iyan/ qoyiši γarul ügei yabuǰi. eligüd daγur【38】-iyan inaγši ǰügeǰü yabuqula uridu maγu-gi/ tani nekeǰü yala kikü ügei. mön iǰaγur-yin buruγu yabudal-i ese orkiǰu/ yabuqula man-du elči yabuγulǰu yaγukim. dayisun-i yosobar yabu ta.①

（漢譯）徹辰汗諭旨，致書噶爾珠賽特爾。故往至今，爾未斷與我遣使往來。何故惑於慮不及遠之兄弟讒言而倒行逆施？出征東揆時未隨行。其後出征明朝京師時未隨行。其後春季會盟時未前來。出征大凌河時仍未隨行。爾怎可如此行事？若蒙天佑征服明朝與察哈爾以後，恐爾難有栖身之地。此言並非驕狂。承蒙天佑，大業已近。今爾當悔改前非。今後一切征戰，當先至所約之地。勿致馬匹羸弱，勿遷牧地北出。將爾之訥里兀特、達斡爾遷來則既往不咎。若仍不知悔改則遣使往來何益？爾以敵人之道行事便罷。

注解：

【6】čaγan qonın jıl-ün jun-u ekin sar-a šin-e-yin arban nigen-e：辛未年夏初月初十一日，天聰五年四月十一日，公元1631年5月11日。

【7】sečen qaγan：天聰汗皇太極是天命汗努爾哈赤第八子，1592年生，1626—1643年在位。

【8】tüšiy-e-tü qaγan：嫩科爾沁土謝圖汗奥巴，恍惚太長子，1623年稱巴圖爾汗，1626年被努爾哈赤封為土謝圖汗，1632年去世。

【9】qatan baγatur：哈坦巴圖爾之名緊隨奥巴之後出現說明他是地位顯赫的嫩科爾沁首

① 《滿文原檔》第8冊，第301頁。

領，而且和奧巴的關係可能很密切。而奧巴之弟布塔齊經常以哈坦巴圖魯之名出現在清代史料中。① 被人熟知的"扎薩克圖都棱"是 1626 年努爾哈赤授予布塔齊的美號。所以該哈坦巴圖爾應該就是布塔齊。

【10】uγšan：烏克善卓禮克圖親王。

【11】ildüči：棟果爾伊爾都齊是明安達爾漢長子，清代哲里木盟科爾沁左翼後旗扎薩克郡王鼻祖。

【12】daγur qatan baγatur：達斡爾哈坦巴圖爾是明安達爾漢次子。

【13】muǰai：穆寨是孔果爾冰圖長子。

【14】γal-tu baγatur：噶爾圖巴圖爾是額爾濟格卓禮克圖第三子，七臺吉部首領。

【15】bandi ildüči：班第伊爾都齊是扎賚特部首領阿敏達爾漢第十一子。

【16】degedü ǰaq-a-yin daγur：上邊的達斡爾。引文（1）中以"degedü、degegši（上）"和"doγuγši（下）"表示了方向。根據這裏提到的地名及其地理方位可知，"上"指的是嫩江、松花江上游，"下"指的是嫩江、松花江下游。但在《滿文原檔》中，"上"被譯成了 dergi、wesihun，"下"被譯成了 wasihūn。而滿語中 dergi、wesihun 不僅指"上"，還指"東"，wasihūn 不僅指"下"，還指"西"。所以《滿文原檔》的漢譯中，dergi、wesihun 被譯成了"東"，wasihūn 被譯成了"西"，原文完全被誤解了，因此，在這裏需要糾正，"上邊的達斡爾"指的是"嫩江上游的達斡爾"，而非"東邊之達斡爾"。

【17】gelǰergü：格爾朱爾古就是格勒朱爾根，奧巴等人的駐牧地。

【18】čolman：綽爾曼是烏克善等人駐地。

【19】ula-yin ǰürčid：烏喇女真部。

【20】qurqun：呼爾渾可能是指東流松花江支流呼蘭河。《金史》作胡刺渾水、活刺渾水。② 《大明一統志》作忽刺溫江。③ 《嘉慶重修一統志》作呼倫河。④ 呼蘭河源出小興安嶺，合通肯河、納敏河、額葉赫河、呼拉庫河，匯入松花江。

【21】ǰečen：滿語意為邊境、邊緣。這裏指愛新國的東北邊界。1637 年，席特庫、吳巴海巴圖魯、噶爾糾等率兵往追喀木尼漢逃人葉雷時曾到烏喇駐防邊城。⑤

【22】arbān ǰasaγ-un arban noyad：嫩科爾沁部十位執政諾顏。

【23】juwan uyun de：十九日是指天聰五年閏十一月十九日，公元 1632 年 1 月 10 日。

【24】naγun：嫩江。

【25】sangγarǰai：桑噶爾齋是奧巴的使臣。

---

① 《清太宗實錄》卷 5，天聰三年四月癸丑；卷 11，天聰六年四月己卯、壬午。
② 《金史》卷 120，中華書局，1975，第 2016 頁；卷 63，第 1499 頁；卷 68，第 1592 頁。
③ 《大明一統志》卷 89，臺北：臺灣商務印書館，1986，第 5486 頁。
④ 《嘉慶重修一統志》卷 71，"黑龍江"，葉 7 正。
⑤ 《清太宗實錄》卷 35，崇德二年四月癸未。

【26】γorlos, ǰalayid, doloγan tayiǰi-nar, darqan tayiǰi-yin kegüked：郭爾羅斯、扎賚特、七臺吉、達爾漢臺吉諸子。達爾漢臺吉諸子是指阿都齊達爾漢臺吉諸子杜爾伯特諸諾顏。

【27】aru-yin abaγ-a：阿禄阿巴噶是駐牧於大興安嶺以北的元代東道諸王後裔屬部。

【28】činadu tabun qošiyun：彼處五旗是指郭爾羅斯、扎賚特、七臺吉、杜爾伯特四部中劃分的牧地偏遠的五個旗。

【29】teden-i daγuur：彼之達斡爾，"彼"是指郭爾羅斯、扎賚特、七臺吉、杜爾伯特。

【30】iǰaγur-un kelelčegsen γaǰar：早已議定之地就是在"辛未年小律令"中議定之地。

【31】tan-i šibege：爾之錫伯，"爾"是指土謝圖汗奧巴等人。

【32】ula：松花江。

【33】γalǰaγu satar：噶爾珠賽特爾是額爾濟格卓禮克圖幼子，七臺吉部首領。

【34】düngkei：出征東揆是指天聰二年出征察哈爾之事。

【35】kitad-yin qaγan-i/ qota：明朝京師。這裏說的是 1629 年出征明朝，圍攻北京之事。

【36】qabur-yin čiγulγan：春季會盟就是天聰五年三月為征察哈爾在三洼地方舉行的會盟。

【37】dalingqu：大凌河。這裏說的是天聰五年七八月間出征明朝大凌河城之事。

【38】eligüd daγur：訥里兀特、達斡爾。根據《蒙古源流》記載，圖們扎薩克圖汗曾向女真、訥里兀特、達斡爾三部族收取貢賦。[1]

分析總結：

文書（1）是天聰五年四月十一日，嫩科爾沁諸首領在天聰汗的主持下制定的律令。史稱"辛未年小律令"。愛新國通過該律令制定了嫩科爾沁部南遷牧地的一些方案。即嫩江上游的達斡爾遷往格爾朱爾古、綽爾曼之間的嫩江下游；烏喇女真遷往呼爾渾河至邊境的松花江下游駐牧，每大旗還需築一座大城；並要求在當年孟冬以前完成遷徙。顯然，達斡爾、烏喇女真隸屬嫩科爾沁部。而達斡爾要遷往奧巴、烏克善等人的舊牧地。但是這裏沒有提到奧巴、烏克善要遷到哪裏。

文書（2）是天聰五年閏十一月十九日，天聰汗致土謝圖汗奧巴的信。信中天聰汗要求奧巴率領嫩科爾沁部向西遷移牧地，就近駐牧。尤其是要將郭爾羅斯、扎賚特、七臺吉、杜爾伯特等部所屬牧地偏遠的五個旗遷來，與奧巴一起毗連阿禄阿巴噶而居。還要求來年春天將達斡爾遷往"辛未年小律令"中早已議定的地方，並制止了奧巴將錫伯遷往烏喇。從這封信中不難看出，天聰汗的計劃是將嫩科爾沁部主體遷往靠近愛新國本土的地方。奧巴、烏克善的舊牧地則留給達斡爾、錫伯等弱小部落居住。其中，達斡爾隸屬郭爾羅斯、扎賚特、七臺吉、杜爾伯特諸首領。錫伯隸屬奧巴、烏克善等人。但計劃實施得並不順利，直至"辛未年小律令"中議定的時間，達斡爾仍沒有遷徙。所以天聰汗將時間推遲到了第二年春天。

文書（3）是天聰六年春正月二十四日，天聰汗致七臺吉部首領噶爾珠賽特爾的信。信

---

① 薩囊徹辰：《蒙古源流》，道潤梯步譯校，內蒙古人民出版社，1983，第 385 頁。

中天聰汗例述噶爾珠賽特爾的種種罪行，嚴詞批評了他。這其實衹是為了給噶爾珠賽特爾施加壓力，讓他按計劃完成遷徙。所以天聰汗再次命令噶爾珠賽特爾將所屬訥里兀特、達斡爾遷來，否則將以敵相待。但後來的事實證明，噶爾珠賽特爾並沒有聽從天聰汗的命令。天聰八年，天聰汗以叛逃罪消滅了噶爾珠賽特爾為首的七臺吉部，將七臺吉部屬民分給了其他嫩科爾沁首領。①

　　以上三份文書是愛新國命令嫩科爾沁部遷徙牧地的過程中產生的遺留性史料。這三份文書中都提到了遷徙達斡爾的問題。達斡爾是當時居住在嫩江上游的部落。他們隸屬牧地偏遠的七臺吉、郭爾羅斯、杜爾伯特、扎賚特等部。而七臺吉等部偏遠的牧地應該和達斡爾同在嫩江上游，這和錫伯與其首領烏克善等人一同駐牧於綽爾曼是相同的情況。由此可以判斷，七臺吉、郭爾羅斯、杜爾伯特、扎賚特等部分成五個旗，作為嫩科爾沁左翼，駐牧於嫩江上游，並與駐牧於嫩江下游的奧巴、烏克善為首的嫩科爾沁右翼共同形成了“辛未年小律令”中提到的十扎薩克。從這三份文書中還可以知道，天聰汗為了保護愛新國在嫩科爾沁的利益，先是通過制定律令，試圖將嫩科爾沁部遷到靠近愛新國本土的地方駐牧，結果未能成功。接著又通過奧巴土謝圖汗，欲將嫩江上游諸部遷來，結果還是沒能成功。最後天聰汗衹好致信七臺吉部施加壓力，試圖讓他們順從，但還是未能如願。最終藉故消滅了七臺吉部。

三　嫩科爾沁部遷入西拉木倫河流域

　　《十七世紀蒙古文文書檔案》中有一份文書，被學界認為是嫩科爾沁部遷入西拉木倫河流域的有力證據。但筆者認為此結論值得商榷。該文書拉丁文轉寫及翻譯如下：

qaγan【39】-u ǰarliγ-iyar negünem bile bide. dörbe γurban/ qonoγ usun ügei tulada, aduγu qoni-yi urid negülgeǰü, qaruladču【40】negütele, ooba naγaču【41】-yin bosqaγul/ bosču nekegsen nekegül tü. ǰoriγ-yin γool-un/ amasar【42】-tu, čaqar-ača irekü bosqaγul sereng abaqai【43】-yin ǰaγun aduγu-tai γurban temege-tei γurban quyaγ-tai./ arban doloγan naiman kümün, doloγan tayiǰinar【44】-tu ečibe genem./ tere bosqaγul. nada kele【45】. či urid kürkü bisiü./ aγtan-i tarγun čerig mordanam geji. aγta temege/ quriyaba. seregütü adali sere, buu genede. ene üge/ qudal ügei boi. bosqul ečiǰemü turšiγul turšiǰu/ γarǰam bolbao iǰaγur-un dobtuluγsan γaǰar-a/ ulus saγuγa bai geküdü qaγan【46】iniyebe genem./ ǰirγuγan qonuγ-un turšiγul γarγaba bide. ene kele/ ünen bolosa. šira mören【47】. naγun【48】 qoyar-un qoγor dumda/ usun ügei ǰon deger-e maγu bayiǰa geǰi saγataba bide./ ene bosqul-un üge. čaqar-yin otoγ quluγurin γool-yin/ šira šibaγu-tai abdartai【49】-dü genem. ene bosqul/

---

① 　中國第一歷史檔案館編《清初內國史院滿文檔案譯編》(上)，光明日報出版社，1989，第91頁。

arba qonuǰu ireǰi bayinam. ene üge-yin ünen qudal-i/ moqor-un urusqu bolaɣ【50】-tu tür ǰaɣur-a saɣuǰu bolɣuɣad negüy-e.①

（漢譯）我們正奉汗之命遷徙。因為三四天之內都沒有水，所以讓馬羊先行，照看著遷徙時，奧巴舅舅的逃人逃出，被追兵追到交流河口，說，從察哈爾來的逃人攜色棱阿巴海之馬百、駝三、甲三一起，十七八人去了七臺吉。還說，那些逃人告訴我，你不是先到嗎？為了選肥馬出兵而收集了馬駝。務必謹慎，不要失誤。此話非虛。不知逃人去否，哨探出否？據說提到當初攻占的地方已經有居民時，汗笑了。我們（即嫩科爾沁——引者注）派出了六天的哨探。此情報若屬實，可能不宜居於西拉木倫河與嫩江之間的無水丘陵上，所以我們耽擱了。該逃人稱，察哈爾營地在忽魯古爾河之什剌什布泰、阿布達爾泰地方。該逃人經十天到來。（我們）暫住莫忽爾地方之水泉，察明此言虛實再遷徙。

注解：

【39】qaɣan：天聰汗皇太極。

【40】qaruladču：意為瞭望、照看，這裏指照看著牲畜遷徙。

【41】ooba naɣaču：奧巴舅舅。當時名叫奧巴，並與嫩科爾沁部有密切關係的蒙古貴族是喀爾喀五部之烏濟葉特部炒花洪巴圖爾子奧巴岱青。1625 年，林丹汗出兵嫩科爾沁時，炒花曾向奧巴土謝圖汗通風報信。②而且炒花還將奧巴土謝圖汗三兄弟稱為“生活在嫩江的三個孩子”③。由此可知，奧巴岱青之父炒花和奧巴土謝圖汗之父翁阿岱可能有聯姻關係。所以奧巴舅舅指的是奧巴岱青。而該書信的作者是奧巴土謝圖汗。

【42】ǰoriɣ-yin ɣool-un/ amasar：交流河是光緒三十三年繪《科爾沁右翼前旗遊牧圖》所載 “ǰoriɣ ɣool 交流河”。④此河匯入洮兒河之處就是交流河口。

【43】sereng abaqai：色棱阿巴海。玉芝博士認為色棱阿巴海是阿魯科爾沁首領塔賴楚虎爾之弟哈布巴圖爾之號。⑤

【44】doloɣan tayiǰinar：七臺吉部是額爾濟格卓禮克圖七子屬部。

【45】tere bosqaɣul. nade kele：那些逃人告訴我，即從察哈爾逃往七臺吉部的逃人告訴奧巴舅舅的逃人。

【46】qaɣan：蒙古林丹汗。

【47】šira mören：西拉木倫河。

---

① 中國第一歷史檔案館編《十七世紀蒙古文文書檔案（1600—1650）》，第 174 頁。

② 《滿文原檔》第 4 冊，第 335 頁。

③ 《滿文原檔》第 5 冊，第 181 頁。

④ Walther Heissig, Mongolische Ortsnamen Teil Ⅱ ,Wiesbaden：Franz Steiner Verlag GMBH，1978, p.83.

⑤ 玉芝：《關於嫩科爾沁移牧西拉木倫流域》，《內蒙古大學學報》2008 年第 6 期。

【48】naɣun：嫩江。

【49】quluɣurin ɣool-yin/ šira šibaɣu-tai abdartai：忽魯古爾河之什剌什布泰、阿布達爾泰地方。根據《嘉慶重修一統志》，忽魯古爾河是烏珠穆沁右翼旗東南四十里的禿河，蒙古名葫蘆古爾。什剌什布泰是該旗西五里的大黃鷹山，蒙古名伊克西喇石寶臺，該旗西十八里的小黃鷹山，蒙古名巴漢西喇石寶臺。① 阿布達爾泰不詳，應該是附近的地名。此地位於今內蒙古自治區錫林郭勒盟西烏珠穆沁旗巴拉嘎爾河與浩勒圖河匯流處西南。

【50】moqor-un urusqu bolaɣ：莫忽爾是光緒三十三年繪《科爾沁右翼前旗遊牧圖》所載交流河口以南的 yeke moqo（大茂好）、baɣ-a moqo（小茂好）等地。

分析總結：

這份文書沒有署名和日期。但是根據內容可以斷定是奧巴土謝圖汗寫給天聰汗的信。奧巴在信中陳述了從逃人口中得到的情報和自己的遷徙情況。送來情報的是奧巴舅舅的逃人。奧巴舅舅的逃人向奧巴土謝圖汗轉述了從察哈爾逃往七臺吉部的逃人的話。最後，奧巴土謝圖汗說他根據逃人的情報派出了哨探，並認為西拉木倫河與嫩江之間的丘陵上沒有水，不宜駐牧。他要暫住於莫忽爾地方之水泉，察明察哈爾的動向以後再考慮遷徙。根據這封信的內容可以看出，當時奧巴土謝圖汗並沒有遷到西拉木倫河與嫩江之間的丘陵上，而是居於水草豐美的莫忽爾地方觀望察哈爾的動向。據逃人的情報，這時察哈爾大本營在忽魯古爾河什剌什布泰、阿布達爾泰地方。天聰五年七月，天聰汗曾致書奧巴，稱察哈爾領取明朝撫賞，已由呼爾罕之哈雅向東北遷徙。② 呼爾罕之哈雅是光緒三十七年繪《阿巴哈納爾右翼旗遊牧圖》注記的 "qurqan qaya naɣur③ 呼爾罕哈雅湖"。此地位於今內蒙古自治區錫林郭勒盟阿巴嘎旗高格斯臺河與輝騰河匯流處東北。忽魯古爾河之什剌什布泰、阿布達爾泰地方正在呼爾罕之哈雅東北。據此判斷，這封信寫於林丹汗從呼爾罕之哈雅向東北遷到忽魯古爾河之什剌什布泰、阿布達爾泰之後，即天聰五年七八月間。這正是制定"辛未年小律令"以後。由此可見，奧巴從嫩江流域西遷以後一直駐牧於洮兒河流域。根據光緒三十三年繪《哲盟扎賚特旗地圖》，該旗呼達希蘭地方有土謝圖汗與肫哲公主墓。④ 呼達希蘭地方在清代扎賚特旗東南境，洮兒河與嫩江匯流處及那蘭薩蘭泊東南，嫩江西岸，即今吉林省白城市大安市太山鎮靜山鄉後寶石村附近。⑤ 這說明，奧巴直到天聰六年九月逝世為止都駐牧在嫩江與洮兒河流域。因此，這份文書顯然不能成為嫩科爾沁部遷居西拉木倫河流域的證據。那麼嫩科爾沁部是什麼時候遷往西拉木倫河流域的呢？

我們從愛新國對西拉木倫河流域的經略可以看出該地蒙古諸部的牧地變遷。1634 年，愛

---

① 《嘉慶重修一統志》卷 540，"烏朱穆秦"，葉 2 正。
② 《滿文原檔》第 7 冊，第 376 頁。
③ Walther Heissig, Mongolische Ortsnamen Teil Ⅱ, p.113.
④ Walther Heissig, Mongolische Ortsnamen Teil Ⅱ, p.82.
⑤ 烏雲畢力格、巴拉吉尼瑪主編《土謝圖汗——奧巴評傳》，第 234 頁。

新國招集西拉木倫河流域的歸順蒙古諸部舉行碩翁科爾會盟，劃分牧地時指定的合計地界東北至納噶臺，東至兀藍達噶胡里也圖，東南至哈爾巴噶爾。據考證，納噶臺位於今內蒙古自治區興安盟突泉縣，兀藍達噶胡里也圖位於今吉林省白城市通榆縣烏蘭花鎮，哈爾巴噶爾就是今吉林省雙遼市雙山鎮的大哈拉巴山、小哈拉巴山。① 由此迤西的西拉木倫河流域地區依次是扎魯特、正藍旗、兩白旗、阿禄科爾沁、四子部落、鑲黃旗、正黃旗、敖漢、奈曼、兩紅旗、鑲藍旗、巴林、翁牛特的牧地。1635 年，林丹汗之子額哲歸附愛新國以後，皇太極令其居孫島習爾哈地方。當時額哲的牧地位於今內蒙古自治區通遼市科爾沁左翼後旗東南部的散都泡子、協爾嘎泡子一帶為中心的地方。②1640 年，皇太極曾率和碩親王等幸察哈爾固倫公主、固倫額駙額哲所居孫島習爾哈地方行獵。③ 行至訥訥格屯時，科爾沁固倫公主及固倫額駙祁他特前來朝見，恭進筵宴。④ 訥訥格屯，今作農能閣村，屬吉林省雙遼市。⑤ 但是從"前來朝見"這一表述來看，訥訥格屯並不是固倫額駙祁他特的牧地。由此可知，遲至崇德五年為止，西拉木倫河流域都沒有嫩科爾沁部遷居的空間。

清初文獻史料中有關嫩科爾沁部牧地的零星記載也可以證明這一點。《清實錄》記載，崇德二年，冰圖王孔果爾有馬三十匹往牧於所屬卦爾察費克圖屯。⑥ 費克圖屯位於今黑龍江省哈爾濱市阿城區蜚克圖河流域。崇德五年，天聰汗令索倫來歸之眾同外藩蒙古郭爾羅斯部於吳庫馬爾、葛蘭額勒蘇、昂阿插喀地方駐扎耕種。⑦ 吳庫馬爾是清代黑龍江省齊齊哈爾城南三十里許的小烏呼馬屯、大烏呼馬屯，葛蘭額勒蘇、昂阿插喀分別是城西南六十五里許的額爾蘇屯和城南四十五里許的昂阿奇屯。⑧ 這些地方就是今黑龍江省齊齊哈爾市昂昂溪區、大五福馬村、小五福馬村等地。可見，崇德年間冰圖王孔果爾在松花江流域仍有領地，而郭爾羅斯部仍在嫩江上游駐牧。

嫩科爾沁部遷入西拉木倫河流域的契機出現在清軍入關以後的順治初年。根據一份翁牛特右翼旗印務處檔案，察哈爾和碩親王額哲妻固倫公主在順治初年以其牧地偏遠，請求分得奈曼旗牧地的一半居住。順治皇帝同意了她的請求。於是，察哈爾扎薩克旗從孫島習爾哈地方遷到了以今內蒙古自治區通遼市庫倫旗為中心的牧地。另外，阿禄蒙古四子、烏拉特、茂明安等部也從順治三年（1646）開始移牧陰山北麓西拉木倫河流域，以防遏外喀爾喀，並

① 薩出日拉圖：《愛新國指授歸順蒙古諸部遊牧地考述》，沈衛榮主編《西域歷史語言研究集刊》第九輯，科學出版社，2017。
② 參見拙文《清代外藩蒙古奈曼、察哈爾、喀爾喀左翼等旗牧地變遷考》，《蒙古史研究》第十三輯，2019。
③ 《清太宗實錄》卷 50，崇德五年閏正月乙酉。
④ 《清太宗實錄》卷 50，崇德五年閏正月乙未。
⑤ 特木爾巴根：《清初嫩科爾沁部歷史若干問題研究》，第 156 頁注 3。
⑥ 《清太宗實錄》卷 40，崇德三年春正月己巳。
⑦ 《清太宗實錄》卷 51，崇德五年五月戊戌。
⑧ 《黑龍江通省興圖總冊》，《清代黑龍江孤本方志四種》，柳成棟整理，黑龍江人民出版社，1989，第 23、25 頁。

於順治六年完成了遷徙。① 這說明，1634 年碩翁科爾會盟中指授的歸順蒙古諸部牧地和1635
年劃分的察哈爾扎薩克旗牧地到了順治年間被重新調整，從而為嫩科爾沁部遷入西拉木倫河
流域創造了條件。這也和清朝入關、定鼎中原的歷史背景及因此產生的政治需要有關。

　　綜上所述，16 世紀中葉，魁猛可率領一支科爾沁部，隨蒙古大汗移徙大興安嶺南麓以
後，一度駐牧於西拉木倫河流域。後來魁猛可之孫恍惚太、土門兒等人被內喀爾喀五部擠
出西拉木倫河流域，避居嫩江，始稱嫩科爾沁部。17 世紀 20 年代，奧巴、烏克善等人作
為嫩科爾沁右翼駐牧於嫩江下游的格勒朱爾根、綽爾曼等地，七臺吉、郭爾羅斯、杜爾伯
特、扎賚特等部分為五旗，作為嫩科爾沁左翼駐牧於嫩江上游地區。17 世紀 30 年代，愛
新國試圖將嫩科爾沁部遷往靠近愛新國本土的地方，以加強統治，但始終未能實現。順治
初年，清朝入關以後開始重新安置外藩蒙古牧地，遂將一部分嫩科爾沁蒙古旗遷到了西拉
木倫河流域。

The Study on Pasture Transition of Non Qorčin Tribe in the Early Qing Dynasty

Sachuraltu

This paper examines the changing history of Non Qorčin tribe's pasture land in the early Qing Dynasty relying on direct historical writings of the early 17th century. It is believed that in the middle 16th century, Küimöngke, one of the leaders of Horqin tribe, took his people and followed the Mongolian Great Khan to migrate into the south of Greater Hinggan Range. Then they lived in the Xar Moron River basin for a while. Afterwords, Ongγdai, Tümei the grandsons of Küimöngke were extruded out of the Xar Moron River basin by the five Inner Khalkha tribes. Hence, they sought refuge along the Nen River. From then on, it had been called Non Qorčin tribe. In the 1620s, Ooba, Uγšan, and others, as the leaders of right wing of Non Qorčin, lived in the downstream of the Nen River called Geljürgen, Čolman, etc.. The tribes such as Doluγan Taiǰinar, Γorlos, Dörbed, and ǰalayid were divided into five flags and lived in the upstream of the Nen River as the left wing of Non Qorčin. In the 1730s, the Jurchens tried to strengthen their rule by placing Non Qorčin tribe at a place close to the Jurchens' homeland. But the plan did not work out. In the early years of Shunzhi, the Qing Dynasty began to rearrange the Mongolian pasture lands, and a part of the Non Qorčin Mongolian banners were moved to the Xar Moron River basin.

---

① 齊木德道爾吉：《四子部落遷徙考》，《蒙古史研究》第七輯，內蒙古大學出版社，2003；《烏喇忒部遷徙考》，
　　《中央民族大學學報》2006 年第 3 期。

欽察七姓（Yeti）部落考 *

蘇日塔拉圖

見於史冊時，欽察人（Qïbčaq/ Qïpčaq，又稱庫曼人、波洛伏齊人）已是遊牧於基馬克（Kīmak）汗國西部的一個屬部。但由於基馬克汗國"半獨立的領地制度"①，欽察人有一定的獨立性。《白哈奇史》記載，早在基馬克汗國時期欽察人已向西、南兩個方向開始了積極的擴張活動。②到 11 世紀前葉基馬克汗國瓦解後，欽察人取代前者在中亞的地位，進行了更加廣泛的擴張活動。欽察西遷至南俄草原的一些部落依次戰勝了伏爾加河流域至多瑙河流域的可薩人、古茲（烏古斯）人和佩徹涅格人，甚至入侵基輔羅斯和拜占庭國土；南遷到錫爾河流域的各部則滅掉這裏的烏古斯葉護國，占據了里海、鹹海以北的廣大地區。此後欽察人勢力大盛，歐亞中部的草原也被稱作"欽察草原"。

欽察人的起源及其部族構成非常複雜。雖然欽察人的方言和祖先傳說，如與回紇、僕固非常相似的"樹洞（qabuɣ）起源說"和迦爾迪齊（Gardīzī）版本的七部遷徙說都在暗示其起源於漠北某地的可能性，但迄今為止沒有任何一部文獻或碑銘史料留下支持這一猜想的明確記載。根據庫篾可夫（Б.Е.Кумеков）的研究，欽察人大約在 8 世紀或 9 世紀初西遷並加入基馬克部落聯盟。③伊斯蘭史學家迦爾迪齊記載了基馬克部落聯盟由七個"以祖先的名字命名的部落"組成之事。此七部為：乙密 ④（Īmur）、咽面（Īmäk）、韃靼（Tatār）、巴彥德爾（*Bayāndur）、欽察（Qïfčaq）、你勒黑兒 ⑤（Nilqar 或 Nilqaz）、阿只剌的（Ajlād）。但庫篾可夫指出這是一個"不完備的、變相的、改造過的"基馬克譜系，⑥此說甚是。

---

* 本文曾提交 2018 年 9 月召開的中國第五屆蒙古學國際學術研討會，後做較大修改。

① 阿西莫夫、博斯沃思主編《中亞文明史》第四卷（上），華濤譯，中國對外翻譯出版公司，2008，第 43—44 頁。

② 威廉·巴托爾德：《中亞突厥史十二講》，羅致平譯，中國社會科學出版社，1984，第 117 頁。

③ 庫篾可夫：《九至十一世紀的基馬克汗國——據阿拉伯史料》，阿拉木圖，1972，第 35—48 頁。轉引自《中亞文明史》第四卷（上），第 42 頁。

④ 敦煌文獻 S.6551 講經文有"遂得葛禄、藥摩、異貌、達怛，竝見（競）來歸伏，爭獻珠金；獨西乃獻駝馬"的記載，因此異貌也有可能是乙密（Īmur）的另一種音譯稱呼。

⑤ 又稱拉尼卡兹（Lānīqāz），但米諾爾斯基在其譯注的《世界境域志》裏考證為 Nilqaz，本文從米氏說。另外，Nilqar 之部名很容易讓人聯想到拉施特在《史集》中記載的札剌亦兒部分支 Nilqan，在古代部落名稱中，"n" 音轉 "r" 的情況屢有發生。

⑥ 庫篾可夫：《九至十一世紀的基馬克汗國——據阿拉伯史料》，第 35 頁。轉引自巴哈提·依加漢《840 年後遷往金山 — 也兒的石河流域的回鶻人》，《新疆大學學報》1991 年第 3 期。

上述七個部落中的咽面又稱三姓咽面。根據《新唐書·王方翼傳》，咽面部早在 7 世紀就活動於巴爾喀什湖以南的伊麗河（今伊犁河）流域及熱海（今伊塞克湖）一帶。《王方翼傳》云：“永淳初（682），十姓阿史那車簿啜叛，圍弓月城，方翼引軍戰伊麗河，敗之，斬首千級。俄而三姓咽面兵十萬踵至，方翼次熱海，進戰，矢著臂，引佩刀斷去，左右莫知……即遣騎分道襲咽面等，皆驚潰，烏鶻引兵遁去，禽首領突騎施等三百人，西戎震服。”[1] 我們從這一記載中可以得知，咽面部不但早在 7 世紀時就在也兒的石河至巴爾喀什湖南北地區遊牧，而且還是擁有“十萬兵力”的強部，絕非迦爾迪齊描述的 8—9 世紀被敵方攻破後與欽察等部落遷徙到額爾齊斯河流域的小部落。另外，據巴哈提·依加漢的考證，回鶻九姓之一的乙密（Īmur，即亨寧等人考證的奚耶勿）是在 840 年回鶻汗國滅亡後西遷至額爾齊斯河流域的。[2] 由此可見，所謂咽面、乙密等七部一同西遷的說法是難以成立的。那麼，迦爾迪齊所記載的七部西遷之說的真相及真正的七部是什麼呢？或許我們應該從構成欽察部落聯盟的那些部落中去尋找相關的信息。

有關欽察各部最完整的記載見於埃及馬木魯克王朝史學家諾外利從魯克納丁·貝巴爾斯所著《伊斯蘭教國史》轉錄到《埃及年曆》一書中的名單：（1）脫克撒巴 (Tokssaba)，（2）葉迪牙 (Yetia)，（3）不兒只烏格拉 (Bourdj Ogli)，（4）額勒別兒里（Elberli，即玉理伯里），（5）晃火兒烏格立 (Coungour Ogli)，（6）安徹烏格立 (Antch Ogli)，（7）都魯惕 (Dourout)，（8）非剌納烏格立 (Felana Ogli)，（9）者思難 (Djeznan)，（10）哈剌孛兒克里 (Cara beurkli)，（11）克能 (kenen)。[3] 另外，伊賓·哈勒敦書中給出的名單除了個別訛誤以外與魯克納丁·貝巴爾斯的記載基本相同。[4] 這些欽察部落中的第二個部落 Yetia（國內分別譯為葉迪牙、也塔、薛塔等），也就是塞諾等學者根據古羅斯編年史列出的俄式庫曼－欽察人姓氏“Etioba/Ietioba, Etebichi，Yetebychi”[5] 的原形，可對應古突厥語數字“Yeti（七）”，其名稱我們可以理解為“七部落”或“七姓部落”。這個七姓部落的早期歷史我們可以從突厥汗國及其後的回鶻汗國時代的相關記載中去探尋。

七姓部落之名首次出現在後突厥末年所立之《翁金碑》碑文上。[6]《翁金碑》碑文正面第

---

① 《新唐書》卷 111《王方翼傳》，中華書局，1975，第 4135 頁。

② 巴哈提·依加漢：《840 年後遷往金山—也兒的石河流域的回鶻人》，《新疆大學學報》1991 年第 3 期。

③ 多桑：《多桑蒙古史》上冊，馮承鈞譯，中華書局，2004，第 149 頁頁下注。值得注意的是，魯克納丁·貝巴爾斯所記錄的欽察部落顯然不全，他並沒有提到 Qangli、Urani 等東部欽察部落，也沒有提到被稱為欽察或庫曼的部落。此時欽察一詞可能從一個具體部落名稱轉化為部落聯盟的名稱。

④ Б.Д. 格列科夫、А.Ю. 雅庫博夫斯基：《金帳汗國興衰史》，余大均譯，商務印書館，1985，第 250 頁。

⑤ Denis, Sinor, *The Cambridge History of Early Inner Asia*, Cambridge University Press, 1990, p.280; Boïkova, Elena Vladimirovna and Rybakov, R. B, *Kinship in the Altaic World*, Otto Harrassowitz Verlag, 2006.

⑥ 據克勞森等人考證，《翁金碑》立於後突厥汗國後期的龍年，即 740 年。值得一提的是，《舊唐書·李大亮傳》中也有一段關於“七姓種落”的記載。《李大亮傳》云：“時（630 年）頡利可汗敗亡，北荒諸部相率內屬。有大度設、拓設、泥熟特勤與七姓種落等，尚散在伊吾，以（李）大亮為西北道安撫大使以綏集之，多所降附。朝廷愍其部眾凍餒，遣［人］於磧口貯糧，特加賑給。”但根據白玉冬《九姓達靼遊牧王國史研究（8—11 世

五行作:

ba（sa）tabγačda yïrïya atig oγuz ara yeti ärän yaγï bolmis.

耿世民將其譯為"那時在中國（唐朝）的北面，在 Atig（人）和烏古斯人之間有七人成為了（我們的）敵人"[1]，顯然有誤。試想，區區七人，怎能成為後突厥汗國貴族值得銘刻在碑文上的強敵呢？此句中的"yeti ärän"，"yeti"為"七"並無爭議。但"ärän"一詞意為"人們"[2]，延伸意有"……之眾"。如同"突厥人""回鶻人"等詞語中的"人"字，此處的"ärän"實際上有"……族""……部"之意。因此上述碑文可更正釋讀為"那時在中國（唐朝）的北面，在 Atig（人）和烏古斯人之間有七姓之眾（部落）成為了（我們的）敵人"。通過《翁金碑》碑文内容，我們可以得知 8 世紀中葉以前有個七姓部落在漠北烏古斯各部附近。碑文記載其牧地在"Atig（人）和烏古斯人之間"。芮傳明曾考證 Atig 為《隋書‧鐵勒傳》等史籍中的"乙咥、也咥、野咥"部。[3]但筆者認為，Atig 之讀音與永徽三年（652）復置稽落州時提到的阿特（*Adək）部更加符合。譚其驤主編的《中國歷史地圖集》將稽落州阿特部置於色楞格河下游右岸一帶。[4]烏古斯的位置，據《暾欲谷碑》南面第 15 行"烏古斯人從土拉河而來"的記載來看，當在土拉河一帶。而地處兩部之間的七姓部落，其位置應在貝加爾湖西南、色楞格河下游左岸一帶。

伯希和藏敦煌出土藏文 P.t.1283 文書[5]也提供了與七姓部落（Yeti）有關的彌足珍貴的記載。該文書中記載:"……由此地〈回鶻〉望東北，有 Khe-rged（契骨）族……由此向北有 Ye-dre 七族，並無國君任事。常與回鶻征戰，以樺樹皮作帳篷，並以樺樹挏出之液汁釀造酒漿。其國位於谷地，（該部）很強盛。"[6]根據森安孝夫、白玉冬等學者的考證，這個 Ye-dre 七族位於貝加爾湖東南岸（森安孝夫）或東南岸以西，回鶻北面庫蘇古爾湖與貝加爾湖中間地帶（白玉冬）。[7]他們認為，Ye-dre 七族與 Khe-rged 皆是室韋部落，Ye-dre 七族即是《通典》卷 199 記載的俞折國，他們有七族（部）。

紀）》（中國社會科學出版社，2017，第 74 頁）相關研究來看，這個"七姓種落"應是石萬年為首的"西域雜胡"，而不是下文中考證的貝加爾湖一帶的七姓部落。

[1] 耿世民:《古代突厥文碑銘研究》，中央民族大學出版社，2005，第 187—188 頁。

[2] 麻赫默德‧喀什噶里編《突厥語大詞典》第一卷，民族出版社，2002，第 40、83 頁；Sir Gerard Clauson, *An Etymological Dictionary of Pre-thirteenth Century Turkish*, Oxford Clarendon Press, 1972, p.192.

[3] 芮傳明:《古突厥碑銘研究》（增訂本），商務印書館，2017，第 264 頁。

[4] 譚其驤主編《中國歷史地圖集》第 5 冊，中國地圖出版社，1991，第 42—43 頁。

[5] 國內學者將該文書題名譯為《北方若干國君之王統敘記》。學界一般認為，該文書記載了大約 8 世紀中期的一些歷史事件。

[6] 森安孝夫「チベット語史料中に現われる北方民族 DRU-GU と HOR——」『アジア・アフリカ言語文化研究』第 14 輯增刊、1977、5 頁。

[7] 白玉冬:《九姓達靼遊牧王國史研究（8—11 世紀）》，第 30 頁。

　　然而，如果對上述藏文文書中提到的 "Ye-dre" 一詞進行語音學與地理學方面的比對，將其比對為 "Yeti ärän" 要比 "俞折" 更具說服力。據藏族學者對吐蕃歷史文獻《敦煌本吐蕃歷史文書》《工布第穆薩摩崖刻石》進行的研究：（1）古藏語不送氣聲母和送氣聲母之間可以自由變換。因此 "Ye-dre" 一詞的輔音 d 在突厥語裏有可能是 t；（2）古藏語後置輔音 -r- 有從早期的 -j- 轉變而來的情況，這個轉變與歷史上藏文釐定有關。[1]因此 "Ye-dre" 一詞的輔音 -r- 亦有可能從早期的 -j- 轉變而來。結合以上兩點，古藏文文本中 "Ye-dre" 一詞原來的讀音有可能是 "Ye-dje" 或 "Ye-tje"，這與欽察部落名單上的 Yetia 高度符合。另外，Ye-dre 七族所處地理位置與突厥碑文中的 "Yeti ärän" 之位置也完全可以對應。反觀 "俞折" 一詞的中古擬音為 *jĭu tɕˇiɛt，與 "Ye-dre" 之讀音不甚符合。從所在位置與族屬的角度來考慮，將其與後世蔑兒乞部進行比對可能更好一些。因為據拉施特在《史集》中的記載，蔑兒乞亦稱作 aūdūīūt（~ aūtūīūt）。[2]

　　基於上述考證，將 Ye-dre 七族與突厥碑文中的 "Yeti ärän" 進行比對是可以成立的。實際上森安孝夫已發現這個部落可以釋讀為 "七族"，但他並沒有聯想到 "Ye-dre" 就是 "Yeti" 一名的藏式讀法。從敦煌古藏文 P.t.1283 文書中該部地處 "谷地" 的記載來看，其居地當在色楞格河下游或安加拉河上游河谷一帶。葉尼塞—貝加爾地區自古以來就是突厥、蒙古語系各族的交錯融合之地，因而七姓部落可能包括與點戛斯、烏古斯以及轄戛有淵源的一些氏族部落。這也從另一個角度反映了迦爾迪齊 "七部西遷說" 並非完全是空穴來風，其所說的 "七部" 或許可能是對 Yeti 部自漠北西遷一事的誤解或訛傳。

　　840 年，點戛斯攻滅回鶻汗國。然而由於某些原因點戛斯人未能在蒙古高原上建立長期穩定的統治。從目前的研究情況來看，九姓轄戛至遲在 10 世紀初就已經占據漠北草原中心地帶了。[3]同一時期崛起於漠南的契丹（遼）稱漠北諸部為阻卜，自建國初便不斷征討這些部落，因此《遼史》中有很多有關漠北阻卜部落的記載。其中《遼史》卷 15《聖宗紀六》開泰元年（1012）十一月條載："七部太師阿里底因其部民之怨，殺本部節度使霸暗並屠其家以叛。"[4]學界一般認為阻卜主要指室韋－轄戛部落，因此該 "七部" 是否指前文所述蒙古高原北部的七姓部落（Yeti ärän），有待進一步研究。

　　拉施特《史集·部族志》也為筆者上述觀點提供了證據。該書中與乞兒吉思部落相關的記載中提到 "（乞兒吉思和謙謙州）另一地區名為 yīdī-aūrūn，該處君主名為 arūs-aīnāl"。[5]接著他還說，"yīdī" 是乞兒吉思和謙謙州地區尊貴的姓氏。此處的 "yīdī-aūrūn" 應該是蒙古人

①　王雙成：《古藏語 -r- 的音變問題》，《西藏大學學報》2011 年第 1 期，第 114—120 頁。藏文在歷史上曾有過三次規模較大的釐定規範，分別在 8 世紀中葉至 9 世紀初葉、9 世紀中葉和 11 世紀初葉。

②　拉施特主編《史集》，余大鈞等譯，商務印書館，1983，第一卷第一分冊，第 186 頁。

③　白玉冬：《九姓達轄遊牧王國史研究（8—11 世紀）》，第 55 頁。

④　《遼史》卷 15《聖宗紀六》，中華書局，1974，第 172 頁。另一處卷 93《蕭圖玉傳》記載同一事件時則寫作 "石烈太師阿里底"。

⑤　拉施特主編《史集》，第一卷第一分冊，第 246 頁。

對 "Yeti" 人（部）所在區域的專稱，也就是 "yĭdĭ 地區"。在古蒙古語中，t 輔音與 d 輔音之間的變換常見，"Yeti" 一詞從突厥語傳入蒙古語時完全有可能變為 "yĭdĭ"。[①] 因而我們可以這樣理解，yĭdĭ 地區由尊貴的君主 aīnāl（即 inäl，突厥官號）arūs 統治。而且我們還發現，蒙古人於 13 世紀初征服乞兒吉思時七姓部落已與原乞兒吉思人融為一體（或許原來就是聯盟關係），其酋長已成為萬戶乞兒吉思排在首位的首領。另外，《蒙古秘史》第 239 節中也提到 "至萬戶乞兒吉思種處，其官人也迪亦納勒等也歸附了，將白海清、白騙馬、黑貂鼠來拜見拙赤"[②]。不過此處顯然將也迪亦納勒（yidi inal）當做人名來記載，拉施特也稱 yĭdĭ 是乞兒吉思地區顯赫的姓氏之一。拉施特對 yĭdĭ 的理解來自蒙古人，因此《蒙古秘史》與《史集》都將其看作人名或姓氏。實際上，這位歸降蒙古的乞兒吉思首領是 arūs。他是 yĭdĭ（Yeti）部的 inäl，蒙古人顯然將他的部名官號與姓名混淆了。

至於七姓（Yeti）部落何時、因何加入欽察部落聯盟，雖說目前還缺乏充分的史料說明，但也並非蹤迹難尋。根據《翁金碑》碑文中殘缺的記載，我們可以推測七姓部落大約在 8 世紀初反抗後突厥的統治而遭到征伐。其後一直到漠北回鶻政權瓦解，碑文中再也不見有關七姓部落的記載。但結合庫曼 – 欽察人中存在的 Yetia 部和前引拉施特《史集》中有關乞兒吉思地區 "yĭdĭ" 氏部族的記載來看，七姓部落在遭到後突厥政權的鎮壓後像歷史上的很多漠北遊牧部落一樣，可能一部分遷徙，而另一部分則留在故地演變為 13 世紀時由 arūs-aīnāl 家族統治的 yĭdĭ 部（或 el）。

張鐵山、茨默釋讀的回鶻文文書《十姓回鶻王及其王國的一篇備忘錄》，提供了一些有關 10—11 世紀七姓（Yeti）部落的信息。該文書 V、W、X 段押韻詩句第 54—58 行作：

ornašĭ-lar:öng tegit siravil taisi oγlanĭ turdĭ taisi:yeti buqa čangsĭ bašĭn b(a)nt(ä)gi tegit-lä r:yurtalaγu tüz yurt-larĭn nä qodup yurtača ürkä kälip ketip yangĭ balĭq altĭn-ĭn yurtlap qonup:el-tä tuγmĭš bodun-ta artuq ičikdi-lär ornašdĭ-lar yeti buqa č(a)ngsĭ öz-tä tuγmĭš qĭzĭn özi taplap yaγĭz

白玉冬將其譯為："……（隸屬的？）王子們（öng tegit）由 Siravil 太子（taisi）、他的兒子 Turdĭ 太子、Yeti Buqa 長史統領。他們一離開他們曾經居住的美好家園，他們就來到了（這個地區，並把它）作為他們長住的家園，去定居在新城（Yangĭ Balĭq）的下部（地區）。比出生在這個王國裏的人民更多的他們進入並居住下來。Yeti Buqa 長史，他自己把他親生的

---

① 《毗伽可汗碑》南面第一行將 "七" 寫作 "yiti"，見耿世民《古代突厥文碑銘研究》，第 164 頁。

② 《元朝秘史（畏吾體蒙故）》，亦鄰真復原，內蒙古大學出版社，1987，第 224 頁；《蒙古秘史》，余大鈞譯注，河北人民出版社，2007，第 599 頁。

女兒許諾給（聘給）他本人（即 Tängrikän）。"①

　　考慮到 10 世紀時甘州及西州回鶻境内部落貴族使用名號的習慣，②此處出現的 Yeti Buqa 長史很有可能是 Yeti 氏（或部）名為 Buqa 的部落貴族。他以長史這種相對較低的官衔能與 Siravil 太子等級别很高的兩位貴族名列諸王、特勤（öng tegit）之首，並與回鶻王聯姻，也反映出其身份的特殊或所統領部落之强大。而 Yeti Buqa 長史統治的這個部落，很有可能是西遷的一支七姓部落後裔。當然還有一種可能，即七姓（Yeti）部落的一支正是此時由 Buqa 等酋長率領，從漠北故地西遷至高昌回鶻王國。而這一支七姓（Yeti）部落與欽察部落聯盟中的七姓（Yeti）部落之間的關係，由於史料的缺失暫時無法考證。

　　另外，敦煌 P.2741、ch.00296、P.2790 等于闐文文書（924—925 年）中出現的甘州回鶻衆多官員名稱之 Tarduz Ittiyigana Ttattahä 和 Saikairä Ttrrka Cor 兩個名稱，貝利、哈密頓和黄盛璋等學者研究，將後者釋讀為"思結突厥啜"，但前者中的 Ittiyigana 一詞尚無合理的解釋。③筆者認為，該詞可以釋讀為 Itti 和 yigana 兩個部分。其中的 Itti 可與突厥語 yeti（意為七）比對，yigana 可與突厥語 yigän④比對。"Itti"一詞的 t 輔音叠寫現象，是于闐文的一種拼寫慣例，如 ttrrka（突厥）、ttudisa（突利斯）、ttattar（韃靼）等。因此該詞的原形是"Iti"。而 Yeti 一詞的第一音節"ye"在突厥語或其他語言中常與"i"轉換，如突厥語中"二十"有時寫作 yegirmi，有時寫作 igirme，古蒙古語、古羅斯語中"ye"皆變為接近"i"的發音（yĭdĭ、Ietioba）。故，Yeti 一詞在于闐語中寫作 Iti 是完全有可能的。因此上述"Tarduz Ittiyigana Ttattahä"可以釋讀為"達頭（部）也迪乙幹都督"。⑤P.2741 等文書中出現了遷徙到甘州的十幾個突厥 – 回鶻部落名稱，其中包括迦爾迪齊記載中據傳與欽察部一同西遷的乙密（Īmur）⑥和曾任點戞斯可汗的 Bars(a) 氏族（或部）。大概在同一時期的文獻，即上引張鐵山、茨默釋讀的回鶻文文書《十姓回鶻王及其王國的一篇備忘録》中我們也發現 Yeti 部（氏）出現在高昌回鶻王國。考慮到回鶻汗國解體後各部遷徙時的混亂狀況，我們有理由認為，受回鶻統治的另一部分 Yeti 部衆可能隨回鶻首領遷徙到了甘州。如果這一說法成立，那就意味著"常與回鶻征戰"的七姓（Yeti）部落的一部分後來可能與回鶻聯姻⑦或被征服，在回鶻汗國滅亡時又分别跟隨回鶻統治者遷徙到西州和甘州。

---

①　張鐵山、茨默：《十姓回鶻王及其王國的一篇備忘録》，白玉冬譯，楊富學編著《回鶻學譯文集新編》，甘肅教育出版社，2015，第 303 頁。該文書記録了大約發生在西州回鶻王國時期即 10—11 世紀的事件。

②　常以部落名稱＋官號的形式出現，真正的人名反而很少出現，參見下引敦煌于闐文 P.2741 等文書内容。

③　H.W.Baily, *Khotanese Texts, Volume II*, Cambridge: Cambridge University Press, 1954, p.90；哈密頓：《仲雲考》，鄭炳林主編《法國西域史學精粹》（一），耿昇譯，甘肅人民出版社，2011，第 265—290 頁；黄盛璋：《敦煌于闐文 P.2741、ch.00296、P.2790 號文書疏證》，《西北民族研究》1989 年第 2 期，第 56 頁。

④　yigän 意為"外甥"，耿世民認為《闕利啜碑》中出現的 yigän čor 為官號，但也有可能是突厥語人名或國戚的專稱，參見哈密頓《五代回鶻史料》，耿昇、穆根來譯，新疆人民出版社，1986，第 70 頁注 10。

⑤　Tarduz= 達頭和 Ttattahä= 都督，為貝利、哈密頓等學者的釋讀。

⑥　P.2741 號文書中寫作"Ayaria"，亨寧將其考證為奚耶勿。

⑦　從甘州 Iti yigän tutuq 之官稱以及高昌 yeti buqa 長史與回鶻汗聯姻的記載來看，有這一可能。

　　到了 11 世紀上半葉，基馬克汗國瓦解，欽察人的部落聯盟迅速崛起並取而代之。不久，可能由於來自東方的部族遷徙運動的壓力，① 部分欽察部落循著烏古斯人（此處指北支的烏古斯人）西遷的足迹開始了面向歐亞草原西部的遷徙活動。根據《古史紀年》等古羅斯文獻的記載來看，七姓（Yeti）部落顯然參與了此次西遷。除了上引塞諾等學者根據古羅斯編年史列出的帶有俄語名詞詞尾的庫曼 – 欽察人姓氏 "Etioba/Ietioba、Etebichi、Yetebychi" 以外，我們還可以在《伊帕季耶夫編年史》6693 年（1185）下記載的著名的葉戈爾遠征事件中看到 Етебич（jetebič）氏波洛伏齊人酋長。② 這些姓氏的詞根 "Eti、Ieti、Ete、Yete、jete" 顯然都是 "Yeti" 一詞的不同拼寫。另外，《古史紀年》6604 年（1096）下所附弗拉基米爾・莫諾馬赫《訓誡書》中記載："同年秋，（弗拉基米爾・莫諾馬赫）率切爾尼戈夫人及波洛韋茨族中的契捷耶維奇（Читѣевичи，Čiteviči）人進攻明斯克，奪取該城，虜獲全部奴僕和牲畜。"另一處記載："當時曾有托爾克人（指北支烏古斯人）聯合波洛韋茨族中的契捷耶維奇（Читѣевичи，Čiteviči）人攻打我（弗拉基米爾・莫諾馬赫），我率兵在蘇拉河一帶與之對敵。"③ 此處 Čiteviči 是俄化的突厥姓氏 ④，詞根部分為 Čite。眾所周知，古突厥語兩大方言中 Y 輔音與 J 輔音經常出現替換。如 yil（年）變為 jil，yarliγ（法律）變為 jarliγ，等等。同樣 yeti 一詞在另一方言中變為 jeti。我們在上文也確實看到了 "jete" 這種寫法。古俄語在記錄突厥語詞彙時，有時將 J 輔音寫成 Č 輔音。⑤ 因此，原來突厥語裏的 "yeti ~ jeti" 一詞就訛為古俄語文獻中的 Čite。故，我們可以將波洛韋茨族中的契捷耶維奇（Читѣевичи，Čiteviči）人考證為西遷的欽察七姓（Yeti）部落的另一種拼寫形式。七姓（Yeti）等西遷的庫曼 – 欽察部落在 11—13 世紀對基輔羅斯和拜占庭、保加利亞、匈牙利等東歐國家進行了長時間的入侵和擄掠活動。而這些國家在反擊庫曼 – 欽察人的鬥爭中也吸收和融合了不少欽察人。如羅斯的邊防軍和匈牙利的皇家衛隊中庫曼 – 欽察人曾占很大的比重。

　　庫曼 – 欽察人對歐亞草原中心區域的控制因蒙古人的崛起而結束。1223 年，由哲別、速不臺率領的蒙古軍隊在北高加索首次擊敗欽察人。1236 年，蒙古 "長子遠征" 軍之一部由蒙哥率領攻入欽察境內，俘殺伏爾加河下游的玉理伯里（Elberli）部酋長八赤蠻，而西部庫曼 – 欽察各部也被蒙古人陸續征服。⑥ 此後欽察各部與新來的統治者蒙古人逐漸融合，至

---

① 一般認為是馬衛集書中所說的 Hun、Qay 等部落的遷徙。

② 《伊帕齊耶夫編年史》（俄文），聖彼得堡，1871，第 432 頁。

③ 《古史紀年》（古俄語漢語對照本），王松亭譯注，商務印書館，2010，俄文見第 154—155 頁，漢文見第 130、132 頁。

④ "波洛韋茨族中的契捷耶維奇（Читѣевичи，Čiteviči）人" 這種稱呼，也反過來證明了羅斯人將庫曼 – 欽察人的部落名稱與姓氏混淆的事實。

⑤ 如將 Burji 部落（即欽察 Bourdj Ogli 部落）寫作 "Burčeviči"，見前引《古史紀年》（古俄語漢語對照本），第 156 頁。

⑥ 由忽灘汗率領的數萬帳西部庫曼 – 欽察人逃入匈牙利境內。

14 世紀時形成一個新的民族共同體——月即別人。①15 世紀中葉以後，由金帳汗國分出的各政權不斷更替。而月即別人也分裂成烏茲別克和哈薩克兩大分支，所屬各部落亦經歷了漫長而又複雜的變遷過程。僅從部落名稱的角度而言，見於近代哈薩克小玉茲中的 Jetiru（意為七部落）部落 ② 和卡拉卡爾帕克人 ③ 的分支部落 Jeti ko'she（意為七姓）似乎可能是古七姓（Yeti）部落的殘餘。其中，Jeti ko'she 是卡拉卡爾帕克人 Qipshaq（欽察）部的分支，因此比較可信。而 Jetiru 部落雖然有七個分支部落，但顯然是後期重組而成的，與古代七姓部落並無關聯。

A Study in the Origin of the Yeti Tribes

Surtaltu

The migration and expansions of the Kipchaks had a far-reaching effects in the history of the Eurasian steppe during 11th-13th centuries.The reason why the Kipchaks were strong was because they integrated many tribes which belonged to different tribal alliances through conquest or alliance. The later historical documents recorded these tribes which formed the Kipchak tribal alliance, including the Yeti tribes (or Yetia). This paper does a preliminary research and discussion on the early historical changes of the Yeti tribe of Kipchaks based on previous studies and the historical records of Arab, Chinese documents, the ancient Turkic inscriptions and Dunhuang documents.

---

① 烏馬里:《眼歷諸國記》,《蒙古史研究參考資料》新編第 32、33 輯, 1984, 第 105 頁。

② 其分支部落為 Tama、Tabyn、Kerdery、Kereit、Teleu、Ramadan、Jayalbajly, 詳情見哈薩克族譜網站, https://www.elim.kz/Jetiru。

③ 卡拉卡爾帕克人與魯克納丁·貝巴爾斯所提供的欽察部落名單中的第十個部落哈剌孛兒克里（Cara beurkli）, 即黑帽子部落有著很深的淵源。但後世的卡拉卡爾帕克人吸收了很多其他部族成分, 因此不能將兩者等同視之。

釋五當召陽火鼠年鐵券文書

——兼論五當召建寺年代

烏雲畢力格

一

五當召位於內蒙古自治區包頭市石拐區東北 45 公里處的吉忽倫圖蘇木五當溝，是內蒙古著名的古刹。該寺由一世洞闊爾活佛羅卜藏堅贊（Lobsangjalsan, Blo bsang rgyal mtsan）建立，以清代蒙古學問寺聞名遐邇。

五當召是目前所知完整保留寺院檔案的唯一一座蒙古寺院。目前，包頭市檔案館保存該寺檔案 1668 件（冊），時間最早的是乾隆十六年（1751）的文書，最晚的是 1949 年的檔案，除了民國年間個別幾份漢文檔案外，幾乎是清一色的蒙古文檔案。檔案涉及五當召的寺院組織、寺院宗教活動、僧人來源、寺屬人口、寺院經濟、五當召與周圍蒙漢地區的關係，以及五當召與周邊蒙古扎薩克旗、綏遠城將軍、理藩院和民國政府的關係，五當召與西藏、青海和蒙古其他寺院及其高僧大德的關係等內容，是研究清代和民國時期蒙古地區佛教史和寺院歷史的獨一無二的資料。

雖然五當召檔案保存較為完整，但是百度百科等網絡資源和五當召本寺簡介錯漏百出，尤其是其建造年代被說成是康熙年間。百度百科的"五當召"介紹如下：

> 五當召，蒙古語"五當"意為"柳樹"；原名巴達嘎爾召，藏語"巴達嘎爾"意為"白蓮花"，"召"為"廟宇"之意。始建於清康熙年間（1662—1722），乾隆十四年（1749）重修，賜漢名廣覺寺。第一世活佛羅布桑加拉錯以西藏扎什倫布寺為藍本興建，經過康熙、乾隆、嘉慶、道光、光緒年間的多次擴建，逐步擴大始具今日規模。因召廟建在五當溝的一座叫做敖包山的山坡上，所以通稱其名五當召。[1]

百度百科等網絡資源中的五當召簡介有很多錯誤。五當召不是該寺的正式名稱，而是

---

[1]　https://baike.baidu.com/item/%E4%BA%94%E5%BD%93%E5%8F%AC/914980?fr=aladdin.

其漢語俗稱，但亦非漢語，實為蒙古語"柳樹"（Udan）之音譯。創建五當召的人為一世洞闊爾活佛羅卜藏堅贊，而非羅布桑加拉錯。該活佛傳記記載，建造五當召之初，從"五達（Uda）、蘇勒濟耶（Süljiy-e）、卡魯迪（Karudi）、章京（Janggi）、洪霍爾（Qongqor）、甲喇（Jalan）、巴彥郭勒（Bayan γoul）等山南山北、（河流）上游下游各處前來眾多的人，興土木"。可見，建寺當地確有名叫"五達"（柳樹）的地方，應該就是現在的五當溝（Udan γuu，意為柳樹溝）。"五達之召"的蒙古語為 Udan juu，在漢語裏自然會變成"五當召"。五當召正式的蒙古語名稱為吉忽倫圖寺（Jibqulangtu-yin süm-e），因寺院坐落在名為吉忽倫圖的山前，而非敖包山。這座山位於當時的烏蘭察布盟烏喇特後旗境內，也即現在五當召的後山。後來，七世達賴喇嘛格桑嘉措為吉忽倫圖寺賜藏語名巴德噶爾却凌（Pad dkar chos gling），故蒙古人稱之為巴德噶爾召（Badkar juu），Badkar 即藏文的 Pad dkar，意為"白蓮"，juu 對應藏文的 chos gling（寺廟），因此，巴德噶爾召也不是其"原名"。這個名字一直被叫到現在。清朝乾隆皇帝賜給吉忽倫圖寺的匾額為"廣覺寺"，蒙古語為 Aqui yeke onoltu süm-e，該名被保留在公文文書和文獻中，在民間沒有得到流傳。

關於五當召的諸多錯誤說法中，最大的錯誤是關於其建寺年代的說法。民間說它建於清康熙年間，完全依據傳說，而五當召本寺簡介及相關網絡資源堅持認為康熙時期建寺，是因為對該寺一份檔案的誤讀。因此，有必要認真釋讀這份檔案文書。

二

包頭市檔案館收藏的五當召蒙古文檔案中，有一份文書叫《灌頂普善廣慈大國師章嘉呼圖克圖為蘭占巴羅卜藏堅贊在烏喇特屬地吉忽倫圖地方建造寺廟以及不得損害其所屬地面樹木等事曉諭烏蘭察布盟屬眾文》（見圖1），這是五當召康熙年間建寺說的"依據"，所以有必要對這份文書進行認真研究。

首先，我們對這份文書的蒙古文進行拉丁字母轉寫，並將其譯成漢文。

(1) Eǰen-ü esi-ber, guwang ding puu šan guwangči d-a güüsi ǰanggiy-a qutuγ-tu-yin bičig

(2)aγuu delekei-dür orosin saγuγsan törölkiten (3)bügüde yerü ba ilangγuy-a sira malaγai-yin titim bariγči üni yosočin-nuγud-i itegemjilen bariγči blam-a quwaraγ yeke baγ-a noyad ekilen (4)šira qara küčütei küčün ügei bükün kiged, tusqayilal dur-ču ulaγan čab-un čiγulγan-a qariyaduγsan-nuγud-tur maγadlaγulqu-yin učir: (5)bka-a gyur-ba nom-un qaγan-i šabi rabǰamba blowa bzang rgyalmzin kemegči-yin urad-un γaǰar-un qariyatu, ǰibqulang-tu kemegči-dür,(6)čaγ-un kürdün-i bütügel-ün arγ-a ungsiqu terigüten buyan-u barildulγ-a üyiledküi-yin sitügen-e ǰoriǰu, sümen kiged quwaraγ-udun bayising–ču (7)ǰarim nigen–i bütügeǰü bui büged, tegün–ü nügüčel–dür ǰoriǰu, ǰiba bolγan asida talbiǰu bui ba, öber–ün tusqayilal–dur γurban (8)sitügen–ü takil–un bayising sin–e egüdügsen pončuγ kangsar neretü nigen–i bütügeǰü bui–dur,sitügen takiqu–yin tulada ǰoriγsan kümün mal čögen (9)busu–yi asida talbiqu–yin durasil–iyar talbiǰu bui–yin tulada, degere bičig–tür oroγsan süǰüg bisirel–luγ–a tegülder–nuγud–bar (10)elči ǰiγulčin terigüten–e siltaγlaǰu qoorlal könögel–ün ǰüyil–i üyileddün ügegüy–e tusalaqu sanaγan–iyar amur saγulγaγtun, tusqayilal–un učir γurban (11)urad–un noyad–un ayimaγ ba, kerkemten–e qariyaduγsan–nuγud–bar keyed–ün oron–u eǰelegsen modu terigüten–dür busud–bar qoorlal uyiledkün (12)metü bolbasu–bar nökör ömög bolqui–yi alaγsal ügei üyiled. bičig–ün yosoγar bütügegči–nuγud–tur ene nasun–u nasun buyan čoγ (13)olbori delgerekü ba, qoyitu–yin sayin čiγulan arbidqu–yin abural–i sedkil–ün nökör bolγan üyiledčü bui–yi medetügei, kemen tododqaqu bičig–yi (14)ere γal quluγana ǰil–ün čaγan sara–yin sin–e–dür, ǰarliγ šastir orčiγuluγsan bükün–ü oi sung ǰü si–eče bičibei. ene yosoγar (15)kaldan siregetü–yin gegen, ǰirüng –ün gegen–ü ǰarliγ tamaγatai bui–yin tula mededkün.

（漢譯）

灌頂普善廣慈大國師書。

向居住廣大世界之所有人，尤其是信奉黃帽派持真理者之喇嘛、僧人、大小諾顏和僧俗強弱眾人，特別是烏蘭察布盟①所屬人等宣告：甘朱爾巴諾門罕②弟子蘭占巴·羅卜藏堅贊③者在烏喇特所屬吉忽倫圖④地方，為行念誦時輪成就儀軌等善事，在建造寺廟及僧伽居室若干間。此等作為廟倉永久保留外，還專門為自己三供養（佛像、佛經、佛塔——譯者註）在造新建築彭楚克康薩爾，並存留供養所用為數不少之人畜。故此，上文所述信仰堅定人等勿以使者、旅行者等名義損害之！助之，安之！特別是，三烏喇特諸諾顏部及其他有爵位者所屬人等，如見有砍伐該寺占地之樹木等事，務必為寺廟行友人、護助者之為！若依本文行事，今生壽命延長，福澤鴻達，來世之善資糧增益。此等應銘記在心！陽火鼠年正月初日寫於佛語傳記之譯眾者之林嵩祝寺⑤、噶勒丹錫埒圖⑥、濟隆葛根⑦

---

① 烏蘭察布盟為清代內扎薩克蒙古六盟之一，下轄烏喇特三旗及四子王旗、茂明安旗、喀爾喀右翼旗。五當召建在烏喇特後旗地上，烏蘭察布盟六旗是該寺最主要的施主。
② 清代蒙古活佛，駐錫地在多倫淖爾。
③ 五當召的建造者。
④ 吉忽倫圖為山名，即今五當召後山。
⑤ 指北京嵩祝寺，章嘉呼圖克圖在北京的住所即在這裏。
⑥ 指西藏甘丹寺的主持喇嘛，按藏語音又稱甘丹赤巴，此處指二世噶勒丹錫埒圖呼圖克圖賽赤·洛桑丹貝尼瑪（1689—1762）。他是當時清朝駐京八大呼圖克圖之一。
⑦ 指濟隆呼圖克圖，西藏四大呼圖克圖之一和清朝駐京八大呼圖克圖之一。此指七世濟隆羅桑丹貝堅贊（1708—1759）。

二尊者附有法旨與印璽，周知之！

這顯然是一份鐵券文書，是由“灌頂普善廣慈大國師”發給蒙古佛教信徒尤其是烏蘭察布盟信衆的文書。“灌頂普善廣慈大國師”是章嘉呼圖克圖的稱號，因此這是章嘉呼圖克圖發布的文書無疑。但他是哪一世章嘉呼圖克圖呢？根據《大清會典事例》，二世章嘉呼圖克圖阿旺羅桑却丹（1642—1716）於康熙四十四年（1705）首次被康熙皇帝封為“灌頂普善廣慈大國師”。[1]這位活佛於康熙五十五年（1716）圓寂。1705—1716 年間只有一個鼠年，即戊子年，康熙四十七年，公元 1708 年。按照藏曆，這一年是陽土鼠年，而不是陽火鼠年。三世章嘉活佛若必多吉（1717—1786）於雍正十二年（1734）被封為“灌頂普善廣慈大國師”[2]，於乾隆五十一年（1786）圓寂。1734—1786 年間共有甲子（1744）、丙子（1756）、戊子（1768）、庚子（1780）四個鼠年，這些年份按時間先後分別為陽木鼠年、陽火鼠年、陽土鼠年和陽鐵鼠年。因此，上述文書所屬的時間只能是乾隆二十一年丙子陽火鼠年。很顯然，這是三世章嘉活佛於 1756 年為令烏蘭察布盟各旗上下保護該寺利益而下達的文書。

從以上考證結果看，我們所討論的這份文書不是二世章嘉呼圖克圖的文書，不是康熙年間的檔案，而是三世章嘉呼圖克圖在乾隆年間所頒發的文書。那麼，五當召到底是何時建成的呢？

内蒙古社會科學院已故學者留金鎖先生曾根據蒙古文手抄本一世洞闊爾活佛傳記探討過五當召歷史，指出五當召從 1749 年開始建造。[3]但此說一直未被五當召及相關研究人士重視和采納。

根據五當召的建造者——一世洞闊爾活佛羅卜藏堅贊的傳記，五當召的建寺時間就是在乾隆年間。該傳記記載，一世洞闊爾活佛名羅卜藏堅贊，喀爾喀出身，其祖上一直以來居住在土默特旗，他就出生在該旗巴彦濟魯克之阿玉什呼都克地方（Bayan jirüke ayusi qudduɣ）。小時候出家為僧，師從甘朱爾巴呼圖克圖，甚得其欣賞和信任，進而通過上師甘朱爾巴呼圖克圖結識了三世章嘉呼圖克圖若必多吉。後赴藏深造，特別精於時輪法，獲“大智洞闊爾班智達”（Yeke mergen düyingkür bandida）稱號。回到蒙古後，在多倫寺任達喇嘛職。土蛇年（己巳年，乾隆十四年，1749），一世洞闊爾活佛羅卜藏堅贊決定建立自己的寺院，與三世章嘉呼圖克圖、濟隆呼圖克圖和噶勒丹錫埒圖三大活佛從吉忽倫圖、察蘇臺（Časutai）和札蘭（Jalan）三個候選地中選定吉忽倫圖。同年，他帶領徒弟等前往吉忽倫圖山一帶勘察地形，

---

① 光緒朝《大清會典事例》卷 974 載，康熙……四十四年，封章嘉呼圖克圖為灌頂普善廣慈大國師，給予敕印。

② 光緒朝《大清會典事例》卷 974 載，雍正十二年“又復准，章嘉呼圖克圖呼畢勒罕罕來歷甚明，於經典性宗皆能通曉，不昧前因，實為喇嘛内特出之人，應照前身錫封國師之號，其原有灌頂普善廣慈大國師印，現在其徒收儲，毋庸頒給外，應給予誥命敕書”。

③ 留金鎖：《内蒙古西部五當召歷史》（蒙古文），《豐碑——紀念海希西教授 80 壽辰》，内蒙古文化出版社，1993，第 352 頁。

尋找建寺風水寶地，最後選定吉忽倫圖山陽一處為寺址（此處應叫 Udan γuu，五當溝），並造時輪寺和厨房等，建五當召的工程全面開始。第二年（庚午年，乾隆十五年，1750）開始建造時輪扎倉，到 1752 年粗具規模，1754 年從七世達賴喇嘛處請到"巴德噶爾却凌"（白蓮法寺）之名，1756 年乾隆皇帝賜寺名匾額"廣覺寺"，到 1758 年基本建造完畢，[1]後來陸續擴建。五當召的蒙古文檔案證實，羅卜藏堅贊喇嘛傳記的記載與史實相符，五當召是 1749 年開始建造的。

<h1 style="text-align:center">三</h1>

五當召的建立和發展，得到了三世章嘉呼圖克圖若必多吉的鼎力支持。章嘉呼圖克圖自其二世以來一直是清朝的駐京呼圖克圖和國師，地位尊貴。三世章嘉呼圖克圖若必多吉和駐京八大呼圖克圖（章嘉、噶勒丹錫埒圖、敏珠爾、濟隆、納木喀、阿嘉、拉果、察罕達爾罕八呼圖克圖[2]）中的二世噶勒丹錫埒圖呼圖克圖賽赤·洛桑丹貝尼瑪（1689—1762）與七世濟隆羅桑丹貝堅贊（1708—1759）一同給五當召活佛頒發鐵券文書，足以說明五當召洞闊爾活佛與章嘉呼圖克圖非凡的特殊關係，也說明章嘉呼圖克圖對五當召的重視。五當召一直被認為是章嘉活佛的屬寺，原因即在於此。五當召的主要施主是烏蘭察布盟六旗王公臺吉和信徒百姓，其中烏喇特三旗和茂明安旗、喀爾喀右翼旗與五當召關係尤為密切。寺屬土地主要由烏喇特後旗和茂明安旗捐獻，寺屬人口（沙畢納爾）通過不同的途徑來自各蒙古旗，而僧人來源則特別廣泛，涉及內外蒙古各旗，個中原因亦與章嘉呼圖克圖對五當召的特別眷顧分不開。

本文最後想指出的是，為了旅遊業的發展，為了追求物質利益，全國各地在推介地方文化遺產方面存在一定程度偏離史實的現象。就以認定五當召建寺年代為例，當地人寧願相信民間傳說，因為這樣可以把五當召的歷史往前"推"到康熙年間，使得該寺更加古老。這樣的做法完全不可取。筆者呼籲，學術界應該本著實事求是的精神，承擔起還原歷史事實的學術責任。

① 《洞闊爾活佛傳》（蒙古文），《中國西北文獻叢書》第五輯《西北少數民族文字文獻》第七卷，中國西北文獻叢書編委會，1990，第 95—110 頁。
② 李德成：《清代駐京八大呼圖克圖述略》，《中國藏學》2011 年第 S2 期，第 64—80 頁。

On the Fire–mouse–year Document of Badkar Monastery:
A Study on the Establishment of Badkar Monastery

Oyunbilig Borjigidai

This article investigates a Mongolian document preserved in the Baotou Archives of Inner Mongolia. This document was issued by the Third Changkya Khutukhtu to the First Tongkhor Rinpoche Lobsang Gyaltshan, who served as the abbot of Badkar Monastery. By examining the document, this article corrects the previous scholarship which wrongly suggests the establishment of Badkar Monastery was in the Kangxi period. Furthermore, the present study points out that the Monastery was actually built in 1749.

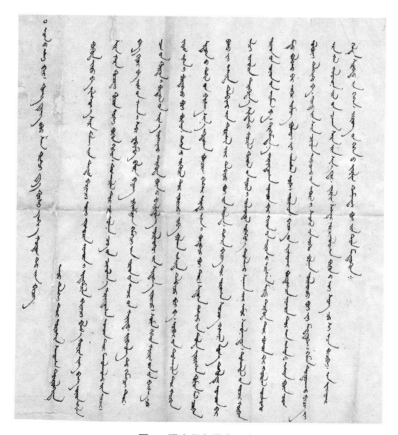

圖 1　陽火鼠年鐵券文書

伊斯蘭史書對蒙古起源論的建構

特爾巴衣爾

蒙古族源是一個非常複雜的學術問題。學界對此衆說紛紜,有匈奴說①、突厥說②、東胡說③和吐蕃說④。"匈奴說"與"突厥說"雖備受詬病,但仍有進一步探索的餘地;"吐蕃說"是出於宗教目的而編的神話,純屬附會,已被學界徹底否定;"東胡說"經內蒙古大學亦鄰真先生考證,得到了國內外學界的普遍承認。

蒙古人活動範圍非常廣闊,散居於各種不同宗教和文化區域內,對蒙古族源,不同地區的各種文獻中多種傳說盛行。

衆所周知,關於蒙古部落的記載最早見於兩《唐書》。兩書除了對一些名稱的音寫不同外,記載完全相同,如《舊唐書》中的"蒙兀"和《新唐書》中的"蒙瓦"均系"蒙古"之音譯。據兩《唐書》,"蒙古"是諸多室韋中的一種,生活在望建河和俱輪泊一帶。王國維認為:"望建河衹是額爾古訥河之古名,不兼黑龍江、混同江言之。蒙兀室韋亦衹在額爾古訥河之下游,然後後來蒙古住地在額爾古訥河、敖嫩河流域考,始可得而說矣。"⑤《中國歷史地圖集》將額爾古納河與黑龍江中游部分均標作望建河,與王國維觀點不同的是將嫩江作"那河",忽汗河作牡丹江。⑥

王國維與《中國歷史地圖集》編者均認為"蒙兀室韋"居於額爾古納河下游兩岸,《蒙古秘史》與《史集》中均有蒙古先祖在額爾古納河一帶活動的記載,印證了這一點。

亦鄰真先生是蒙古學泰斗,對蒙古起源問題有深入的研究。他認為:"形成蒙古民族的核心部落是原蒙古人——室韋—達怛人。蒙古語是在室韋—達怛人的語言的基礎上經過突厥化過程而形成的。就地域而言,原蒙古人是從東胡後裔歷史民族區(主要是內蒙古東部地區)向整個蒙古高原擴散,同突厥鐵勒人和其他各民族結合,固定在蒙古高原的。就人類學因素

---

① 方壯猷:《匈奴語言考》,《國學季刊》第2卷,1930年12月;黃文弼:《論匈奴族之起源》,《邊政公論》第2卷,1943年6月;白鳥庫吉:《蒙古民族起源考》,《白鳥庫吉全集》第四卷。此外,還有帕拉斯、俾丘林、霍渥斯等人持此說。當今蒙古國學界也普遍認為蒙古人起源於匈奴。
② 持此說者有孟珙(《蒙韃備録》)、洪鈞(《元史譯文證補》)、柯劭忞(《新元史》)、呂思勉(《中國民族史》)。
③ 亦鄰真:《中國北方民族與蒙古族源》,《內蒙古大學學報》1979年第3、4期。
④ 持此說者有羅桑丹津(《蒙古黃金史》)、薩岡徹辰(《蒙古源流》),以及《蒙古黃金史綱》等書。
⑤ 王國維:《萌古考》,《觀堂集林》卷15,中華書局,1961,第3冊,第689頁。
⑥ 譚其驤主編《中國歷史地圖集》第5冊,中國地圖出版社,1982,第34—35頁;《中國歷史地圖集釋文彙編·東北卷》,中央民族學院出版社,1988,第81頁。

·207·

而言，蒙古民族在形成過程中吸收各種外族人口，其中包括一部分非蒙古人種居民。在民族文化方面，畏兀兒體蒙古文成了民族文字，產生了獨特的文學和藝術。就經濟生活而言，遊牧經濟一直到晚近，幾乎是整個蒙古民族的主要生產專業。關於蒙古族族源，我們可以概括出的主要點，大致就是這樣的。"① 可見，蒙古人的主體是室韋，室韋出自鮮卑，鮮卑又出自東胡。也就是說，蒙古人的根源是東胡。東胡在漫長變遷過程中，不斷吸收周邊各種不同族群而形成了蒙古人。亦鄰真先生的結論主要依靠語言學方法而得出，其論斷目前最為科學，可信度最高。烏蘭研究員也認為："蒙古人原為室韋—達怛的一部分，原來居住在大興安嶺額爾古納河流域，後來遷到蒙古草原，其中孛兒帖赤那的後代發展出了蒙古汗統一系。"②

隨著蒙古社會文化變遷，尤其是宗教的傳播，蒙古貴族後裔們對自己族源的認識開始發生一定的變化。眾所周知，蒙古引進佛教後，蒙古史家們開始將蒙古史置於佛教視野中加以認識，出現了"印藏蒙同源論"。無獨有偶，西域伊斯蘭史家們也努力將蒙古史納入伊斯蘭史學框架中加以認識。

"印藏蒙同源論"興起於 17 世紀，認為蒙古的王統來自西藏，西藏的王統來自印度。目前遺留下來的蒙古文史料中最早采用該觀點的是《蒙古黃金史綱》，集此大成者屬《蒙古源流》。

"印藏蒙同源論"當然是無稽之談，沒有任何根據，但也不是無任何價值。希都日古說："不過，應該看到這［印藏蒙同源論］是一種新的史學模式，它恰恰反映出到 16—17 世紀，在藏傳佛教影響下蒙古史學思想發生的重大變化。因此，我們對此不能簡單的否定，而應該認真加以分析並探討。"③ 陳寅恪先生說："最初者，為與夫余鮮卑諸民族相似之感生說。稍後乃取之於高車突厥等民族之神話。迨受阿刺伯波斯諸國之文化，則附益以天方教之言。而蒙古民族之皈依佛教者，以間接受之於西藏之故，其史書掇采天竺吐蕃二國之舊載。"④ 陳寅恪先生據此提出了"逐層向上增建"說，與顧頡剛先生"層纍地造成"之說如出一轍。

17 世紀蒙古地區盛行"印藏蒙同源論"的同時，察合臺後人中開始流行蒙古伊斯蘭起源論。陳寅恪先生又說"夫蒙古民族最初之時敘述其起源，面冠以感生之說。譬諸棟宇，既加以覆蓋，本已成一完整之建築，若更於其上施以樓閣之工，未嘗不可因是益臻美備而壯觀瞻。然自建築方面言之，是謂重疊之工事。有如九成之臺，纍土而起，七級之塔，歷階而登，其構造之愈高而愈上者，其時代轉較後面較新者也。今日所存之阿刺伯文波斯文土耳其文等蒙古舊史，大抵屬於第三類之回教化者"⑤ 說明陳先生"逐層向上增建"說同樣適用於伊斯蘭文獻。但陳先生認為伊斯蘭文獻蒙古族源觀"與蒙古源流無涉，於此可不論"⑥，未加以展開探討。

---

① 《亦鄰真蒙古學文集》，內蒙古人民出版社，2001，第 581 頁。

② 烏蘭：《印藏蒙一統傳說故事的由來》，《蒙古史研究》第六輯，內蒙古大學出版社，2000，第 237 頁。

③ 希都日古：《論 17 世紀蒙古編年史的史學模式——印藏蒙同源論》，《內蒙古大學學報》2001 年第 5 期。

④ 陳寅恪：《彰所知論與蒙古源流》（蒙古源流研究之三），《陳寅恪集·金明館叢稿二編》，三聯書店，2001，第 128 頁。

⑤ 陳寅恪：《彰所知論與蒙古源流》（蒙古源流研究之三），《陳寅恪集·金明館叢稿二編》，第 129 頁。

⑥ 陳寅恪：《彰所知論與蒙古源流》（蒙古源流研究之三），《陳寅恪集·金明館叢稿二編》，第 129 頁。

與“印藏蒙同源論”一樣，對於伊斯蘭蒙古史官的記載也需要我們去認真分析，這將對蒙古史和西域史研究大有裨益。

一　西域伊斯蘭史書對蒙古起源的認識

從葉爾羌汗國時期開始，西域地區興起了修史浪潮，產生了一系列具有重大影響的史書。

（一）《拉失德史》對蒙古先祖的認識

從 16 世紀開始形成的這一系列西域伊斯蘭史書對蒙古人族源有一定的介紹。該時期最有名的史書要數《拉失德史》[①]。該書為葉爾羌汗國開國功臣米爾咱·海答兒所作。全書由波斯文寫成，因作者文學修養很高，加上大部分事件都是其親身經歷，故價值非常高。尤其重要的是作者出自蒙兀兒朵豁剌惕貴族集團。據拉施特《史集》記載，朵豁剌惕部屬尼倫蒙古貴族，出自屯必乃汗第八子。[②]但遺憾的是，《拉失德史》對蒙古族源問題不甚關注。

《拉失德史》對蒙古人的認知主要體現在其序言裏，序言首先交代了其寫作目的：

> 強大的真主之卑微的奴僕鄙人穆哈穆德·胡賽因·古列幹我雖然非常的無能，但非常有必要和不得已承擔了這繁重的工作。蒙古合罕們占領城市和國土後熱情漸漸冷卻，遠離社稷，拋棄繁華世界，滿足於在荒野與牲畜共存。[③]因這個原因，未曾有人寫過蒙古合罕們的歷史，他們把聽說來的傳說故事當作歷史。現今 951 年[④]，這個部族中記得這些故事的人一個也沒有。所以我有必要大膽去做這艱巨的工作，如果我不大膽去做，那蒙兀兒諸汗們的生涯將會從歷史篇章中完全消失。[⑤]

該書大部分記述來自作者親身經歷，非親身經歷之事采自可靠的口述，不敢妄自記錄。

> 我認為自己應當這樣做，是因為我一生中收集了許多關於皈依了伊斯蘭教的蒙兀兒

① 《拉失德史》最早有羅斯和伊萊亞斯英譯本（Mirza Haydar Dughlat, *Tarikh-i-Rashide A History of the Khans Moghulistan*, London, 1898），新疆社會科學院民族研究所組織將該譯本譯成了中文（米兒咱·馬黑麻·海答兒：《中亞蒙兀兒史——拉失德史》，新疆社會科學院民族研究所譯，王治來校註，新疆人民出版社，1983。2013 年再版時更名為《賴世德史》）。維吾爾文譯本以聖彼得堡察合臺文譯本為底本，以其他兩種察合臺文譯本和波斯文原文進行校勘，並參照英、漢、俄、哈薩克、土耳其等多種語言之譯本，為比較好的譯本，但遺憾的是該譯本以察合臺文譯本為基礎，未能很好利用波斯文各種版本。筆者手裏有一隆德大學圖書館藏察合臺文譯本，但似為刪減本，缺漏比較嚴重。筆者以下以維吾爾文譯本為基礎，參考德黑蘭校本進行翻譯。
② 《史集》，德黑蘭校本第一卷，第 207 頁。
③ 隆德大學所藏察合臺文譯本無這一句，由上下文行文來看，有明顯缺漏的痕迹。波斯文校訂本譯作“蒙古人從他們曾征服過來的城市中被拋棄，滿足於從繁華世界到荒漠中”與羅斯英譯本相近。
④ 維吾爾文譯本認為在 1544 年至 1545 年之間；波斯文校訂本認為是 1544 年。
⑤ 《拉失德史》（維吾爾文）第一編，“序言”，新疆人民出版社，2007，第 36 頁。

汗的可靠史實，同時我本人也參與了他們的歷史活動。現在，除了我之外，任何人都不知道這些傳說。因此，如果我不執筆，蒙兀兒人及其諸汗歷史就將會湮沒。①

作者治史態度認真嚴謹，虛心謹慎，利用前人成果時注明出處。據作者交代，該書第一編第1章到第24章都抄自沙拉夫·阿勒丁·阿里·牙孜迪的《勝利者之書》。第二編第41章和第69章摘自《世界征服者史》，第99章摘自《勝利者之書》。作者在引用前人成果時大段完整抄錄。這一現象除了可理解成作者嚴謹、謙虛外，還可理解成作者不太善於剪裁史料，甚至沒受過這方面的訓練，或者沒時間和耐心去消化史料。作者又說：

> 即便我不斷地思考，哪怕用智慧之眼來洞察，但我還是覺得自己沒有資格從事這工作。因為，這書的序言和開頭是以大恩大德之先知的贊頌與禱詞來裝飾得很壯觀，但是我還是不能勝任。詩曰：……
>
> 因此，為了有個吉祥的開端，我如實抄錄了堪稱瑰寶的《勝利者之書》：這眾學問的指導者，熟知道路的引路者，精通主體學問和分支學問之完美學者、學術流傳之先驅，感恩先知祈求保佑的大毛拉沙拉夫·阿勒丁·牙孜迪著作序言作為開頭。②

但該書不是從蒙古人的來源或人類起源開始寫起的，而是祇選擇從禿黑魯帖木兒汗時期開始寫起。

> 從成吉思汗到禿黑魯帖木兒汗為止的蒙古諸汗之狀況和蒙古史概況在大毛拉著作和之後的史書中已有記載。但是，禿黑魯帖木兒汗之後諸汗歷史沒被記載，其他史書僅僅在幾處有機會時介紹一下。玉素丁等人在自己的敘述框架裏迫不得已需要介紹時，稍微提及，沒有恩賜比之更多的（筆墨）。③

作者藉介紹禿黑魯帖木兒及其子孫歷史之際，憑自己家族與禿黑魯帖木兒家族之特殊關係而大量夾敘自己家族的歷史。

> 鄙人父母的父輩到多少代都是汗和其子孫的親戚④，這家族就是那樣的。由於那個原因，鄙人在十三歲⑤非常悲戚和孤苦的狀況下投身蘇丹賽亦德汗光榮的事業。蘇丹賽

---

① 《拉失德史》（維吾爾文）第一編，"結束語"。
② 《拉失德史》（維吾爾文）第一編，"序言"，第36—37頁。
③ 《拉失德史》（維吾爾文）第一編，"序言"，第37頁。
④ 王治來譯作我母親和祖母。
⑤ 王治來譯作十六歲。

亦德汗以父親般的慈祥把我從孤苦中解脫出來，對我感情和親情的慈愛那樣的堅固和長久，甚至因此引起了汗兄弟們和子女們的嫉妒，直到二十四年。①

該書從頭到尾都有作者族人的影子，而且作者還多處專闢章節以述自己家族歷史。比如第一編第 43 章、第 49 章直到第 62 章完全或主要記載了自己家族的歷史。第二編則以講述父親、叔叔們和自己的親身經歷為主。

作者避開蒙古起源的最終和最重要的目的還是出於其宗教情感。作者係虔誠的穆斯林無疑，雖出身蒙古朵豁剌惕部，蒙古部核心之尼倫蒙古，但也許不願意承認之前的歷史，忌諱提及作為非穆斯林的祖上，而捨棄了之前的歷史。

作者不得已簡單追述了一番禿黑魯帖木兒汗譜系：

禿黑魯帖木兒汗是也先不花汗（isan buqa）之子。也先不花汗世系如下：他是都哇汗（dawaqi）之子，都哇汗是八剌汗（barakh）之子，八剌汗是哈剌蘇布汗（khara subu）之子，哈剌蘇布汗是木阿禿幹汗（mamkhan）之子，木阿禿幹汗是察合臺汗之子，察合臺汗是成吉思汗之子，成吉思汗是也速該汗（yesugay）之子，也速該汗是把兒壇把阿禿兒汗（bartan）之子，把兒壇汗是合不勒汗（habul）之子，合不勒汗是屯必乃汗（tumine）之子，屯必乃汗是伯升豁兒汗（baysunkhur）之子，伯升豁兒汗是海都汗（qaidu）之子，海都汗是土敦篾年汗（dumenin）之子，土敦篾年汗是不合汗（buqa）之子，不合汗是孛端察兒汗（buzenjir）之子，孛端察兒汗是阿闌豁阿 (alangoa korkluk) 之子，阿闌豁阿是個純潔的婦人。《勝利者之書》開頭部分有這樣的傳說故事：一道明亮的光進入了這婦人的咽喉，以此有了身孕。好似儀姆蘭女孩麥爾彥（meryem）一樣。這一切沒有哪一個在真主的力量之外。

二行詩：你若相信，是麥爾彥的故事；你若懂得，是阿闌豁阿的狀況。②

以上記述完全為交待禿黑魯帖木兒出身而作，並不想介紹蒙古各部起源和黃金家族歷史。作者也沒采用帖木兒朝時期形成的穆斯林史家記述蒙古史之框架和套路。作者簡單將禿黑魯帖木兒汗的譜系追列至尼倫蒙古始祖阿闌豁阿。雖接受了帖木兒朝史家將阿闌豁阿附會於伊斯蘭教先知爾薩之母聖母麥爾彥之說，但至此打住，未進一步展開，對此作者解釋道：

這本書的目的不是要講述孛端察兒由其母無父而生的故事，他的母親阿闌豁阿的家族在歷史上有完全清楚的介紹，一直記到努哈③（願她得到安寧）的兒子雅弗為止。阿

---

①《拉失德史》（維吾爾文）第一編，"序言"，第 39—40 頁。

②《拉失德史》（維吾爾文）第一編第一章，第 45—46 頁。

③ 王治來譯作諾亞。但筆者建議譯成"努哈"較好，譯成"諾亞"容易與《聖經》人物相混。

關豁阿祖先們的狀況和詳情都在歷史上有記載，因此擔心使文字變得冗長，在此不以記述。本書的目的是將記述蒙兀兒人成為穆斯林之後的歷史。出於這個宗旨，（禿黑魯帖木兒汗之前的歷史）在本書的開頭一帶而過。①

作者再一次強調該書衹從禿黑魯帖木兒皈依伊斯蘭教之後開始寫起，其原因在於節省筆墨。作者解釋其不得已臚列禿黑魯帖木兒譜系是因為"如果偶然有哪一位蒙兀兒汗想要瞭解自己的世系，就可以在我這本書中找到"。②

米爾咱·海答兒，一個蒙古貴族後裔，著書立說讚頌禿黑魯帖木兒皈依伊斯蘭教，引領蒙古人走上"正道"，記錄下禿黑魯帖木兒及其子孫使其不被人們所遺忘。作者作為虔誠的穆斯林，對非穆斯林蒙古先民們的歷史沒有興趣和熱情。作者未繼承帖木兒朝史家傳統，未試圖將蒙古史努力納入伊斯蘭史學框架進行敘述。作為東察合臺汗國及葉爾羌汗國第一位歷史學家，其敘述框架和敘述風格未被後代史家所繼承。其放棄追溯蒙古起源之做法為後世史家所摒棄。

（二）《成吉思之書》（《喀什噶爾史》）和《伊米德史》對蒙古人來源的記載

西域塔里木盆地穆斯林史家從17世紀開始創作了幾部蒙兀兒斯坦通史類作品。其中最著名的是《成吉思之書》③和毛拉·穆薩·莎依然米的《伊米德史》④。兩書共同的特點是將蒙兀兒人的歷史追溯到蒙古起源傳說，再將之附會於突厥民族傳說故事，最後納入伊斯蘭史學傳統框架。

1. 努哈後裔突厥、蒙古兄弟

《成吉思之書》和《伊米德史》兩書對蒙古人的來源都進行了一定的敘述。兩者都將蒙古人的來源附會於阿丹的後人努哈⑤，認為人類都來自努哈的三個兒子，含（حام Ḥām）、雅法孜（يافث yāfāś）、閃（سام Sām），三者後代後來分別成為西方（非洲黑人）、東方（亞洲黃人）和伊朗（白人）的始祖。雅法孜之子曰突厥，突厥之子曰阿蘭恰（النجه alamče），阿蘭恰之子曰迪巴闊義（ديباقوى Dipaqoi），迪巴闊義之子曰庫由克，庫由克之子曰艾蘭恰（النجه alamče）。艾蘭恰汗有兩個兒子，一個叫塔塔兒，另一個叫蒙古。⑥該說源頭來自《聖經》和

---

① 《拉失德史》（維吾爾文）第一編第一章，第46頁。

② 《拉失德史》（維吾爾文）第一編，"結束語"，第318頁。

③ 該著被認為是三無作品，新疆學者阿吉努爾·阿吉先生命名為《成吉思汗傳》，俄國學者命名為《喀什噶爾史》，故學界普遍採用《喀什噶爾史》之稱。本文依新疆社會科學院藏本中的書名，譯作《成吉思之書》。

④ 為20世紀初期作品，作者還著有《安寧史》一書，內容基本上與《伊米德史》同，但不能視作同一著作的兩種版本，而應當以兩種著作來看待。

⑤ 《聖經》中叫"諾亞"。

⑥ 《喀什噶爾史》，俄抄本，第3a—4a頁；《成吉思之書》，新疆社會科學院抄本，第3—4頁；阿吉努爾·阿吉整理《成吉思汗傳》，第3—7頁。《伊米德史》記載與《成吉思之書》衹有兩個人名不同，即"……突厥之子曰 Abligha Khan, Abligha Khan之子曰 Zip Batuy Khan……"

《古蘭經》。《古蘭經》對努哈三個兒子的去向沒做具體交待，而《聖經》有記載。我們相信，對此譜系，伊斯蘭文獻肯定有很詳細的介紹和闡釋。

《史集》對此進行了進一步的發揮：

> 根據伊斯蘭教徒歷史中所述和以色列人的猶太教經典所載，先知努哈（願世界與他同在！）他將世界從南到北分為三部分：把第一個部分（南部）給了含及其子孫，成為了蘇丹（非洲）人祖先；中間部分給了閃，成為了阿拉伯與波斯人的祖先；把第三部分（北部）給了雅法孜，成為了突厥人的祖先。[1]

《史集》將突厥人巧妙地納入伊斯蘭傳說譜系中，由此匯出蒙古族源。但《史集》不清楚蒙古人到底出自雅法孜後裔中的哪一支。"由於太古老了，分支起源不得而詳者。"[2]《史集》在這裏主要介紹了被稱作蒙古的兩支部族群，[3] 並將蒙古人歸為不明來歷之族群。拉施特等人還沒給蒙古人找到合適的空位。這一遺留問題，經帖木兒朝史家們到西域伊斯蘭史家們手裏時已經得到完美解決。

伊斯蘭史家們通過《古蘭經》所提供的綫索匯出突厥人的來源，又由突厥人傳說故事引出了蒙古人。將突厥傳說故事與蒙古傳說故事熔於一爐，據此列出蒙古人系譜。

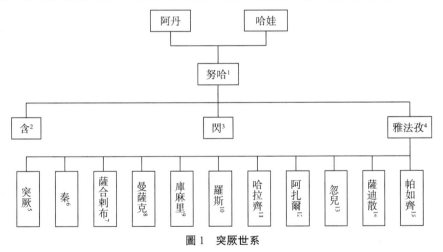

圖1　突厥世系

1 نوح（nūḥ），《聖經》譯作"諾亞"。馬堅譯作"努哈"，也有譯作"努海""弩亥"者。

---

① 《史集》第一卷"部族志"第一章第一節，德黑蘭校本，第47頁；《史集》漢譯本譯作："根據伊斯蘭教徒歷史中所述和猶太民族《五卷書》中所載，先知諾亞 [nūḥ]——祝他安寧！——曾將大地從北到南分為三部分。第一部分，他給了自己的一個兒子，黑膚人的始祖含；第二部分，他給了後來阿拉伯人和波斯人的祖先閃；第三部分給了突厥人的祖先雅弗。"（余大鈞等譯，商務印書館，1983，第一卷第一分冊，第80頁）漢譯文對原文理解不是太到位。

② 《史集》第一卷"部族志"第一章序言，波斯文校訂本，第42—43頁；《史集》漢譯本作"……不得而詳的民族 [有以下兩支]"（第一卷第一分冊，第126頁）。

③ 《史集》第一卷"部族志"第一章序言，波斯文校訂本，第43頁；漢譯本第一卷第一分冊，第126—127頁。

2 حام（ḥām）。

3 سام（sām）。

4 يافاث（yāfāš）。

5 ترک（turk）。

6 چين（čin），《勝利者之書》稱其為雅法孜第六子。

7 سقلاب（saqlāb），《伊米德史》寫作 صقلاب（ṣaqlāb），與《勝利者之書》同，兩者讀音相同。《勝利者之書》稱其為雅法孜第三子。

8 منسک（mansak），《喀什噶爾史》俄 C576 本寫作 نسک，《成吉思之書》新疆社會科學院本和《伊米德史》兩種版本均作 منسک，俄 C576 本顯然遺漏了開頭的 م 字母。《勝利者之書》寫作 ميشک（mišk）。

9 کماری（kumari），《勝利者之書》稱其為雅法孜第七子。

10 روس（rus），《勝利者之書》稱其為雅法孜第四子。

11 خلج（ḥalač），《成吉思之書》兩種版本均作 خلج，但《伊米德史》兩種版本都寫作 خلج，據此可斷定《成吉思之書》有漏點。

12 حزر（ḥazar），《喀什噶爾史》俄 C576 本寫作 حرز（ḥaraz）；《成吉思之書》和《伊米德史》兩種版本均作 حزر，《勝利者之書》寫作 خزر（ḫazar），稱其為雅法孜第二子。

13 غر（ğur），《勝利者之書》無此人名。

14 سدسان（sadsān），《勝利者之書》無此人名。

15 پاروچ（pāruč），《勝利者之書》無此人名。

資料來源：《成吉思之書》。

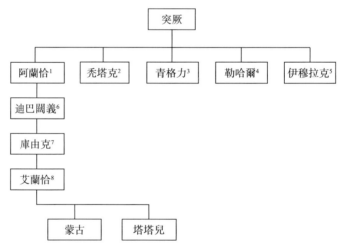

圖 2　蒙古世系

1 المچه（alamče），《伊米德史》作 ابلغنه خان。

2 توتک（tutak）。

3 چنگل（činggil）。

4 لحر（liḥār）。

5 املاق（imlaq）。

6 دباقوی（Dipaqoi），《伊米德史》作 زيپ باتو خان。

7 کويوک（kuyuk）。

8 المچه（alamče）。

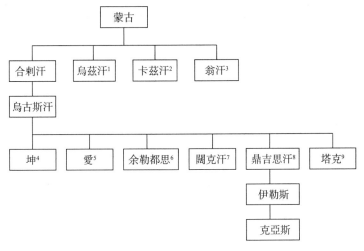

圖 3　乞顏世系

1 uzẖan。

2 kazẖan。

3 ungẖan。

4 突厥語中太陽的意思。

5 突厥語中月亮的意思。

6 突厥語中星星的意思。

7 突厥語中天空的意思。

8 突厥語中大海的意思。

9 突厥語中山的意思。

　　《史集》未能標出蒙古黃金家族在突厥世系表中的具體位置，而西域伊斯蘭史家將蒙古當作人名置於突厥之後和烏古斯汗之前。這樣蒙古成了突厥的後代，著名的烏古斯汗成了蒙古的後代。這麼安排也有其"合理性"。拉施特認為，蒙古人最初為突厥人，後來纔改稱蒙古。

　　　　現今稱為蒙古的那些突厥部落……因為那時，蒙古人是屬於突厥諸部落的一個部落；現今則由於他們的幸運、強盛和偉大，所有其他部落都被稱以他們的這個專名。[1]
　　　　各有君長的突厥諸部落，但這些部落與前編所述突厥諸部以及蒙古諸部均無多大聯繫和親屬關係。[2]

　　這裏所述包括克烈、乃蠻、汪古等蒙古部落。還有"昔時即稱為蒙古的突厥諸部落"[3]，指的是從額爾古納昆走出來的最正宗的蒙古部落，分為迭兒列勤和尼倫兩大系統。

---

① 《史集》，德黑蘭校本第一卷，第 65 頁；漢譯本第一卷第一分冊，第 148 頁。

② 《史集》，德黑蘭校本第一卷，第 111 頁；漢譯本第一卷第一分冊，第 206 頁。

③ 《史集》，德黑蘭校本第一卷，第 145 頁；漢譯本第一卷第一分冊，第 249 頁。

受此結論影響，後世史家很自然就會把蒙古列為突厥後代。蒙古又成了烏古斯汗的祖先。烏古斯汗是傳說當中率領突厥人皈依伊斯蘭教的帶頭人。若把蒙古放在烏古斯之後，那蒙古人應該生來就是穆斯林。把蒙古置於烏古斯之前，這樣可解釋蒙古人後加入伊斯蘭教或尚未成為穆斯林的原因。

謝選駿說："古史傳說產生的動力，不僅有部落生活的要素，要有為本族尋求更古老、更高貴的神秘淵源的現實政治上的需求。因此，封建統治者也樂於在其中注入宣揚本家族顯赫歷史的內容。古史傳說的要質，在於為統治階級尋找領袖權力的理論依據。"[①]伊斯蘭史家們從伊利汗國到帖木兒帝國再到葉爾羌汗國，逐步將蒙古人的譜系努力納入伊斯蘭宗教神話以及突厥神話和譜系中。其目的如上所述，是為統治階級尋找領袖權力。伊斯蘭教與基督教和猶太教一樣，堅信所有人類均出自傳說中的亞當、夏娃和諾亞等，若另有來源是不可思議的。若不如此，那將無法理解和接受。首先，蒙古統治者本人將無法接受自身來源有悖於真主啟示。其次，受蒙古人統治的中西亞社會精英需要設計一個在情感上能够接受的主人。更重要的是要讓天下老百姓相信蒙古統治者血統上的高貴和統治權力的合法性。隨著蒙古貴族們的突厥化，歷史書寫中不斷將蒙古人的來源向突厥人靠攏，最終與突厥人融為一體。之後的歷史書寫，已經變得不分突厥與蒙古。在蒙古人興起之前，伊斯蘭文獻中從未有"蒙古"之稱。而伊斯蘭世界對突厥却有著很清晰的認識。雖然《古蘭經》沒提到突厥人，但最權威的幾類《聖訓》都提到了突厥人，這必然會引起穆斯林的高度重視。把蒙古人歸為突厥，穆斯林群眾容易理解和接受，於是將來自東方的陌生的主人蒙古人"包裝"成突厥人。阿拉伯人一來到中亞就接觸到了突厥人，突厥人與伊斯蘭世界交流數百年，在伊斯蘭世界已獲取一定地位，已普遍受到伊斯蘭世界的認可和尊重。蒙古作為外來者，需要迅速在穆斯林群眾中樹立威信，便巧妙藉用了突厥人的身份。隨著老百姓對蒙古人突厥身份的認可，蒙古統治者自身也開始認同其突厥身份，這促進了蒙古人的突厥化。蒙古各個部落與操突厥語的諸多部落長期交融，由此產生了許多新的突厥語民族。

2. 額爾古納河逃難記

介紹完蒙古人的來源後，西域伊斯蘭史家們講述了關於蒙古人先祖的幾則故事，這些都是當年流傳於蒙古人當中關於祖先傳說的著名故事。通過這些故事可解釋蒙古人分化組合之狀況。

額爾古納河逃難故事是史料所載最早關於蒙古先祖的故事。該故事對探討蒙古起源意義重大。該故事最早出自《史集》：

　　據值得信賴的貴人們〔所轉告〕的一則故事說，另一些部落戰勝了蒙古人，對他們進行了大屠殺，使他們祇剩下兩男兩女。這兩家人害怕敵人，逃到了一處人迹罕至的地

---

① 謝選駿：《神話與民族精神》，山東文藝出版社，1986，第301頁。

方，那裏四周唯有群山和森林，除了通過一條羊腸小徑，歷盡艱難險阻可達其間外，任何一面別無途徑。在這些山中間，有豐盛的草和［氣候］良好的草原。這個地方叫額兒古涅—昆。……那兩個人的名字為：捏古思和乞顏……當這個民族在這些山裏和森林裏生息繁衍，［他們所占的］地域顯得日益狹窄不够時……宰殺了七十頭牛馬，從它們身上剝下整張的皮，［用那些皮］作成了風箱……使這七十個風箱一起煽起［木柴和煤下面的火焰］，直到［山］壁熔化……通道也被開闢出來了。他們全體一起遷徙，從那個山隘裏走出到原野上。[①]

故事原型就是這樣的。蒙古人講述該故事是為了說明乞顏部的由來。下面我們看看西域伊斯蘭史家們的相關記載。《成吉思之書》曰：

> 伊本菲爾頓丁（ibni feridundin）援助塔塔爾帕提夏賽文齊(seiunči) 汗，率兵到了伊勒汗。賽文齊汗以天命得勝。伊勒汗之子乞亞勒斯（乞顏，qiyals) 和他叔叔的兒子土古思（tkoz）和兩個人的妻子在伊勒汗的親戚們當中活了下來。除這四人之外均遭屠殺。這四人躺在（衆死者）屍體當中，到晚上找來一匹馬騎著逃了出來，進入一山谷居住，這山谷裏長有大量的野果子，這山谷叫額爾古納闊勒（erguna qol）[②]。托真主之福和其照耀下使其子孫興盛，他們擠滿山谷，裏邊住不下便（從山谷）走了出來。同塔塔爾人作戰，戰勝（塔塔爾人），成為了原故鄉的主人。[③]

《成吉思之書》對該故事記載得非常簡略，寥寥數語一帶而過。但也有所發揮，如增加了"這四人躺在屍體當中，到晚上找來一匹馬騎著逃了出來，進入一山谷居住，這山谷裏長有大量的野果子，這山谷叫額爾古納闊勒"等。

《伊米德史》對此故事發揮的內容則更多：

> 蒙古諸汗中曾有八位汗王非常強大和有威望。到第九代時塔塔爾人獲勝，過來屠殺所有蒙古人，使他們從地面上全部消失。伊勒汗（ilḫan）之子乞顏（qinan）汗與其叔父之子土（捏）古思 (tokuz) 一起抓住寶貴時機，從塔塔爾人手中艱難逃脫，帶著妻兒，獲取些牲畜逃進一個隱蔽山裏來度日。這山洞衹有一個入口，他們把這兒堵住加固。有幾代人幾個世紀幾千年在這山裏生活。他們人和牲畜繁衍得很多，乞顏的後代稱做乞亞惕，土（捏）古思後代稱作吾庫西（ukuš）（捏古思）。他們又分化出了一些部落和宗支，在山裏住不下了。他們認為所有天地就這麼大，而且認為除了他們之外沒別的萬物和土

---

① 《史集》，德黑蘭校本第一卷，第148頁；漢譯本第一卷第一分冊，第252頁。

② qol 係蒙古語，為"河"之意，即額爾古納河，《史集》作"額兒古涅—昆"。

③ 《喀什噶爾史》，第6a頁；《成吉思之書》，第7頁；《成吉思汗傳》，第10頁。

地。這地方被稱為額兒古涅昆（ergnequn）。他們突然有一天發現被祖上封閉的出口，於是打開走了出去。①

《安寧史》還對該故事添加了有趣的細節：

> 乞顏汗帶著一男一女連同一匹馬、一頭牛犢、三隻綿羊、一隻山羊，逃命到一個隱蔽的山洞裏度日。②

《史集》祇是說"一些人戰勝了另一些人"，不清楚交戰雙方情況。但西域伊斯蘭史家們確定了發生戰爭雙方首領的名字和兩個幸存男子的名字。《成吉思之書》敘述很簡煉和平實，但也在努力改編故事，試圖使其更加完整和清晰。而《伊米德史》記述詳盡又有一定的發揮。兩者史料均來自《史集》，但兩者不是原封不動地移錄史料，而是做了相當大的選擇和改編。拉施特按照蒙古貴人的口述原原本本地記錄下了蒙古祖先傳說故事，祇做記錄，不做改編，使得史書結構顯得臃腫、龐雜。而西域史家們對堆砌史料的描寫不滿，按照自己的寫作風格，對歷史故事進行了重新編排，刪除和增加了一些內容。《成吉思之書》筆調簡練、清晰，主要采取剪裁和增補手法。而《伊米德史》不求完整，重在解釋與批判，故選取一些故事，稍作包裝，並試圖進行闡釋和評論。《安寧史》中所加這段細節也值得注意，"一匹馬、一頭牛犢、三隻綿羊、一隻山羊"，這個畜種結構和比例非常合理。一個不瞭解畜牧業生產方式的人很難做出如此恰到好處的分配。看來編造這段故事的人非常瞭解畜牧業生產生活方式。

《伊米德史》插入介紹蒙古人不管走到哪兒都要攜帶八塊囊的風俗。《勝利者之書》也有相類似的記載。實際上，在蒙古政治禮節中，凡是君臣關係，都貢九禮；而關係平等時，往往贈八禮。這一習慣在元亡以後，最為突出。如土默特部首領俺答汗向明朝進貢九百之禮。清朝前期，外喀爾喀部也一直向清朝進貢九百之禮。看來蒙古人這一禮節在西域地區也一直存在。西域史家們對阿闌豁阿身世來源做了竄改，安排阿闌豁阿出自突厥余勒都思汗之後。《史集》也認為蒙古人出自烏古斯汗之後，為突厥人的兄弟，但《史集》沒有具體列出譜系關係，祇是含糊其辭，一筆帶過。而西域伊斯蘭史書非常具體地臚列了蒙古人和成吉思汗出自突厥人烏古斯汗的具體分支。拉施特因無法論證蒙古人與突厥人之間的具體關係而籠統帶過，但他非常清楚蒙古各部源流，詳細敘述已被稱作蒙古的各部，清楚地捋出了尼倫蒙古譜系。而以上兩書作者不清楚蒙古各部源流，反而非常瞭解突厥人源流傳說故事，在突厥部落世系中找出一空位將蒙古人和成吉思汗的譜系放了進去。就此《成吉思之書》力求簡單明瞭

---

① 《伊米德史》，手抄本，收入《中國西北文獻叢書》二編第四輯，綫裝書局，2006，第17—18頁（以下簡稱"文獻叢書本"）。瑞典隆德大學特藏部藏本，第7頁右（以下簡稱"隆德本"）。
② 《安寧史》，哈佛大學圖書館藏喀山鉛印本，第10頁（以下簡稱"喀山本"）。

地交待蒙古人源流。《伊米德史》還將伊斯蘭教津津樂道的故事引入敘述中以增加傳奇性。

蒙古祖先傳說故事，一方面通過文本傳播，另一方面則通過口頭傳播。蒙古歷史文本由伊利汗國發端經帖木兒王朝甚至經烏茲別克諸汗國到西域伊斯蘭史家手裏，在這幾百年漫長歷史風雨中發生了各種變異，在諸多變種中，經西域史家們選擇和改編後的便以其獨特面貌呈現在我們面前。蒙兀兒人雖然深度突厥化，但多少都會保有一定的祖先記憶。這些蒙古祖先傳說故事在蒙兀兒人當中也應口傳了數百年。史家在面對民間傳說和文獻記載時都會做出一定選擇和整合。西域史家沒正本清源去完全恢復《史集》當中的故事母題原型，而是對各種傳本進行了選擇和重新編排，使其適應當時蒙兀兒斯坦的政治和社會狀況。

3. 成吉思汗譜系

作為蒙兀兒斯坦的通史，《成吉思之書》《安寧史》《伊米德史》不得不對成吉思汗世系做出交代。

《史集》"成吉思汗傳"開頭部分為 "成吉思汗列祖紀"，給成吉思汗歷代祖先都做了傳。《成吉思之書》也仿照這一模式展開，逐一介紹了成吉思汗所有祖先的名字，按部就班地摘引《史集》內容，梳理成吉思汗家族譜系。《史集》"成吉思汗列祖紀"邊臚列世系邊講述其軼事，順帶介紹其後人。《成吉思之書》將軼事統統省去，衹摘取世系，對重要人物用一兩句話進行評價，有一種一氣呵成之感。西域伊斯蘭史家們當然對這些瑣碎的軼事不感興趣，對相關人物也不熟悉。更重要的是，這些故事在當時蒙兀兒民間可能一點蹤迹都沒了。

筆者認為，《成吉思之書》重點講述的故事可能在蒙兀兒人當中多少有些痕迹。隨後，這些蒙古祖先傳說故事慢慢被淡化，以致不斷消失。《成吉思之書》作者在閱讀前人著作時，凡遇到有所耳聞的故事便摘取出來進行重點介紹。對一些大家從不知道却能打動作者或能決定成吉思汗身份的故事也予以記錄，其他的故事則一律省略。成吉思汗列祖故事多與中原皇帝有關，無法引起西域史家的興趣，這正是其被大量捨棄的原因。

《伊米德史》的重點不是梳理成吉思汗譜系，譜系衹是充當綫索，作者串講從蒙古起源到成吉思汗為止的譜系，從系譜中剝離出歷史故事加以評論和闡發。《伊米德史》在介紹從阿闌豁阿到成吉思汗為止的譜系時分離出了另一則重要的故事。該故事見於《伊米德史》，但《成吉思之書》無載。

屯必乃汗生了一對孿生兄弟，一個名為合不勒（qabul），另一個名為合出里（qačuli）。成吉思汗（Čingiz ḫan）的祖上為從合不勒汗到屯必乃汗。艾米爾·帖木兒·古列幹（ämirtemur kuragan）的祖上為從合出里到屯必乃汗。

有一天晚上，合出里做了場夢，並把夢情告訴給了他父親。他說："我哥哥合不勒汗的懷裏升起了一輪太陽，升到天空，把整個世界都給照亮了，後又降落了。之後，一個接一個地升起了許多輪太陽，帶來了光芒，又一個個地降落了。最後升起一星星般明亮之物時，從我懷裏升起一輪太陽，照亮了整個世界，旋亦降落。接著又升起了許多輪太陽，每一個太陽都照亮著一個大地，這一現象持續了許久。醒來發現，原來是一場夢。"他父親同時也恰好做了同樣的夢。他思來想去後來召集各部首領、賢者把兒子做的夢全部講述了一遍。首領們經過一番思考後解釋說："說明合不勒汗的後裔中要產生一有威望的君主，天下所有國家都會被他平定，均會服從於他。之後出來的太陽表明是其後人，他們會在各個地方當帝王。之後，做這夢的合出里後裔中也將出現一名偉大的君主，他的子孫將給這世界帶來繁榮興旺。"大家對此解釋都非常佩服。看到這種情況，汗下令寫了一遺旨，其內容為"在我之後合不勒汗及其子孫世代為汗。合出里的後人世世代代擔任大臣職務"，寫下來這樣幾條有益的話。以汗為首的大臣們在上面蓋上章子藏在了匣子裏。直到蘇丹‧阿布‧賽義德‧米爾咱（sulṭan abu sä'yd mirza）為止都在一直執行著這一法令。這一法令在卡爾梅克蒙古人語言當中被稱作"法剌命（faramin）"。[①]

《史集》記載，屯必乃汗生有九個兒子。合不勒與合出里並非孿生兄弟，而是同父異母兄弟。這則故事原型見於沙拉夫‧牙孜迪的《勝利者之書》。這完全是由帖木兒王朝史官杜撰出來的，其目的是為帖木兒篡取察合臺汗國汗位提供歷史依據，為其合法性服務。《勝利者之書》也說屯必乃汗有兩位夫人，分別生了合不勒汗與合出里。看來，孿生兄弟之說係莎依然米所編。《伊米德史》和《安寧史》將《勝利者之書》故事中的星星（كوكب和ستاره）改成了太陽（آفتاب）。帖木兒被後世稱為"福星高照之帝"，帖木兒朝時期被稱為"兩福星相會之天"之類的說法可能來自這一傳說。莎依然米兩書對該故事記載一致，差別衹在於個別字詞的表達上。這說明莎依然米對該故事是深信不疑的，而且在他思想發生重大變化以後，對該故事的認識沒有任何變化。

《成吉思之書》對該故事捨棄不錄。主要原因在於《成吉思之書》主要史料來源是《史集》，作者面對來路不明的傳說，選擇了放棄。

《成吉思之書》歷史信息源頭基本來自《史集》。《史集》文筆華麗，喜用令人頭暈的比喻、排比，還頻頻引經據典，內容豐富又龐雜。而《成吉思之書》文風非常樸實，並未照搬移錄《史集》而是采集其中重要的信息點，對《史集》繁雜龐蕪之處進行刪減，個別之處又進行了增補，使故事既簡明又清晰。

莎依然米書對成吉思汗譜系的介紹不像《成吉思之書》那麼緊湊，而是花大量筆墨來討論阿闌豁阿感光而生的故事，旁徵博引，力圖證明該故事之謬，也試圖以天文學知識來解釋從氈房天窗照進白光之現象。他大膽質疑當地突厥人也就是維吾爾人出自阿闌豁阿之說。他準確地把握了阿闌豁阿的出身，認為其為蒙古人，與衛拉特人同種，係遊牧民族，與維吾爾人有本質上的不同。

[①] 《伊米德史》，文獻叢書本，第22—23頁；隆德本，第8左—9右頁。

之前的學者們因受察合臺貴族和帖木兒王朝史學影響，認為維吾爾人出自阿蘭豁阿一系。但莎依然米的研究具有顛覆性和革命性影響，表明維吾爾知識分子民族意識有了一定的覺醒。

二　結語

通過對以上內容的分析，我們發現西域伊斯蘭史書對蒙古先民的介紹有其一定的特點。葉爾羌汗國史學開山之作《拉失德史》直接避開蒙古史不錄，不願承認祖先的歷史。當然該書重點不在蒙古史，蒙古史部分祇是作為開頭被一筆帶過而已。可以看出，當時蒙兀兒人努力將自己同蒙古先祖劃清界限，不願提及蒙古祖先歷史。《拉失德史》作為西域伊斯蘭史學開山之作而出現，但並沒模仿前人，尤其是帖木兒朝已定型的伊斯蘭－突厥－蒙古寫作模式。但作者對前人著作也沒做很好的剪裁，要麼予以全錄，要麼不錄，未做選擇和編輯。但可以看出，作者受過伊斯蘭史學訓練，書中引用或創作了大量詩歌，又不斷摻加些宗教論文，試圖將史學、文學、哲學和宗教學熔於一爐，這是成熟的伊斯蘭史學著作的標志。但其後繼者們沒能秉承其自由化筆調，仍然在伊斯蘭程式化史學寫作中耕耘數百年。

《成吉思之書》按部就班地按照中亞蒙古史程式化敘述框架進行習慣性敘述，文筆雖然非常簡練，但也努力保持著譜系的完整性和傳說故事的豐富性。

《伊米德史》以傳統敘述框架為引子，不求敘述的完整性，努力選取能表達自己思想的題材不斷地進行評論和闡釋，同時改編蒙古史傳說故事，還努力用伊斯蘭史觀來檢驗這些傳說故事，甚至質疑之前蒙古人的歷史構建，提出重新建構蒙兀兒人歷史之訴求。

當然，這些西域伊斯蘭史書的記載無法給我們帶來任何新的歷史信息，也就是沒任何史料價值可言，但不能因此而完全否定其價值。對此我們需要進行認真分析闡釋，探討當時當地學者為何如此選擇、剪裁、敘述，因為任何形式的敘述都是平等的。蒙古史進入中亞文化汪洋大海，在西域蒙兀兒人的敘述中再生，被賦予新的內涵，呈現出新的活力，為蒙兀兒人津津樂道，成為後來維吾爾人重要的文化遺產，同時也成為維吾爾人認識自我的另一扇窗口。面對這些記述我們不能死死咬住蘭克式祇注重第一手資料的歷史觀，不能祇采用傳統單一的、簡單的和絕對的態度，而應該多角度、多層次去觀察、分析。克羅齊說："一切歷史都是當代史。"所謂的歷史都是我們從現實有感而發進行研究的歷史，歷史離不開當下人的思想。柯林伍德進一步指出："一切歷史都是思想史。"所以，歷史書寫在反映歷史事實的同時也反映了當時人的思想和意識形態，進一步表達了歷史書寫者對當下主流思想和意識形態的認識和態度。

《成吉思之書》《安寧史》《伊米德史》的寫作套路和歷史框架一致，從創世紀開始寫起，接著講述了從人類始祖阿丹到第二始祖努哈進而到雅法孜的宗教故事，繼而引出了突厥、蒙古、馬秦三兄弟，然後繼續記述突厥人傳說故事，再把突厥先祖引入蒙古世系中加以介紹。

　　蒙古人統治範圍廣闊，接觸的宗教衆多，但对其影響最大的是佛教和伊斯蘭教。故蒙古史史書編寫受佛教和伊斯蘭教意識形態影響最強烈。17 世紀在蒙古草原地區產生了一批蒙古史著作。這些史書最大的特點是受佛教意識形態影響非常大，其鮮明特徵是"印藏蒙同源論"，認為蒙古王統出自印度和西藏。原始蒙古人信仰長生天，創造了祖先由天而生的神話。當蒙古人信仰佛教以後，無法接受薩滿教意義上的祖先起源論，於是創造了佛教式起源論。蒙古人信仰伊斯蘭教後，也同樣無法接受薩滿教式由天而生之說。伊斯蘭史學家頭腦中有一種先入為主的傳統觀念，那就是認為人類都是阿丹哈娃的後人，除此之外另有人類是無法理解和不能接受的，尤其不能接受蒙古人由天而降的祖先傳說。突厥人與伊斯蘭世界交往數百年，突厥人來源問題在伊斯蘭史學書寫中已得到"合理"解釋。同時，突厥人統治中亞伊斯蘭地區數百年，在穆斯林文人努力下得到了統治合法性。蒙古人作為外來者，一時很難得到認可。蒙古人不管在人種、血統方面，還是在生活方式和心理素質方面與突厥人及其相似，有時甚至很難分清。於是，蒙古人便以突厥人的身份進入中亞進行統治，最後以突厥人的形象出現在歷史書寫中，這樣蒙古史被疊加於突厥史之上，巧妙納入了伊斯蘭史學傳統框架中。

　　從蒙古統治中西亞時期開始，伊斯蘭史家們努力將蒙古族譜編入伊斯蘭教宗教神話和突厥祖先傳說故事中，使蒙古王室族譜成為其一部分，藉此使統治者統治權獲得合法性。梁道遠博士說，蒙古入侵後，阿拉伯史學開始官方化。[①]也就是開始有了程式化的敘事模式。這種敘事模式為後來中亞歷史敘述提供了敘事框架，提供了敘述性源頭，提供了話語合法性。這種模式為中亞史學家不加驗證地接受並轉換成巨大的敘述性力量，將蒙古歷史文化完美地納入伊斯蘭突厥歷史敘述，為突厥穆斯林普遍接受。之後，突厥－蒙古式的敘述框架成為中亞伊斯蘭史學書寫内在的穩定結構。

Islamic Classics and its Constructive Consequences of the Narrative of Mongolian Origins

Töröbayar Choros

With the Westward Expedition of Mongols and the establishment of the Four Khanates, the Mongols made a rule over vast territory spanning many cultural and religious regions. In that situation, Mongolian rulers had to reconstruct the traditional Shamanist discourse of national origin. As we all know,with the spread of Buddhism, the theory of Indo-Tibe-

---

　　① 梁道遠:《古代阿拉伯史學史的分期及其特點》,《史學理論研究》2017 年第 1 期，第 48 頁。

to-Mongol homology with Tibetan Buddhism background emerged in Mongolia, which had a significant impact on the writing of Mongolian history.Similar to this, in the Islamic cultural areas such as Central and Western Asia, Islamic Mongolian historiography, mainly based on Islamic historical views, had also emerged, and many aspects of Mongolian history had been reconstructed.This construction was most concentrated on the origin of Mongols.Islamic historians tried their best to reinterpret the origin of Mongols, in order to help to establish the legitimacy of Mongol rule in the region and promote Mongols to integrate into the local culture as soon as possible.

Statutes of Religious Administrations (*Šasin-ü jakiryan-ü dürim*) as Sources on the History Relationship between the Church and the State

Ts. P. Vanchikova

Studying the monastic way of life and the administration system of monasteries provides valuable information for examining the role of Buddhist church and its impact on the Mongolian society in general. The activities of social institutions in Buddhism, like Buddhist monastic community, or sangha, are regulated by Vinaya, the Buddhist disciplinary code. Although the canonical texts of Vinaya (Pratimoksha, Vinaya Sutra, etc.) remain unchanged for centuries, monastic disciplinary codes of Buddhist monasteries underwent corrections under the influences of historical, cultural and political changes.They changed with the demands of time and specific location, certain historical situation, geographical, ethnic and other features of functioning of a Buddhist community and varied from monastery to monastery, from country to country.

As we know the first rules for monks and for the sangha date back to the times of the first Buddhist communities in India. They regulated the internal life in monasteries, defined monastic life in general, and introduced basic rules of religious services.

It is known that the life of a Mongolian monastery was regulated by monastic rules (dürim) and statutes (jayaɣ, tib. bca' yig). Initially Mongolian monasteries used charters and regulations written in the Tibetan language, but over time, some of them have been translated—like the entire Buddhist canonical literature—into Mongolian.

The monastic statutes and regulations, despite their conservatism, reflect the realities of the ethnic culture within which the monk's life unfolds. They are the ones that are exposed to the permanent influence of ethnic, social and political conditions, as it is evidenced from the statutes of the Mongolian monasteries.Texts of monastic codes are not widely spread, especially in the Mongolian language. Several texts of monastic rules in the Mongolian language are kept in the archives of the Centre of Oriental Manuscripts and Xylographs (COMX, the Institute for Mongolian, Buddhist and Tibetan studies of the Siberian branch of the Russian Academy of sciences). They can be divided into 2 groups: the first group is presented by the statutes of four Mongolian monasteries;

the second group is presented by two rare archival documents—Statutes of religious administration (*Šasin-ü jakiryan-ü dürim*).The article examines two rare archival documents—Statutes of religious administration, compiled in 1926 and 1944.

Religious administration was a special governing body officially established in 1926 at the Gandantegchenling monastery. Their source characteristics and comparative analyses are recounted in the article. Religious administration was the highest body administrating all the inner affairs of a monastery (Шашнызахиргаань...Хурээ Гандангийн шашны дотодын хэргийг ерөнхийлөн удирдаж дээд эрхийг хадгалсан газар) [Ulaanbaatar hot dah' Gandan hureenij shazhiny dotood zhuram, 1925,p. 16-17]. It consisted of high officials of the monasteries of Gandan and ZuunKhuree and representatives from governmental bodies.

The aim of the Religious administration itself was to execute total control over the inner life of the temples in general. The main functions of the Religious administration were to control the activities of the monasteries whether they properly follow administrative instructions and the state laws, especially of clauses of the Law on separation of church from the state and of the Constitution of the MPR. It was also empowered to regulate disagreements between the church and individuals. This social institution has been also empowered with sanctions to control and manage all of the affairs of the monasteries of Gandan-Zuun-Khuree, their temples and their aimags and to coordinate their activities with the authorities, making regular reports to the related Ministry.

I. "Statute of Religious administration" (*Šasin-ü jakiryan-ü dürim*)[1] was adopted at the 9th religious Meetingby representatives of all aimaks and datsans of Gandan monastery and [Dzuun] hüree (f. 7: enekü dürim-i γangdan küriyen-ü šasin-u 9-düger yeke qural-ača batulabai). It was the first administrative document of this organization. The date of its compilation is not given.It is possible to suggest that it could have been drawn up in 1926 after the adoption of the Law on separation of the Church and the State, issued in 1926, because this law is mentioned in article 6, paragraph 12 of this document.

The aim of its compiling was the need of official legalization of the status of this new governing body. This statute consists of 8 articles, some of them are subdivided into smaller ones.

The clauses of this document illustrate the policy of the government and the new political requirements set out in the Constitution of 1924, in accordance with which the work on adaptation of the Buddhist Church to the establishment of a single system of administrative structure of the country and the elimination of the institution of shabinars was started.

---

[1]   Storage number BA 284. Typewritten copy of blue color. 7 ff., 20.5x30 cm, pagination from the second page on the left margins by Mongolian numerals.

Repressions against the Church became a part of the General political process aimed at secularization of society. The purpose of the process was to destroy the main threat to the new government presented by the Buddhist Church, which is vividly seen in the articles of this Statute. Thus, almost every article of the document contains requirements in one way or another requesting that all the activities of the monasteries should be carried out under the control or with its coordination with the relevant state organizations, for example:

• The duty of lamas was to follow the state laws (article 1).

• There must be special authorized representatives at the temple (article 2).

• Religious administration should coordinate all issues with government bodies (article 3).

• It has to draw up lists of lamas and they should be approved by the competent authorities (article 5).

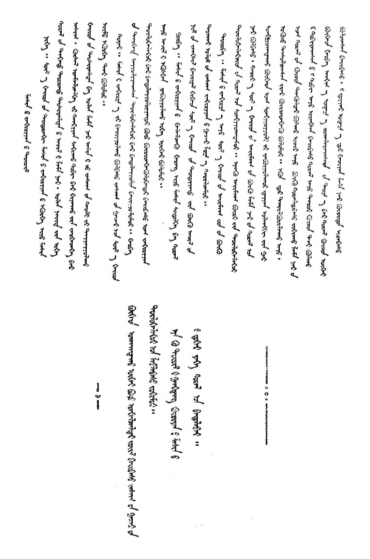

• It has to draw up lists of lamas and they should be approved by the competent authorities (article 5).

• Religious administration should check whether lamas execute the state law (article 6, paragraph 12).

• Every temple and Religious administration in order to avoid violations of law must annually subscribe for the "Ündesnii erkh" newspaper and for the magazine publishing state laws and regulations, and keep them filed in folders (article 6, paragraph 12).

• Lamas who have reached the age of military service should be involved in public works (article 6, paragraph 11).

There are several articles in this Statute that contain requirements and prohibitions, like

• the ban on venerating khubilgans and khutuktus, the ban on identifying and determining their rebirths, granting them any privileges;

• the ban on revealing and stopping the activities of lamas without special medical education, as well as of astrologers and fortune-tellers (article 6, paragraph 2);

• the ban on admitting as novices children younger than 18 years (article 6, paragraph 2).

Measures of economic oppression

One of the first steps of the state for reducing the role and influence of Buddhism on the population were measures of economic oppression of the monasteries, the purpose of which was to destroy their welfare and deprive them of their independence. In this connection taxes were introduced on the property of monasteries and lamas, what increased the pressure on the economy of monasteries, and as a result of it the quantity of livestock has been sharply reduced. The Statute contains a number of articles related to this process, showing that the duties of Religious administration included: checking the payment of taxes by lamas and by monastic treasury, checking up the movable and immovable property of datsans, its expenses and income, recording the cattle quantity, money in the monastery treasury, etc.The Religious administration, along with checking the payment of taxes was to check the matching of taxes with the requirements of the law (article 6, paragraphs 9, 10).

Another means of reducing the influence of lamas was dividing them by their ranks into several social strata (higher, middle and lower). The lower and middle lamas were encouraged to exempt from vows and become secular, for this they were rewarded a certain amount of cattle confiscated from the monastic treasury, and indirectly urging the lower lamas to fight "illegal oppression by monastic officials" (article 6, paragraph 7).

There were also clauses quite new to the life of monasteries.In connection with the campaign against illiteracy and with introducing Mongolian script in the Republic monasteries were obliged to include into monastic educational process the teaching of Mongolian language to the young lamas. This was given as follows: "Fulfilling the desire of all lamas special schools of the Mongolian letters should be organized" (article 6, paragraph 5).The Ministry of education was obliged to provide teachers of the Mongolian language and all necessary conditions for the schools and to control its work. In addition, the resolutions and orders of the Religious administration should be published in Mongolian (article 8).

Alongside with the demand to teach monks Mongolian script the requirements of translating into Mongolian of monastic charters and conducting khurals in the Mongolian language appeared. For example, the Statute of the Gandan monastery of 1925 contains the following paragraph: "Due to the separation of the Church and the State, all monasteries must have their statutes in the Mongolian language" [Šasin-ü jakirγan-ü dürim, f. 3].

New to the monasteries was the requirement of sanitary cleanliness in the datsans in order to avoid the spread of infectious diseases. The Church administration was obliged to carry on the work on vaccination against smallpox and other diseases (article 6, paragraph 13).

This statute, together with other early documents of the new government and party on the "solution" of the religious issue, clearly reflects the realities of the new state, the restructuring of the state structure and the changes connected with these processes, mainly aimed at gradual elimination of the influence of Buddhism and the Buddhist church in general.

II. "Statute of the Religious administration of the center of Buddhist religion of the MPR Gandantegchenling monastery. Ulaanbaatar" (Bü.Na.Mo.A. ulus-un Buddha-yin šasin-ü töb γangdantegčinling keyid-ün šasin-ü jakirγan-ü dürim. Ulaγanbaγatur qota. 14 ff. 20.5 × 30 cm. Storage number BA 282. Typewritten copy of blue color, pagination from the second page on the left margins by Mongolian numerals.

The date of this document is not given, but it can be assumed that it was written in 1944 soon after the permission of the authorities to resume the activities of the Gandan monastery. Also there is a mention that it was compiled on the basis of article 81 of the Constitution of the MPR, the law on the separation of the Church and the State from 1934, of the decree No. 31 of the state small Khural of the 22nd of the 5th month of 1944 with the aim to be an instruction for the Religious administration of the temple and for all lamas and novices in order to ensure that the monastic statutes and religious rules are followed by lamas properly and for controlling their activities.

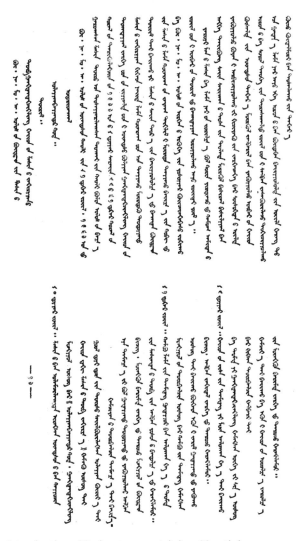

It consists of an Introduction, 13 chapters containing 52 articles:

1. The structure of the Mongolian Buddhist Church.

2. Functions of Religious administration.

3. International relations of Mongolian Buddhists.

4. Scientific and educational activities.

5. Rules and duties of lamas and novices.

6. Bans for lamas.

7. About penalties for violation of inner religious rules.

8. About participation of lamas in public works.

9. About participation of lamas in international organizations for peace.

10. On the monastery's Treasury and property.

11. About the organization of the revision committee and its function.

12. On relations with the state authorities.

13. Symbols of the Religious center of Mongolian Buddhism and the seal.

As it is seen from the content the main duties of the Religious administration remained the same:

　• control over the activities of the administrative bodies of the temple,

　• for the proper execution of administrative instructions and state laws,

　• regulation of issues between the temple and individuals,

　• control over the inner order in the temples, etc.

But this Statute has large differences with the earlier one.

The Statute of 1944 is more elaborate, more extensive and more modern by its form and style, structure and terminology. They differ by volume; the Statute of 1944 is much larger.

It differs by its form of layout and more logically arranged content. It is structured, divided into chapters, which are entitled, highlighted and with enumerated articles.

Completely new are the chapters on international relations (Chapter 3) and on the participation of lamas in international organizations for peace (Chapter 9); about scholarly and educational activities of lamas (Chapter 4); on the establishment of the Revising Commission (Šilγan bayičaγaqu komis, Chapter 11) and Chapter 13 "Symbolism of the Religious center of Mongolian Buddhism and the seal" (art. 49-52), containing descriptions of the seals and their use.

New is the requirement that "the Religious administration should organize a scientific circle" for studying books in different languages, translating them into the native language and establishing links with other research organizations (article 16). Founded in accordance with this requirement, the research group began to operate successfully and laid the foundation for the contemporary research Institute *Erdem soyolyn Khureelen* affiliated to the Gandantegchinlen monastery.In the same Chapter it is stated that the lamas should strive to learn along with the native language of a foreign language, that they should improve their knowledge and cultural level.

Quite new are articles related to the preservation of spiritual heritage: Religious administration should be engaged in the restoration of historical monuments of Mongolian history and culture, it should, as far as possible, take them into account, read and carefully protect (Ch. 2, art. 12); The Religious administration should promote the study of religious and religions-related ancient monuments (Ch. 3, art. 15); Lamas should contribute to collecting, studying and protection of cultural and historical monuments of their country (Ch. 8, article 35).

Both Statutes clearly reflect the realities of the new state, the restructuring of the state system and the changes associated with these processes, mainly aimed at the gradual elimination of the influence of Buddhism on the Mongols at the initial period of the formation of the MPR and the total control over the Buddhist Church in the socialist. These Statutes show that with the change of political system, their content changes. Their clauses depict the changes of the state policy and the relationship between the secular power and the Church.

The monastic statutes and regulations are exposed to permanent influence of ethnic, social and political conditions, as it is evidenced by the statutes of the Mongolian monasteries considered by us.

Studying these documents might be useful for modern monasteries and the Buddhist church in general in their attempt to restore traditions lost in the years of repression and militant atheism. They might rely on this material forcreating new unified requirements and rules for over 200 monasteries functioning now in Mongolia. These documents allow us to see high moral standards set up for the ordained sangha. This probably explains why Mongolians traditionally held their lamas in such a high regard and why monastics had earlier a dominant position in the Mongolian society.In conclusion, we can say that the considered Regulations and Statutes are valuable sources on the history of Mongolia and the history of the Buddhist Church, and are of considerable interest for studying specific the features of each stage of the history of Mongolian Buddhism and for conveying comparative studies.

Referencies

1. УлаанбаатархотдахьГанданхүрээнийшажиныдотооджурам [Ulaanbaatar hot dah' Gandan hureenij shazhiny dotood zhuram]. 1925, 25 p. In Cyrrilic script, kept in the library of Erdem soyolyn Khureelen.

2. *Šasin-ü jakiryan-ü dürim*. 1926, typewritten copy, 7 f.

3. Bü.Na.Mo.A. *ulus-un Buddha-yin šasin-ü töb yangdantegčinling keyid-ün šasin-ü jakiryan-ü dürim*. Ulayanbayatur qota.1944 (?),typewritten copy, 14 f.

本輯作者名録

（按作者姓氏拼音排列）

巴哈提·依加漢（Bakhyt Ezhenkhan-uli）：中國人民大學、哈薩克斯坦國立 L.N. 古米廖夫歐
　　　　亞大學教授

長海：內蒙古自治區文物保護中心館員

楚倫（Sampildondov Chuluun）：中國人民大學新奧學者、蒙古國科學院歷史與考古研究所院士

哈斯巴特爾：內蒙古大學蒙古學研究中心講師

賀希格蘇和（Kheshigsukh）：蒙古國立大學教授

胡耀文：北京外國語大學講師

濟格木德多爾濟（Jigmeddorj Enkhbayar）：蒙古國立大學教授

連吉林：內蒙古自治區文物考古研究所研究員

廖志堂：中國人民大學國學院博士

米吉提：中國民族圖書館館員

曲強：中國人民大學國學院碩士

薩出日拉圖：內蒙古師範大學民族學人類學學院講師

蘇日朦：中國人民大學國學院博士生

蘇日塔拉圖：內蒙古社會科學院歷史研究所博士

特爾巴衣爾：中國人民大學國學院講師

旺其科娃（Ts. P. Vanchikova）：俄羅斯科學院西伯利亞分院蒙古學、佛學與藏學研究所教授

烏雲畢力格：中國人民大學國學院教授

稿　約

　　《西域歷史語言研究集刊》是由中國人民大學國學院西域歷史語言研究所主辦的學術刊物，半年刊，由社會科學文獻出版社出版發行。

　　本刊以介紹國內外學者關於中國西域（青藏高原、天山南北、蒙古高原）以及中央歐亞民族、歷史、語言、宗教、藝術、文化等方面的最新研究成果為主要宗旨。發表具有原創性的學術研究論文、書評和研究綜述等，以期推動國內學界在西域和中央歐亞歷史語言研究方面的進步。

　　歡迎相關研究領域專家學者自由投稿，稿件字數原則上應控制在 3.5 萬字以內，文種為漢文、英文、日文、蒙古文（僅限於基里爾文）等。來稿一經刊用，即贈送樣刊 2 本與單篇文章抽印本 20 冊。

　　本刊對擬采用稿件有酌情刪改權，如不同意刪改者，請在來稿中特別聲明。如兩個月內未接到用稿通知，作者可自行處理。

　　來稿務必參照社會科學文獻出版社學術著作出版規範的格式，並同時發來 Word 與 PDF版兩種形式。漢文稿用繁體字，附作者姓名英文寫法、文章英文題目、英文摘要等，並附詳細的通信地址、郵編、電子郵箱、聯繫電話。

　　本刊投稿郵箱：xiyulishiyuyan@163.com

　　通信地址：北京市海淀區中國人民大學國學館 118 室

　　郵編：100872

　　聯繫電話：18811536991

《西域歷史語言研究集刊》編輯部

圖書在版編目（CIP）數據

西域歷史語言研究集刊. 二〇一九年. 第二輯：總
第十二輯／烏雲畢力格主編. -- 北京：社會科學文獻
出版社, 2020.2
　　ISBN 978 - 7 - 5201 - 6062 - 9

　　Ⅰ. ①西…　Ⅱ. ①烏…　Ⅲ. ①西域 - 文化史 - 研究 -
叢刊　Ⅳ. ①K294.5 - 55

　　中國版本圖書館 CIP 數據核字（2020）第 014269 號

西域歷史語言研究集刊　二〇一九年　第二輯（總第十二輯）

主　　編／烏雲畢力格

出 版 人／謝壽光
責任編輯／趙　晨

出　　版／社會科學文獻出版社 · 歷史學分社（010）59367256
　　　　　　地址：北京市北三環中路甲 29 號院華龍大廈　郵編：100029
　　　　　　網址：www. ssap. com. cn
發　　行／市場營銷中心（010）59367081　59367083
印　　裝／三河市東方印刷有限公司

規　　格／開　本：787mm × 1092mm　1/16
　　　　　　印　張：15.5　字　數：338 千字
版　　次／2020 年 2 月第 1 版　2020 年 2 月第 1 次印刷
書　　號／ISBN 978 - 7 - 5201 - 6062 - 9
定　　價／128.00 圓

本書如有印裝質量問題，請與讀者服務中心（010 - 59367028）聯繫